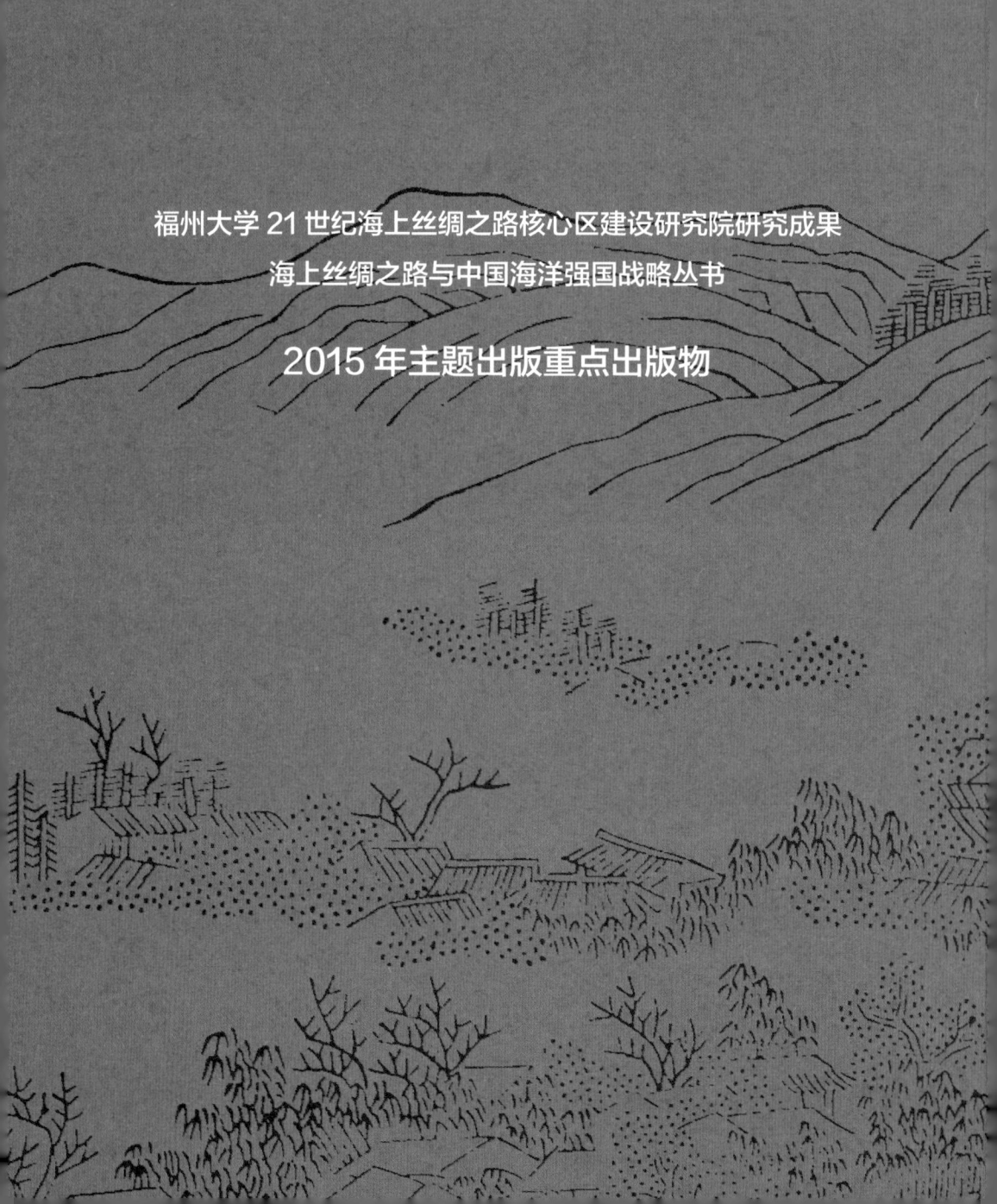

福州大学 21 世纪海上丝绸之路核心区建设研究院研究成果
海上丝绸之路与中国海洋强国战略丛书

2015 年主题出版重点出版物

"海上丝绸之路与中国海洋强国战略丛书"
编委会

编委会主任　高　明

编委会副主任　苏文菁

编委会成员　（按姓氏笔画排序）

丁国民　王　涛　甘满堂　叶先宝　庄　穆
刘　淼　〔新西兰〕约翰·特纳　苏文菁
杨宏云　杨艳群　〔新西兰〕李海蓉　吴兴南
张良强　张相君　〔马〕陈耀宗　林志强
周小亮　胡舒扬　〔新加坡〕柯木林　骆昭东
高　明　唐振鹏　陶　菁　黄清海　黄　辉
〔马〕黄裕端　赖正维　潘　红

丛 书 主 编　苏文菁

"海上丝绸之路与中国海洋强国战略丛书"总序

中国是欧亚大陆上的重要国家,也是向太平洋开放的海洋大国。长期以来,中国以灿烂的内陆农耕文化对世界文明产生了巨大的影响。近百年来,由于崛起于海洋的欧洲文明对世界秩序的强烈影响,来自黑格尔的"中国没有海洋文明""中国与海不发生关系"的论调在学术界应者甚众。这种来自西方权威的论断加上历史上农耕文化的强大,聚焦"中原"而忽略"沿海"已是中国学术界的常态。在教育体系与学科建设领域,更是形成了一个"中""外"壁垒森严、"中国"在世界之外的封闭体系。十八大提出了包括建设海洋强国在内的中华民族全面复兴的宏伟目标。2013年以来,习总书记提出以建设"一带一路"作为实现该宏伟目标的现阶段任务的重要战略构想。国家战略的转移需要新的理论、新的知识体系与新的话语体系,对于农业文明高度发达的中国而言,建设富有中国气质的、与海洋强国相适应的新知识体系、新话语体系、新理论更是刻不容缓。

从地球的角度看,海洋占据了其表面的约70.8%,而陆地面积占比不到30%,陆域成了被海洋分割、包围的岛屿。从人类发展的角度看,突破海洋对陆域的分割、探索海洋那一边的世界、把生产生活活动延伸至海洋,是人类亘古不变的追求。而人类对海洋的探索主要经历了四个不同的阶段。

第一阶段是远古至公元 8 世纪，滨海族群主要在近海区域活动。受生产力，特别是造船能力的影响，滨海人民只能进行小范围的梯度航行，进行近海的捕捞活动。除了无潮汐与季风的地中海之外，其他滨海区域的人民尚无法进行远程的跨文化交换与贸易。目前的知识体系还不足以让我们准确了解该阶段的发展状况，但我们仍然可以从各学科的发现与研究中大致确定海洋文化较为发达的区域，它们是环中国海区域、环印度洋区域、环北冰洋区域，当然也包括环地中海区域。在这一阶段，滨海区域开始出现与其地理环境相应的航海工具与技术，这是各地滨海族群为即将到来的大规模航海储备力量的阶段。

第二阶段是 8 世纪至 15 世纪，滨海族群逐渐拓展自己的海洋活动空间。随着技术的不断发展，他们由近海走向远洋，串联起数个"海"而进入"洋"。海上交通由断断续续的"点"连接成为区域性、规模化的"路"。环中国海的"点"逐渐向西扩展，与印度洋进行连接；印度洋西部阿拉伯海区域的"点"向地中海及其周边水域渗透。由此，海上丝绸之路"水陆兼程"地与地中海地区连接在一起，形成了跨越中国海、南洋、印度洋、红海、地中海的贸易与交通的海洋通道。从中国的历史看，该阶段的起点就是唐代中叶，其中，市舶司的设立是中国政府开始对海洋贸易实施管理的代表性事件。这一阶段，是中国人与阿拉伯人共同主导亚洲海洋的时代，中国的瓷器、丝绸以及南洋的各种物产是主要的贸易产品。

第三阶段是 15 世纪至 19 世纪中叶，东西方的海洋族群在太平洋上实现了汇合。这是海上丝绸之路由欧亚板块边缘海域向全球绝大部分海域拓展的时代。在这一阶段，欧洲的海洋族群积极开拓新航线，葡萄牙人沿非洲大陆南下，绕过好望角进入印度洋；西班牙人向西跨越大西洋，踏上美洲大陆。葡萄牙人过印度洋，据马六甲城，进入季风地带，融入亚洲海洋的核心区域；西班牙人以美洲的黄金白银为后发优势，从太平洋东岸跨海而来，占据东亚海域重要的交通与贸易"点"——吕宋。"大航海"初期,葡萄牙、西班牙的海商是第一波赶赴亚洲海洋最为繁忙的贸易圈的欧洲人,紧接着是荷兰人、英国人、法国人。环中国海以及东南亚海域成为海洋贸易与交通最重要的地区。但遗憾的是,中国海洋族群的海洋活动正受到内在制度的限制。

第四阶段是19世纪下半叶至当代,欧洲的工业革命使得人类不再只能依靠自然的力量航海;人类依靠木质帆船和自然力航海的海洋活动也即将走到尽头;中国的海洋族群逐渐走向没落。"鸦片战争"之后,中国海关系统被英国等控制,世界上以东方物产为主要贸易物品的历史终结了,包括中国在内的广大东方区域沦为欧洲工业品的消费市场。

由上述分析,我们能够充分感受到海上丝绸之路的全球属性。在逾千年的历史过程中,海上丝绸之路唯一不变的就是"变化":航线与滨海区域港口城市在变化;交换的物产在变化;人民及政府对海洋贸易的态度在变化……但是,由海上丝绸之路带来的物产交换与文化交融的大趋势从未改变。因此,对于不同的区域、不同的时间、不同的族群而言,海上丝绸之路的故事是不同的。对于非西方国家而言,对海上丝绸之路进行研究,特别是梳理前工业时代东方文明的影响力,是一种回击欧洲文明优越论的文化策略。从中国的历史发展来看,传统海上丝绸之路是以农耕时代中国物产为中心的世界文化大交流,从其相关历史文化中可汲取支撑我们继续前行的力量。

福州大学"21世纪海上丝绸之路核心区建设研究院"在多年研究中国海洋文化的基础上,依托中国著名的出版机构——社会科学文献出版社,策划设计了本丛书。本丛书在全球化的视野下,通过挖掘本民族海洋文化基因,探索中国与海上丝绸之路沿线国家历史、经济、文化的关联,建设具有中国气质的海洋文化理论知识体系。丛书第一批于2015年获批为"2015年主题出版重点出版物"。

丛书第一批共十三本，研究从四个方面展开。

第一，以三本专著从人类新文化、新知识的角度，对海洋金融网、海底沉船进行研究，全景式地展现了人类的海洋文化发展。《海洋与人类文明的生产》从全球的角度理解人类从陆域进入海域之后的文明变化。《海洋移民、贸易与金融网络——以侨批业为中心》以2013年入选世界记忆遗产的侨批档案为中心，对中国海洋族群在海洋移民、贸易中形成的国际金融网络进行分析。如果说侨批是由跨海成功的海洋族群编织起来的"货币"与"情感"的网络的话，那么，人类在海洋上"未完成"的航行也同样留下了证物，《沉船、瓷器与海上丝绸之路》为我们整理出一条"水下"的海上丝绸之路。

第二，早在欧洲人还被大西洋阻隔的时代，亚洲的海洋族群就编织起亚洲的"海洋网络"。由中国滨海区域向东海、南海延伸的海洋通道逐步形成。从中国沿海出发，有到琉球、日本、菲律宾、印度尼西亚、中南半岛、新加坡、环苏门答腊岛区域、新西兰等的航线。中国南海由此有了"亚洲地中海"之称，成为海上丝绸之路的核心区域，而我国东南沿海的海洋族群一直是这些海洋交通网络中贸易的主体。本丛书有五本专著从不同的方面讨论了"亚洲地中海"这一世界海洋贸易核心区的不同专题。《东海海域移民与汉文化的传播——以琉球闽人三十六姓为中心》以明清近六百年的"琉球闽人三十六姓"为研究对象，"三十六姓"及其后裔在向琉球人传播中国文化与生产技术的同时，也在逐渐地琉球化，最终完全融入琉球社会，从而实现了与琉球社会的互动与融合。《从龙牙门到新加坡：东西海洋文化交汇点》、《环苏门答腊岛的海洋贸易与华商网络》和《19世纪槟城华商五大姓的崛起与没落》三本著作从不同的时间与空间来讨论印度洋、太平洋交汇海域的移民、文化与贸易。《历史影像中的新西兰华人》（中英文对照）则以图文并茂的方式呈现更加丰厚的内涵，100余幅来自新西兰的新老照片，让我们在不同历史的瞬间串连起新西兰华侨华人长达175年的历史。

第三，以三部专著从海洋的角度"审视"中国。《海上看中国》以12个专题展现以海洋为视角的"陌生"中国。在人类文明发展的进程中，传统文化、外来文化与民间亚文化一直是必不可少的资源。就中国的海洋文化知识体系建设来说，这三种资源有着不同的意义。中国的传统文化历来就有重中原、轻边疆的特点，只在唐代中叶之后，才对东南沿海区域有了关注。然而，在此期间形成了海洋个性的东南沿海人民，在明朝的海禁政策下陷入茫然、挣扎以至于反抗之中；同时，欧洲人将海洋贸易推进到中国沿海区域，无疑强化了东南沿海区域的海洋个性。明清交替之际，清廷的海禁政策更为严苛；清末，中国东南沿海的人民汇流于17世纪以来的全球移民浪潮之中。由此可见，对明清保守的海洋政策的反思以及批判是我们继承传统的现实需求。而《朝贡贸易与仗剑经商：全球经济视角下的明清外贸政策》与《明清海盗（海商）的兴衰：基于全球经济发展的视角》就从两个不同的层面来审视传统中华主流文化中保守的海洋政策与民间海商阶层对此的应对，从中可以看出，当时国家海洋政策的失误及其造成的严重后果；此外，在对中西海商（海盗）进行对比的同时，为中国海商翻案，指出对待海商（海盗）的态度或许是中国走向衰落而被西方超越的原因。

第四，主要是战略与对策研究。我们知道，今天的国际法源于欧洲人对海洋的经略，那么，这种国际法就有了学理上的缺陷：其仅仅是解决欧洲人纷争的法规，只是欧洲区域的经验，并不具备国际化与全球化的资质。东方国家有权力在21世纪努力建设国际法新命题，而中国主权货币的区域化同理。《国际法新命题：基于21世纪海上丝绸之路建设的背景》与《人民币区域化法律问题研究——基于海上丝绸之路建设的背景》就对此展开了研究。

从全球的视野看，海上丝绸之路是人类在突破海洋的限制后，以海洋为通道进行物产的交流、思想的碰撞、文化的融合进而产生新的文明的重要平台。我们相信，围绕海上丝绸之路，世界不同文化背景的学者都有言说的兴趣。而对中国而言，传统海上丝绸之路是以农耕时代中国物产为中心的世界文化大交流，源于汉唐乃至先秦时期，繁荣于唐宋元时期，衰落于明清时期，并终结于 1840 年。今天，"21 世纪海上丝绸之路"建设是重返世界舞台中心的中国寻找话语权的努力，在相同的文化语境之中，不同的学科与专业都有融入海洋话语时代的责任。欢迎不同领域与学科的专家继续关注我们的讨论、加入我们的航船：齐心协力、各抒其才。海洋足够辽阔，容得下多元的话语。

苏文菁

2016 年 12 月

内容提要

琉球（大致现在日本冲绳）是位于中国东南太平洋上的一个岛国，与福建隔海相望。明洪武五年（1372年）中琉建立宗藩关系后，鉴于琉球国造船航海技术之落后，明廷为了加强中琉之间政治与经济联系，陆续派遣闽人三十六姓移居琉球。这是中国历史上鲜有的由官方派遣中国民众移居海外的活动，充分显示了明廷对琉球的特殊优待。此外，在长期的朝贡贸易交往中，也有许多中国沿海民众通过各种途径移居琉球国。闽人三十六姓居住地久米村成为中国先进文化及生产技术、手工技艺向琉球传播的中心。在琉球国的历史发展过程中，有许多闽人三十六姓后裔被派遣回中国学习。他们中的许多人在华奋发学习，学成后回国报效社会，深受重用。闽人三十六姓及后裔是将中国儒学思想文化和先进科学技术直接传播到琉球的最主要使者之一，对琉球王国的经济繁荣和社会进步发挥了积极的促进作用。而且由于他们主要从事与中琉朝贡贸易有关的活动，因此他们对中琉之间政治、经济、文化的交流也发挥了特殊的桥梁和纽带作用。尤其重要的是，闽人三十六姓及后裔在向琉球人传播中国文化和生产技术的同时，也在逐渐琉球化，与琉球人通婚、繁衍后代，最终完全融入琉球社会。

本书以闽人三十六姓移居琉球为主线，追根溯源，从闽人三十六姓移居琉球的原因、时间及移居方式，闽人三十六姓居住地久米村的兴衰，琉球王国对闽人三十六姓的礼遇与重用，闽人三十六姓及后裔对琉球王国的贡献，闽人三十六姓对中琉朝贡贸易关系的作用与影响，闽人三十六姓氏源流考，久米村家谱与福建家谱的比较研究，福建中琉关系历史遗址调查等各个方面深入探究了明清福建移民对琉球社会的进步与繁荣，对中国与琉球绵延五百余年的政治、经济、文化友好交往的特殊贡献。

本书在写作过程中参阅了大量久米村家谱，走访了冲绳久米崇圣会、国鼎会等闽人三十六姓后裔宗亲组织，从中深刻感受到闽人三十六姓后裔与福建无法割舍的骨肉亲情。六百多年过去了，昔日的久米村人在为琉球社会勤奋工作的同时，不忘祖先，他们通过门中会等组织团结起来，坚守福建传统文化与生活习俗，积极到福建寻根问祖。这种血浓于水的亲情，是历史、地域和战争所无法隔绝的。

目 录

001 / 引　言

001 / **第一章　闽人三十六姓与久米村的历史沿革**

003 / 第一节　"赐闽人三十六姓"之由来

008 / 第二节　闽人三十六姓移居琉球时间

012 / 第三节　"三十六户"或"三十六姓"

017 / 第四节　久米村的形成与发展

023 / **第二章　琉球王国对久米村人的优待与扶持**

025 / 第一节　琉球对久米村人的礼遇

031 / 第二节　久米村的衰退与琉球的对策

037 / **第三章　久米村人与册封琉球国王**

041 / 第一节　请封与迎封

057 / 第二节　册封使之接待与谢册封恩

067 / **第四章　久米村人与琉球朝贡中国**

069 / 第一节　入贡文件的撰写

073 / 第二节　入贡使团的组成

075 / 第三节　在华的主要活动

081 / 第五章　**久米村人与琉球在华留学生**

    083 / 第一节　久米村的官生与"勤学"

    104 / 第二节　琉球留学生的历史地位

115 / 第六章　**久米村的教育家程顺则与政治家蔡温**

    117 / 第一节　儒学大师程顺则

    128 / 第二节　三司官蔡温

141 / 第七章　**久米村的毛氏家族**

    143 / 第一节　毛国鼎入籍久米村与毛氏家族的发展

    152 / 第二节　毛氏家族对琉球社会之贡献

181 / 第八章　**琉球社会生活中的中国元素**

    183 / 第一节　饮食与服饰

    194 / 第二节　年节与婚丧

    204 / 第三节　建筑与园林

207 / 第九章　**琉球国难中的久米村人**

    209 / 第一节　1609年萨摩藩入侵与郑迵殉国

    226 / 第二节　久米村人与清末琉球复国运动

263 / 第十章　**琉球家谱的编撰与闽人三十六姓姓氏源流考**

    265 / 第一节　琉球家谱的编撰

    279 / 第二节　闽人三十六姓姓氏源流考

285 / 第十一章　**琉球赴京贡道的调查与研究**

    287 / 第一节　中琉交往的唯一口岸和贡道起点——福建

    297 / 第二节　赴京贡道沿途四省中琉历史交往遗存

309 / 第三节　贡道的终点——北京

317 / **第十二章 福州地区中琉交往历史遗存的开发与利用**

　　321 / 第一节　福州及周边中琉交往历史遗存

　　336 / 第二节　中琉友好交往文化遗产的开发与
　　　　　　　　利用

340 / 结语　**建立宗亲会　不忘故土情**

358 / 附录　**久米村大事记**

372 / 参考文献

382 / 索　引

引 言

琉球（大致现在的日本冲绳）是位于中国东南太平洋上的一个岛国，明朝以前就与中国有交往。明洪武五年（1372年）中琉建立正式的宗藩关系。鉴于琉球国造船航海技术之落后，明廷为了加强中琉之间政治联系及朝贡贸易，陆续派遣闽人三十六姓移居琉球，这是明朝以前鲜有的由官方派遣中国民众移居海外的活动，充分显示了明政府对琉球的特殊优待。此外，在长期的朝贡贸易交往中，也有许多中国沿海民众通过各种途径移居琉球国。

包括闽人三十六姓移民在内的中国移民在琉球受到了热烈的欢迎和极高的礼遇。琉球国王"即令三十六姓择土以居之，号其地曰唐营（俗称久米村）"。他们中"知书者授大夫、长史，以为贡谢之司；习海者授通事，总为指南之备"，其"子孙世袭通使之职，习中国之语言、文字"。来自先进文明之国的闽人三十六姓居住地——久米村自然成为中国先进文化及科学技术向琉球传播的中心。在此后的岁月，众多闽人三十六姓后裔被派遣回中国学习。他们中的许多人在华奋发学习，学成后返回琉球，深受重用。闽人三十六姓及后裔是将中国儒家思想文化和先进科技直接传播到琉球的最主要使者之一，而且由于他们主要从事与中琉朝贡贸易有关的活动，因此他们对中琉之间政治、经济、文化的交往也发挥了特殊的桥梁和纽带作用。

古代中国人移居海外较为集中的地区有东南亚地区和东北亚地区。相比之下，明代移居琉球的闽人三十六姓较之同时期其他区域的海外中国移民，可谓颇受礼遇。他们享有各种特权，担任法司官、紫金大夫、正议大夫等各级官职，许多人还获得各种爵位。他们不仅是琉球对外活动的主要角色，而且是中国先进科技文化的传播者。尤其重要的是，他们在向琉球人传播中国文化与生产技术的同时，也在逐渐地琉球化，与琉球人通婚、繁衍后代，最终完全融入了琉球社会，从而实现了与琉球社会的互动与融合。

第 一 章

闽人三十六姓与久米村的历史沿革

第一节 "赐闽人三十六姓"之由来
第二节 闽人三十六姓移居琉球时间
第三节 "三十六户"或"三十六姓"
第四节 久米村的形成与发展

琉球是太平洋的小岛国，位居东北亚与东南亚之间，与中国、朝鲜、日本和东南亚各国隔海相望，地理位置非常重要。所谓久米村人，即居住在与首里王城仅五里之隔的久米村的华裔琉球人。据称，他们是以闽人三十六姓移民为基础，逐渐衍生和发展而成的一个族群。历史上，久米村人对琉球国之政治、经济、文化与社会发展均发挥了重要作用。

第一节 "赐闽人三十六姓"之由来

明洪武元年（1368年），朱元璋建立明朝，即遣使赍带诏书前往海外各国，诏告天下明朝开国。彼时琉球三分天下，中山、山南、山北三国鼎立。洪武五年（1372年），明太祖遣杨载赍诏到琉球，促琉球来明朝贡。其诏书曰：①

> 昔帝王之治天下，凡日月所照，无有远迩，一视同仁。故中国奠安、四夷得所，非有意于臣服之也。自元政不纲，天下兵争者十有七年。朕起布衣，开基江左，命将四征不庭，西平汉主陈友谅、东缚吴王张士诚、南平闽越、戡定巴蜀、北清幽燕、奠安华夏，复我中国之旧疆，朕为臣民推戴，即皇帝位，定有天下之号曰"大明"，建元洪武。是用遣使外夷，播告朕意，使者所至，蛮夷酋长称臣入贡。惟尔琉球在中国东南，远处海外，未及报知，兹特遣使往谕，尔其知之。

同年十二月，琉球国"中山王察度遣弟泰期等随载入朝，贡方物"。②这是琉球正式入贡中国之始。洪武十三年（1380年），山南

---

① （明）胡广等：《明太祖实录》卷71，太祖洪武五年正月乙酉朔甲子条，台湾"中央"研究院史语所，1962，第1317页。

② 张廷玉：《明史》卷324，外国四，中华书局，1974，第8361页。

王承察度也以师惹为使，入贡中国。① 但当时琉球内部三国争斗，民不聊生。明太祖特遣使梁民及路谦赍敕到琉球，规劝三王"息民战，养人生"。洪武十六年（1383年），山北王帕尼芝遣其臣模结习随同中山王及山南王一同到明廷谢恩。明太祖赐中山王镀金银印一颗。② 洪武十八年（1385年），明廷复补赐山南王、山北王镀金银印各一，并赐中山王、山南王海舟各一。③ 此后，三王入贡不断。宣德四年（1429年），尚巴志先后消灭山南王、山北王而统一琉球，仍以中山王之名向明称臣纳贡。④

明初中琉海道十分凶险。"浪大如山，波迅如矢，风涛汹涌，极目连天"，⑤ 但琉球造船及航海技术都十分落后，"缚竹为筏，不驾舟楫"。⑥ 鉴于琉球造船业之落后，难以与明朝保持密切的朝贡贸易关系，自明太祖始，明朝皇帝不断慷慨赐海舟予琉球国。据史料统计，洪武永乐年间，数有三十只船。

洪武十八年（1385年），"太祖赐（中山）王海舟一。而山南王、山北王各遣使入贡，太祖赐山南王海舟一"。⑦

洪熙元年（1425年），琉球使臣"郑义才又具呈言，海舟经年，被海风坏，臣等附内官柴山舟得达，乞赐一舟归国，且便进

---

① （明）胡广等：《明太祖实录》卷134，太祖洪武十三年十月戊午朔丁丑条，台湾"中央"研究院史语所，1962，第2124～2125页。
② （明）胡广等：《明太祖实录》卷158，洪武十六年十一月庚子朔甲申条，台湾"中央"研究院史语所，1962，第2446页。《万历重修大明会典》载，明颁与四夷的印章分金印与镀金银印两种。金印只颁给日本与朝鲜两国。而琉球、安南、占城、爪哇等国则均颁给镀金银印。
③ （明）胡广等：《明太祖实录》卷170，洪武十八年正月"癸亥朔丁卯条"，台湾"中央"研究院史语所，1962，第2582页。
④ 周煌：《琉球国志略》卷4，台湾文献丛刊第293种，台湾银行经济研究室编印，1971，第95页。
⑤ 徐孚远等：《明经世文编》卷460，《李文节公文集》，中华书局影印本，1974，第5040页。
⑥ 萧崇业：《使琉球录》，台湾文献丛刊第287种，台湾银行经济研究室编印，1970，第112页。
⑦ 『中山世谱』卷3，〔日〕伊波普猷等编『琉球史料丛书』，東京美術刊，昭和47年，第42页。

贡，宣宗命工部给之"。①

宣德七年（1432年），琉球"王遣漫泰来结制等入贡，漫泰来结制具呈言，来舟损坏，乞赐一舟归，宣宗命工部给之"。②

正统四年（1439年），琉球国中山王尚巴志奏，"近使者巴鲁等贡方物赴京，舟为海风所坏，缘小邦物料工力俱少，不能成舟，乞赐一海舟付巴鲁等领回，以供往来朝贡……上命福建三司于见[现]存海舟内择一以赐，如无则以其所坏者修葺与之"。③

正统九年（1444年），琉球"使臣梁回奏乞给海舟一，以便岁时朝贡，英宗给之"。④

上述所赐海舟，多系出闽浙沿海卫所。

永乐年间（1403～1424年），赐永宁卫崇武千户所原百户经所掌勇字五十九号，四百料官船一只。

永乐十六年（1418年），于福建拨与□□洪字号海船一只。⑤

宣德五年（1430年），拨给福建镇东卫安字号船只。⑥

宣德六年（1431年），拨给永宁卫金门千户所顺字号船。⑦

宣德七年（1432年），福建拨与海船一只。⑧ 此外，浙江卫所拨赐海船两只。⑨

由于琉球国缺乏航海驾舟人员，明廷在拨赐海舟的同时，提供

---

① 『中山世谱』卷4，〔日〕伊波普猷等编『琉球史料丛书』，東京美術刊，昭和47年，第57頁。
② 『中山世谱』卷4，〔日〕伊波普猷等编『琉球史料丛书』，東京美術刊，昭和47年，第60頁。
③ （明）陈文等：《明英宗实录》卷57，正统四年七月甲戌，台湾"中央"研究院史语所，1962，第1103页。
④ 『中山世谱』卷5，〔日〕伊波普猷等编『琉球史料丛书』，東京美術刊，昭和47年，第64～65頁。
⑤ 《历代宝案》第1册，卷1，"国立"台湾大学印行，1972，第522页，□为不能识别的字。
⑥ 《历代宝案》第1册，卷16，"国立"台湾大学印行，1972，第530页。
⑦ 《历代宝案》第1册，卷16，"国立"台湾大学印行，1972，第541页。
⑧ 《历代宝案》第1册，卷16，"国立"台湾大学印行，1972，第533页。
⑨ 《历代宝案》第1册，卷16，"国立"台湾大学印行，1972，第533页。

航海通贡人才，这便是赐闽人三十六姓的由来。

据琉球《历代宝案》载，宣德六年（1431年），琉球国王致明廷礼部咨文称：①

> 潘仲孙告称年八十一岁，原系福建福州府长乐县十八都民，于洪武二十三年钦报梢水，遞［递］年驾船，往来进贡，至永乐三年蒙受火长身役，径［经］今年老，无力驾驶船只，欲回原籍住坐，告乞施行。得此，参照本人系是钦报人数，合令附船前去，理合移咨，烦就行属回乡住坐便益，咨请施行。

《明宪宗实录》成化五年（1469年）"三月壬辰条"谓：②

> 琉球国中山王长史蔡璟，以祖本福建南安县人，洪武初奉命于琉球国导引进贡，授通事。父袭通事，传到璟升长史。至是奏乞照例赐诰封，赠其父母。下史部。以无例而止。

以上两则史料说明，明廷确实派遣了若干闽人入琉任导贡引船等事务。"住坐"是徭役名称。明朝规定，凡军户、匠户，需终身服役。匠户徭役分"住坐""轮班"两等。"住坐"之匠户每月上工十天，如贫病不堪，每月可出班工银一钱，委官雇人上工代替自己。③潘孙乡原为梢工，服匠役，故虽因年老从琉球返中国，但仍须继续服"住坐"之役。

图1-1为徐葆光《中山传信录》所载琉球地图。

---

① 《历代宝案》第1册，卷16，"国立"台湾大学印行，1972，第531页。
② （明）刘吉等：《明宪宗实录》卷65，成化五年三月乙酉朔壬辰条，台湾"中央"研究院史语所，1962，第1313页。
③ 张廷玉：《明史》卷78，中华书局，1974，第1906页。

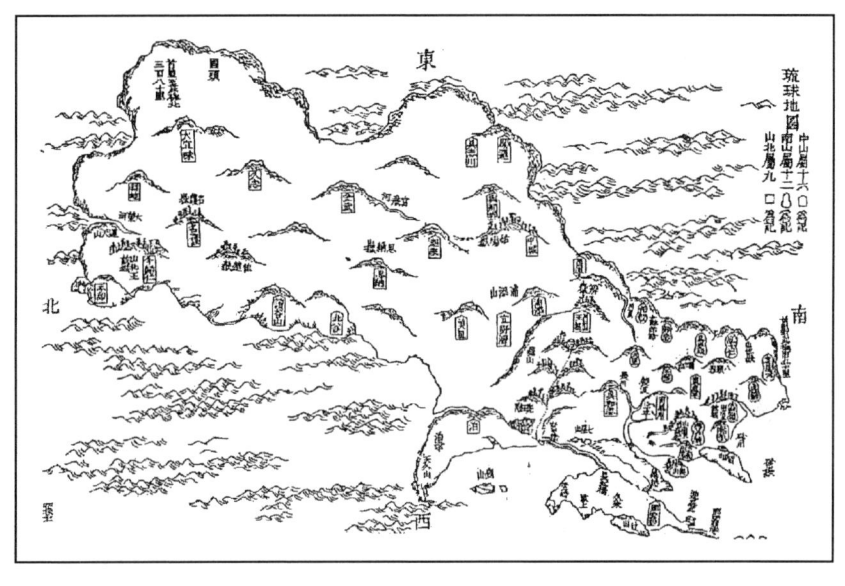

图 1-1　徐葆光《中山传信录》所载琉球地图

第二节　闽人三十六姓移居琉球时间

华人到琉球的时间应该很早。据记载，"永乐九年（1411年）四月癸巳（三日），琉球国中山王思绍，遣使坤宜堪弥等，贡马及方物。并以长史程复来表言……又言，复饶州人，辅其祖察度四十余年，勤诚不懈。今年八十有一。请命致仕，还其乡。从之。升复为琉球国相兼左长史，致仕还饶州"。① 永乐九年为公元1411年，前推40年，即1371年，应为洪武四年，此时明琉尚未建交。若考虑"余年"的话，时间应为元末明初。由此可见，早在元末明初，琉球已有华人。

目前，中外史籍中关于闽人三十六姓移居琉球的时间，大致有以下几种记载。

1."洪武二十五年"

这种说法出现在大部分古籍中。最早见于明嘉靖四十三年（1564年）郑晓的《皇明四夷考》，其曰："（洪武）二十五年，中山王遣子侄及陪臣子弟入国学。上喜，礼遇独优，赐闽人三十六姓善操舟者，令往来朝贡。"② 此后，王圻的《续文献通考》、向乔远

---

① （明）杨士奇等：《明太宗实录》卷115，永乐九年四月辛卯朔癸巳条，台湾"中央"研究院史语所，1962，第1464页。

② （明）郑晓：《皇明四夷考》，王有立：《中华文史丛书》第16册，台湾华文书局印行，1968，第484页。

的《闽书》、茅瑞征的《皇明象胥录》、徐溥的《明会典》、茅元仪的《武备志》、俞汝楫的《礼部志稿》、查继佐的《罪惟录》、龙文彬的《明会要》、傅维麟的《明书》、汪楫的《中山沿革志》、徐葆光的《中山传信录》，均持此说法。

从日本方面史料来看，包括《中山世谱》《中山世鉴》《球阳》《琉球国由来记》，以及《久米村系家谱》中的《郑氏家谱》《金氏家谱》《蔡氏家谱》等在内的古籍资料都持此观点。

2."洪武二十九年"

张廷玉的《明史》卷323《琉球传》记载："洪武二十九年，……又嘉其修职勤，赐闽中舟工三十六户，以便贡使往来。"此外，王鸿绪的《明史稿》也持此观点。

3."洪武三十一年"

严从简的《殊域周咨录》卷4《琉球国》记载："洪武三十一年……上赐王闽人之善操舟者三十六户，以使贡使、行人往来。"此外，慎懋赏的《四夷广记》持相同观点。

4."永乐年间""永乐中"

罗曰褧的《咸宾录》（东夷志卷2）中《琉球》一节记载："永乐中……中山王遣子侄及其陪臣子弟入国学。上喜，礼遇独优，赐闽人三十六姓善操舟者，令往来朝贡。"

《久米村系家谱》之《陈氏家谱》记载："陈氏之先闽人也，盖永乐年间迁中山，同闽人三十六姓居唐荣以备出使之选焉……"

周煌在《琉球国志略》卷3，对蔡廷会之祖蔡璟被赐迁琉球的时间也有记载："廷会祖璟，本闽人，永乐中拨往琉球充水手。"

5."洪永年间"

《明神宗实录》卷438"万历三十五年九月己亥条"记载："琉球国中山王尚宁以洪永间例初赐闽人三十六姓知书者授大夫、长史以为贡谢之司；习海者授通事、总管为指南之备。"

茅瑞征《皇明象胥录》一书中有关赐闽人三十六姓有两种说

法，其一为洪武二十五年；① 其二为"洪永所赐三十六姓多闽之河口人"。②

周煌的《琉球国志略》卷9记载："臣按三十六姓，皆洪、永两朝所赐。"③

《久米村系家谱》之《阮氏家谱》记载："初洪武永乐间，两蒙圣祖隆恩，共赐闽人三十六姓入国。"④《红氏家谱》亦有记载："红氏之先闽人也，盖洪永间迁中山，同三十六姓居唐荣以备出使之选。"⑤

6."洪熙时"

清册封使张学礼著《中山纪略》记载："至洪熙时，悯其来往风波惊险不测，特免之，赐三十六姓人教化三十六岛。"⑥

7."万历年间""万历十九年""再赐""续赐"

周煌的《琉球国志略》记载："至万历中，存者止蔡、郑、梁、金、林五姓，续赐者阮、毛两姓。"⑦

《久米村系家谱》王氏之世系图记载："元祖讳立思，号萧国，原是福建漳州府龙溪县人也，于万历十九年奉圣旨始迁中山，以补三十六姓。"⑧ 同书《阮氏家谱》记载："原是福建漳州府龙溪县人

---

① 《皇明象胥录》（明崇祯刻本影印），王有立主编《中华文史丛书》第17册，台湾华文书局印行，1968，第81页。
② 《皇明象胥录》（明崇祯刻本影印），王有立主编《中华文史丛书》第17册，台湾华文书局印行，1968，第91页。
③ 周煌：《琉球国志略》，台湾文献丛刊第293种，台湾银行经济研究室编印，1971，第198页。
④ 那霸市企画部市史编集室：『那霸市史』资料篇，第1卷6，『久米村系家谱』，昭和55年版，第152页。
⑤ 那霸市企画部市史编集室：『那霸市史』资料篇，第1卷6，『久米村系家谱』，昭和55年版，第196页。
⑥ 张学礼：《中山纪略》，台湾文献丛刊第292种，台湾银行经济研究室编印，1971，第11页。
⑦ 周煌：《琉球国志略》，台湾文献丛刊第293种，台湾银行经济研究室编印，1971，第198页。
⑧ 那霸市企画部市史编集室：『那霸市史』资料篇，第1卷6，『久米村系家谱』，昭和55年版，第942页。

也，明万历十九年辛卯奉敕始至中山，蒙国王隆礼且赐宅于唐荣。"①

上述多种说法，"洪武二十五年"提出的赐闽人三十六姓的时间最早，记载亦最多。上述史料提及，潘仲孙的派遣时间大约在明洪武二十三年（1390年），而陈康则大约在永乐年间被派遣至琉球。所以合理的解释应该是，闽人三十六姓赐予是一个渐进和持续的过程。明朝根据中琉间海船赐予、导贡引船等需求，分批选派闽人入琉。

---

① 那霸市企画部市史编集室：『那霸市史』资料篇，第1卷6，『久米村系家谱』，昭和55年版，第155頁。

第三节 "三十六户"或"三十六姓"

对于明朝赐闽人至琉球之事，除上文提到赐姓时间存有争议之外，还有一点便是史籍上对明代赐闽人的记载，出现了"三十六姓"与"三十六户"两种不同的说法。

从史料记载来看，《明史》、《明实录》、《福建通志》和《殊域周咨录》等，均以"三十六户"记载。举例如下。

张廷玉《明史》卷323《琉球传》记载："洪武二十九年，……又嘉其修职勤，赐闽中舟工三十六户，以便贡使往来。"①

严从简《殊域周咨录》卷4《琉球国》记载："洪武三十一年，中山王察度遣亚兰匏贡马及硫黄、胡椒等物。世子武宁贡亦如之。初，王尝遣女官生姑鲁妹在京读书。至是亦来贡谢恩。上赐王闽人之善操舟者三十六户，以使贡使、行人来往。"②

当然更多的记载都认为赐给琉球的闽人是"三十六姓"，举例如下。

罗曰褧的《咸宾录》（东夷志卷2）"琉球"条记载："永乐中……中山王遣子侄及其陪臣子弟入国学。上喜，礼遇独优，赐闽人三十六姓善操舟者，令往来朝贡。"③

---

① 张廷玉：《明史》卷323，中华书局，1974，第8362页。
② 严从简：《殊域周咨录》卷4，中外交通史籍丛刊，中华书局，1993，第127页。
③ 罗曰褧：《咸宾录》东夷志卷2，"中外交通史籍丛刊"，中华书局，2000，第59页。

《明神宗实录》卷438"万历三十五年九月己亥条"记载:"琉球国中山王尚宁以洪永年间初赐闽人三十六姓知书者授大夫、长史以为贡谢之司;习海者授通事、总管为指南之备。"①

清册封使张学礼《中山纪略》记载:"至洪熙时,悯其来往风波惊险不测,特免之,赐三十六姓人教化三十六岛。"② 周煌《琉球国志略》卷9记载:"臣按三十六姓,皆洪、永两朝所赐。"③ 而细查《久米村系家谱》发现,各家在家谱序文中几乎都使用了"三十六姓"之说。如《阮氏家谱》记载:"初洪武永乐间,两蒙圣祖隆恩,共赐闽人三十六姓入国。"④《红氏家谱》亦有记载:"红氏之先闽人也,盖洪永间迁中山,同三十六姓居唐荣以备出使之选。"⑤《陈氏家谱》记载:"陈氏之先闽人也,盖永乐年间迁中山同三十六姓居唐荣以备出使之选焉……"⑥

此外,如徐葆光的《中山传信录》、江登云的《东南三国记》等,琉球王国方面的《庙学纪略》、《中山世鉴》、《中山世谱》、《球阳》和《历代宝案》等著述中均作"三十六姓"。

户,《古汉语字典》释义:住户,在户籍中,一家为一户,《史记·秦始皇本纪》记载:"徙天下豪富于咸阳十二万户。"姓,应指姓氏,刘恕《通鉴外纪》中说道:"姓者,统其祖考之所自出,氏者,别其子孙之所自分。"中国人历来习惯同姓一家成为一户的原

---

① 叶向高等:《明神宗实录》卷438,万历三十五年九月己亥条,台湾"中央"研究院史语所,1962,第8298页。
② 张学礼:《中山纪略》,台湾文献丛刊第292种,台湾银行经济研究室编印,1971,第11页。
③ 周煌:《琉球国志略》卷9,台湾文献丛刊第293种,台湾银行经济研究室编印,1971,第198页。
④ 那霸市企画部市史编集室:『那霸市史』資料篇,第1卷6,『久米村系家譜』,昭和55年版,第152頁。
⑤ 那霸市企画部市史编集室:『那霸市史』資料篇,第1卷6,『久米村系家譜』,昭和55年版,第196頁。
⑥ 那霸市企画部市史编集室:『那霸市史』資料篇,第1卷6,『久米村系家譜』,昭和55年版,第479頁。

则，若从字面的含义来解释史籍的记载，"三十六姓"与"三十六户"的共同点在于"三十六姓"绝对来自"三十六户"；① 反之，"三十六户"则不一定就是"三十六姓"。

关于"三十六姓"与"三十六户"之不同，笔者认为"闽人三十六姓"或"三十六户"应该理解为明代所赐闽人，应该是指其为三十六个不同姓氏的善操舟之人，而非三十六户人家。再查史籍，我们可以发现更多的证据，如琉球《历代宝案》载宣德六年（1431年）琉球国王致明廷礼部咨文称：②

> 潘仲孙告称年八十一岁，原系福建福州府长乐县十八都民，于洪武二十三年钦报梢水，遞［递］年驾船，往来进贡，至永乐三年蒙受火长身役，径［经］今年老，无力驾驶船只，欲回原籍住坐，告乞施行。得此，参照本人系是钦报人数，合令附船前去，理合移咨，烦就行属回乡住坐便益，咨请施行。

《明世宗实录》卷331，嘉靖二十六年（1547年）十二月辛亥条记载：③

> 廷会者，其先闽人蔡璟。永乐中拨往琉球充梢水，而产籍在闽。

上述两则史料说明，明朝赐给琉球的闽人，应该不是举家迁往琉球的，所以才会出现"产籍在闽"的情况，也正是因为"产籍

---

① 谢必震：《中国与琉球》，厦门大学出版社，1996，第41页。
② 《历代宝案》第1册，卷16，"国立"台湾大学印行，1972，第531页。
③ 张居正等：《明世宗实录》卷331，嘉靖二十六年十二月辛亥条，台湾"中央"研究院史语所，1962，第6076页。

在闽"，潘仲孙才有可能向明朝提出"欲回原籍住坐"的要求。

此外，据《球阳》卷1，察度王46条"太祖赐姓闽人三十六姓"文末注解：①

> 程复、叶希尹不知何时至国受仕也。以今考之，疑是入贡之初，太祖遣之。故程复告老致仕，王具疏言之。又曰三十六姓或老而返国，或留而无嗣，今仅存者惟有蔡郑林梁金五家耳。

移居琉球的闽人三十六姓，他们中多有"老而返国""留而无嗣"的。程复便是洪武年间遣派到琉球的，而后告老还乡，察度王还为其事"具疏言之"，上奏明朝。这也能证明当时明朝赐给琉球的应该是闽人三十六姓，而不是三十六户，如果是"三十六户"，就无法解释"老而返国""留而无嗣"的现象了。

虽然如此，但史籍中出现"三十六户"之说又如何解释呢？谢必震教授曾就这个问题进行过深入的研究。② 据其考证，在明朝赐闽人予琉球之前，已有部分闽人居住在琉球，并娶妻成家。因已娶妻生子，故能称之为"户"，此为原因之一。其二，不可能所赐三十六姓都在"赐姓"前定居琉球，成家立户。因此谢必震教授认为"三十六姓来自三十六户"，这个观点颇能解释"姓"和"户"的问题。换言之，古人或许将三十六姓与三十六户相提并论，"户"之所指并不一定要携家带口，户也就是姓，两者混为一谈，指的是同一件事，其区别仅仅是用字的问题，在史籍著述中混用了。

中国人历来习惯同姓一家成为一户的原则，因此笔者同意闽人

---

① 球阳研究会编『沖縄文化史料集成』5，『球陽』，角川書店，昭和53年再版，第162頁。
② 谢必震：《中国与琉球》，厦门大学出版社，1996，第41~43页。

三十六姓或三十六户应该理解为明代所赐闽人"三十六姓是来自三十六个不同姓氏"的善操舟之人，而非三十六户男女老少合家之人。同时，"三十六"本身也并不代表一个精确的数字，而只是一个无定论的说法，表示一个颇大的数目罢了。

第四节 久米村的形成与发展

一 久米村的形成

明洪武二十五年（1392年），明太祖朱元璋有感于琉球"虽僻处海外而修职勤且最恭顺"，为了帮助琉球航海入贡并使皇恩广被以及推广文教，故"（太祖）更赐闽人三十六姓，始节音乐制礼法。"① 闽人三十六姓在琉球受到了极高的礼遇，根据久米村《蔡氏家谱》记载："王大喜，即令三十六姓择土以居之，号其地曰唐营，亦称营中。"② 又根据《琉球国由来记》中记载："国王察度深喜，令卜宅于久米村而居，因名其地曰唐荣。"③

久米村位于现今日本冲绳县那霸市附近，与首里王都仅五里之遥。早在明太祖赐姓之前，就有一部分中国人因为琉球与中国的贸易往来而在那霸市居住，但那时并没有形成一个完整的华人村落。闽人三十六姓到了琉球之后，在那霸港西北一隅落脚，聚众而居，筑土为城，才逐渐形成了一个村落。当时明朝人称之为"唐营"，三十六姓则自称为"唐荣"，琉球当地人则称之为"久米村"。关

---

① 球阳研究会编『冲縄文化史料集成』5，『球陽』，角川書店，昭和53年再版，第162頁。
② 那覇市企画部市史編集室：『那覇市史』资料篇，第1卷6，『久米村系家譜』，昭和55年版，第295頁。
③ 外間守善、波照間永吉編『琉球国由来記』卷9，東京角川書店，平成9年4月初版，第168頁。

于久米村名字的由来，齐鲲的《续琉球国志略》中收录了蔡世昌所著《久米村记》，曰："久米村一名唐荣，即古之普门地也。明洪武赐唐人三十六姓，聚族于此，故曰唐营；又以显荣者多，故改曰唐荣。国王厚其裔，世其糈，故取世禄之义，曰久米。"① 但久米村这一称呼究竟始于何时？出典何处？今已无从考证。

历史上久米村所在的久米岛被称为"浮岛"，位于那霸港西侧，扼守首里城出海口。清代册封使汪楫在其《使琉球杂录》中提到："那霸距王宫十五里，中隔海港二里许，洪武中，尝赐以闽人三十六户，不令居内地，悉置此。若有深虑焉。后相袭既久，始跨海筑堤，以通出入；所谓长虹桥是也。"② 久米岛与琉球本岛隔海相望，距离首里城约五里地，有石桥与琉球国首里城所在岛屿相连，被称为"长虹桥"。1721年，徐葆光《中山传信录》所附的"琉球地图"就清晰地标注了那霸市、迎恩亭以及连接那霸港与首里王城的长虹桥。③ 另根据朝鲜方面的史料考证，1471年的《海东诸国纪》所附《琉球国之图》中记载有"久面里"（即久米村），又曰："住水边公馆，馆距王都五里余，馆旁土城有百余家，皆我国与中原人居之。"④ 18世纪之后，由于地理环境的变迁，久米岛北部泥沙淤积，逐渐与琉球本岛相连，浮岛最后成为一个半岛。古代久米岛的范围相当于今那霸市面积的1/3，西到那霸大门前车站，东到崇元寺，北到西武门，南到海滨和久茂地川。而在那霸靠近海滨的一面，即今那霸市久米町与其大街对面的天妃町，便是古代久米岛的中心地带，久米村便坐落于此。

---

① 齐鲲：《续琉球国志略》卷四，"艺文"上，载《国家图书馆藏琉球资料续编》上，北京图书馆出版社，2002，第530~534页。
② 转引自那霸市企画部市史编集室『那霸市史』资料篇，第1卷3，『册封使录关系资料』原文篇，第52页。
③ 徐葆光：《中山传信录》，台湾文献丛刊第306种，台湾银行经济研究室编印，1972，第140~141页。
④ 池谷望子、内田晶子译注：『朝鲜王朝实录琉球史料集成（訳注篇）』，榕樹書林，2005，第32页。

徐葆光《中山传信录·中山世系》中记载："先是，国人才孤那等二十八人采硫磺［黄］于阿兰埠，遇风漂惠州海丰，为逻卒所获，语言不通，以为倭人，送至京。至是，贡使为白其事，太祖皆遣归，赐闽人善操舟者三十六姓，以便往来。"①

由此可知，为了方便中琉之间的朝贡贸易，同时也是为了加强中琉之间的联系，帮助琉球改善航海技术，明政府才赐"闽人三十六姓"给琉球。这也正说明了形成后的久米村对于琉球国而言最直接也最重要的历史作用便是服务于中琉两国之间的朝贡关系。

在这方面，日本小渡清孝等学者也持有相同的观点。他认为古琉球国以来直到近现代，久米村人在琉球国对外交往中承担着基石作用，且久米村一直作为从事琉球国向中国进贡的"职能集团"而存在。②

在琉球国数百年的历史中，久米村并不仅仅扮演着服务中琉朝贡的简单角色。除了朝贡中国的政治目的之外，久米村人还承担了琉球国对外经济贸易、对外文化往来交流等历史任务，这其中也包括琉球国与日本、朝鲜半岛、东南亚各国的政治经济文化往来。自久米村形成后，它在琉球国数百年的历史中，几乎参与并承担了琉球国的所有对外交往活动，其存在的重要性对于琉球国不言而喻。而对于琉球国国内来说，久米村人从大洋彼岸的中国带来了先进的文化和技术，极大地推进了琉球国的文明进程，同时加速了琉球国社会文明和科学技术的进步。包括政治、经济、航海技术、造船技术、文化习俗、儒学教育、风水、道教、汉诗、音乐等，当时琉球社会的方方面面几乎都受到久米村人的影响。现在看来，冲绳当地的思想、信仰、风俗习惯大多受到久米村的影响，而且至今依然

---

① 徐葆光：《中山传信录》，台湾文献丛刊第306种，台湾银行经济研究室编印，1972，第87页。
② 池宫正治·小渡清孝·田名真之编『久米村历史人物』序言，那霸市ひるぎ社，1993，第1页。

存在。

二 久米村的发展

虽然久米村人以明廷派遣的闽人三十六姓的后代自居，与琉球的内政保持一定的距离，但琉球王府因其特殊身份及所做贡献而一直给予其各种特权，并在各方面逐渐加强与其的关系，而久米村的兴盛也成就了琉球王国的兴盛。15~16世纪是久米村的兴盛期，在久米村人的帮助下，琉球通过与中国的朝贡贸易及与东南亚的贸易而迅速发展起来，各国商船出入那霸港经行贸易，栉比鳞次，琉球人自豪地称为"万国津梁"。盛极一时的琉球国海外贸易，北至日本、朝鲜，南下南洋，其贸易航线几乎辐射了整个东亚，被称为琉球国的"大航海时代"。

明代嘉靖到万历年间，一些中国人因各种各样的原因来到琉球，被琉球国王所留，定居于此，并编入久米村，以补三十六姓之缺。这些人分别是郑肇祚、蔡崇贵、王立思、阮明、阮国、毛国鼎、陈华、杨明州等八人。① 同时为了补充朝贡使职位的空缺，琉球王在琉球国范围内选拔熟悉汉语的那霸人、首里人甚至萨摩人编入久米村。

近世，久米村计有二十五姓。第一，洪武、永乐年间由明朝赐迁的属于"三十六姓"之内的姓氏，其为蔡崇、林喜、金瑛、郑义才、梁嵩等五姓子孙后裔。第二，洪武、永乐年间迁往琉球，但迁入原因不详且不在"三十六姓"之内的姓氏，其为红英、陈康等二姓子孙后裔。第三，嘉靖到万历年间为补三十六姓之缺而由中国政府重新赐迁的姓氏，其为郑肇祚、蔡崇贵、王立思、阮明、阮国、毛国鼎、陈华、杨明州等八姓子孙后裔。第四，万历初年至康熙初年移入的琉球人姓氏，其为梁守德、蔡廛、林世重、周国盛、孙自

---

① 小渡清孝：《新入唐荣人》，载池宫正治・小渡清孝・田名真之编『久米村历史人物』，那霸市ひるぎ社，1993，第16~22頁。

昌、曾志美、程泰祚、魏士哲、林茂丰、李荣生等十姓子孙后裔。①

明朝灭亡后，久米村人仍以明代后裔自居，他们不能忍受削发结辫以及清朝服饰，但他们同时又要承担前往清朝朝贡的任务。久米村人心知无法继续保持明朝装扮，便改换琉球服装，故清朝以后，久米村人的装扮与琉球当地人相差无几。同时，随着那些熟悉汉语的那霸、首里的琉球当地人被编入久米村，久米村原来固有的群体性被打破，原本保持较完整的汉族文化也逐渐受到琉球文化的影响，如习俗、语言等开始逐渐琉球化。

光绪五年（1879年）日本明治政府强行吞并琉球王国，久米村的再度兴盛被日本打断，琉球王国与清朝之间的朝贡关系也戛然而止。久米村数百年以来承担的历史任务也随之终结。1903年，明治政府重新规划琉球王国土地，久米村被一分为二，东为久米町，西为天妃町。如今，以"久米"命名的区域仅余"久米一、二丁目"。明治政府对琉球实行的废藩置县等一系列政策，不仅在地域上划分了久米村，在经济上断了久米村人的俸禄，而且强制同化久米村人的语言、文字、姓名等。久米村人虽极力抗争，但最终仍以失败告终。随着琉球王国的灭亡，久米村人四下迁徙，甚至远走他乡，久米村从此消亡。

---

① 〔日〕富岛壮英：『明末久米村之衰弱及其振兴问题研究』，载《第一届中琉历史关系国际学术会议论文集》，台北：中琉文化经济协会，1986，第483页。

第 二 章

琉球王国对久米村人的优待与扶持

第一节 琉球对久米村人的礼遇
第二节 久米村的衰退与琉球的对策

对闽人三十六姓移居琉球，琉球国王非常重视。令其"卜宅于久米村"，华人从此不曾迁往他处。久米村初称"唐营"，后因华人居民中显荣者很多，又称"唐荣"。① 由于当地风景颇似福建闽江，闽人三十六姓又将其称为"吴江"。图2-1为久米村竹篱图。

图2-1 久米村竹篱图

---

① 蔡世昌：《久米村日记》，齐鲲：《续琉球国志略》卷四，"艺文上"，载《国家图书馆藏琉球资料续编》上，北京图书馆出版社，2002，第530~531页。

第一节 琉球对久米村人的礼遇

琉球国王考虑到久米村人来自当时文化较为发达的中国，因而对闽人三十六姓非常优待，包括授以免税的土地、支给俸米、授予任官特权等。

一 授以免税土地

允许久米村人在交通方便及船舶易于停泊地建立家园。并且，特许久米村人与首里、那霸、泊村贵族一样，免于税收。

二 不论品阶尊卑均有俸米

十四岁以上的男子，每人由王府按时发给俸米。① 清代，十二岁的久米村人先拜孔子，次拜琉王，便是"若秀才"，但没有俸米。十五岁剃发后再拜孔子及琉王，则为"秀才"，获俸米二石。② 而当时首里、那霸、泊村的贵族子弟，须官至库官后，才始有俸米。

---

① 注：到雍正七年（1729年），琉球经济困难，国相蔡温为了节流，停止了久米村人的俸米。
② 黄景福：《中山见闻辨异》（二），台湾文献丛刊第292种，台湾银行经济研究室编印，1971，第240页。注：李鼎元在《使琉球记》中以十岁为若秀才。周煌在《琉球国志略》卷中谓七岁为若秀才。康熙二十二年（1683年），由于天灾频繁，琉球人生活困难，王室才将秀才、若秀才的俸米每人减去一石。

三　授予任官的特权

琉球的官制仿中国而分为正、从九等。①

① 国相：左、右二人（有时只设一人），皆正一品。

② 法司官：共三人，皆从一品。

③ 紫巾官、紫金大夫：加法司头衔的是正二品，不加法司头衔的为从二品。

④ 耳目官：共四人，分别管理外交、典礼典印、理库、司法，皆正三品。正议大夫加耳目官衔皆为从三品。

⑤ 吟味官、正议大夫：皆正四品。

⑥ 那霸官、中议大夫、长史：都属从四品。

⑦ 正殿当官、都通事：皆正五品；副通事加当官者皆从五品。

⑧ 正殿势头官：正六品；较低职位而加势头官衔者为从六品。

⑨ 里之子、亲云上、副通事：皆正七品；筑登之兼领亲云上衔者为从七品。

⑩ 正殿里之子：正八品；里之子座属从八品。

⑪ 正殿筑登之：正九品；筑登之座属从九品。

依据琉球王国传统规定，只有首里、那霸、泊村的贵族富豪可以入仕。但国王规定，久米村人也可以享有入仕特权。上述官职，正一品的国相是首里人的专利；从一品的法司官候选人必须具有可被接受的血统（王族及贵族）或系首里的居民（王族、贵族、王族旁系及贵族子孙规定居住在首里）或经地方考试及格（考试内容为正统的中国传统典籍）的琉球人。除此之外，正议大夫、中议大夫、长史、都通事、副通事、通事等官职均由久米村人担任。并且久米村人的仕途起点及升迁，均比那霸等地的贵族优厚。久米村人的官职皆自通事任起，可以直升至紫金大夫。而那霸人的起点自火

---

① 徐葆光：《中山传信录》，台湾文献丛刊第 306 种，台湾银行经济研究室编印，1972，第 159~160 页。

长始，须屡建功绩才能晋升至那霸官；会讲汉语的那霸人可升至长史，但无法升迁至大夫。

据徐葆光的《中山传信录》记载，久米村人的官职及俸禄如下①。

① 紫金大夫：采地一县，禄五十石或八十石，或百二十石，皆视功之大小赐之。世禄，赐嗣子采地，禄五十石或四十石；至孙，量功为差［明季有紫金大夫蔡坚者，禄三百石，赐嗣子一百石。康熙癸卯年（康熙二年，1663年）以后，减为五十石，孙四十石，曾孙三十石］。

② 正议大夫：采地一县，禄二十石或三十石，量功为差。未赐禄者，岁俸支给一十二石。

③ 中议大夫：采地一县，岁俸支给一十石。

④ 长史：采地一县，禄二十石。

⑤ 都通事：俸支给八石；或有采地，或无采地。

⑥ 副都通事：俸支给五石。

⑦ 通事：俸支给四石。

⑧ 秀才：俸支给二石［原有三石。康熙癸亥年（康熙二十二年，1683年）以后，裁减为一石］。

⑨ 若秀才：一石（原有二石；康熙癸亥年以后，裁减为一石）。

四 享有教育特权

琉球由于遣使入贡而逐渐景仰中国文化，进而请求明廷准许派遣学生到中国留学。明廷以远人向化，值得嘉许，乃准所请。明洪武二十五年（1392年），琉球国中山王察度及世子武宁"遣使贡马竝［并］遣从子曰孜每、阔八马，寨官子仁悦慈三人入监读书；山南王承察度遣从子三五郎尾及寨官子实他卢尾、贺段志等三人入监

---

① 徐葆光：《中山传信录》，台湾文献丛刊第306种，台湾银行经济研究室编印，1972，第202页。

读书"。① 这是琉球首次向中国国子监派遣留学生，琉球"国人入监肄业自此而始"，② 这些留学生被称为"官生"，每次派遣三人至五人入国子监读书。早期官生选派，多为首里贵族子弟，亦有久米村华人子弟。但从明成化十八年（1482年）以后的320年间，入国子监学习几乎成为久米村人的特权。嘉庆七年（1802年）至同治七年（1868年），琉王才改从久米村及首里各选官生二人及副官生二人。官生在国子监学习的时间三年、五年或七年不等。

明清对官生赏赐极为丰厚而且给予公费待遇。琉球官生入监后，一切费用由中国负担，享受中国优厚待遇。明太祖就曾说过："远方慕中国礼仪，故遣子入学；必足于衣食，然后乐学。"③ 清圣祖更为重视，琉球官生梁成楫等抵京后，即"命工部，建书房于监侧，令成楫等居，又三季给衣服及铺盖、口粮、日用等项，并从人各赐冬夏衣，优待甚厚"。④

明清对琉球官生在国子监的日常学习非常严格，安排如下。⑤

每日早起沐浴，正衣冠，诣讲堂，听讲《小学》教条。《小学》完，讲《近思录》。饭后，讲经数条，临帖。灯下，讲四六古文各一篇、诗一首。次日背诵。

讲书之时，诸生以齿序立，专心听讲，或有语言不通、意义未晓者，须再三问明。

听讲之后，各归本位肄习，衣冠必整肃，出入必恭敬，行步必端庄，不得笑语喧哗。

---

① 球阳研究会编『沖縄文化史料集成』5，『球陽』，角川書店，昭和53年再版，第162页。
② 球阳研究会编『沖縄文化史料集成』5，『球陽』，角川書店，昭和53年再版，第162页。
③ 周煌：《琉球国志略》，台湾文献丛刊第293种，台湾银行经济研究室编印，1971，第54页。
④ 『中山世譜』卷八，伊波普猷等编『琉球史料叢書』，東京美術刊，昭和47年版，第125页。
⑤ 潘相：《琉球入学见闻录》卷3，台湾文献丛刊第299种，台湾银行经济研究室编印，1972，第128页。

逢三日，作诗一首，不拘古律；逢八日，作四六一篇，或论序等类一篇。

此外，琉球官生还获准参加"朔望拜庙及上堂谒见、封印、开印行礼"。

除官生外，来华的琉球留学生中还有来闽学习的半官费半自费生或者全自费留学生，被称为"勤学"，他们到福州就读私学。其中半官费生的人数有定额，即琉球进贡时派四名，接贡时派八名，全部从久米村人中遴选。"勤学"在福州读私塾的时间大多亦为七年，学习的内容非常宽泛，除典章、制度、佛学、道学、儒学、医学外，还学习各种专门技术，如制糖、制陶、制漆器、种蔗、制茶、制瓷、制纸、制伞等。

《球阳》记载："洪武以来，唐荣之人，或入闽，或赴京，读书学礼，不定囬［回］限，通于诸书，达于众礼，待精熟日而后归国。"① 他们归国报效，深受器重，为琉球社会的进步和发展贡献卓著。而这一切，亦与琉球王国对久米村人的教育政策分不开。

五 与王室联姻

明宣德四年（1429年），尚巴志统一琉球后定都首里，首里逐渐出现七大显赫家族，他们只与王室或彼此之间互相联姻，世代官居法司（从一品）或紫巾官（正二品）。久米村后裔蔡温由于辅政尚敬国王，功绩卓越被任命为三司官。琉王赐宅第于首里，其子迎娶公主，这是华人后裔享受到的最高礼遇。

此外，在久米村的管理方面，近代以前久米村的管理并没有固定的职位，村民按姓氏家族各行章法。久米村人主要负责朝贡贸易事务，通常设置长史2名，负责进贡、册封等外交事宜，其他的职

---

① 球阳研究会编『沖縄文化史料集成』5,『球陽』,角川书店,昭和53年再版,第300页。

位则自17世纪中叶以来逐渐固定下来。

清代册封使周煌在其《琉球国志略·爵秩》中记载有久米村人担任的职位,有紫金大夫、总理唐荣司、正议大夫、中议大夫等,详情如下:①

  久米府官:紫金大夫四员,总理唐荣司一员(即于四员中以一员统辖一村事为最尊,主朝贡、礼仪、文移);正议大夫、中议大夫、长史、都通事、加遏闼理衔副通事、副通事、通事(皆久米村人秀才习汉文者任其职)。

---

① 周煌:《琉球国志略》,台湾文献丛刊第293种,台湾银行经济研究室编印,1971,第198页。

第二节　久米村的衰退与琉球的对策

　　琉球王国是一个以贸易为主体的国家，朝贡贸易和与东南亚贸易的顺利进行，很大程度上依赖久米村人的参与。因此，久米村的兴衰与琉球对外贸易的兴盛是直接联系在一起的。16世纪中叶以后，那霸港的贸易繁盛景象逐渐衰退。这其中固然有久米村人因海路艰险、另谋发展的因素，但更多的是与时代背景息息相关的历史因素。

　　首先，就琉球国与明朝的贡期来看。尚巴志统一三山之后，中琉之间的朝贡贸易在1430年前后还保持着一年三贡的频率，这也是琉球朝贡贸易的第一个兴盛期。明初"凡交通禁令、各处夷人朝贡领赏之后，许于会同馆开市三日或五日，惟朝鲜、琉球不拘期限"。① 当时中国商品在海外深受欢迎，价格不菲。以丝为例，"若番船不通，则无丝可织，每百斤值银五六十两，取去者其价十倍"，② 不受限制的琉球朝贡贸易，给琉球国带来极大的利润，同时进一步推动了琉球国海外贸易的发展。但随着明成化年间琉球贡使多次在中国违法犯罪，明朝最终将琉球的贡期改为二年一贡。明成化七年（1471年），琉球长史蔡璟"窃以织金蟒罗制为锦衣"，宪

---

① 徐溥：《明会典》卷108，"朝贡通例"，万历重修本，商务印书馆，1989，第29页。
② 胡宗宪：《筹海图编》卷2，《中国兵书集成》第15册，解放军出版社，1990，第261页。

宗闻之，下令"没入内库，仍敕谕国王知之"。① 成化八年（1472年），琉球使团在福州修葺贡船之时，"傔从人等杀人劫财"，终引起明宪宗的不满，"谕王追究恶徒，依法惩治，并定例二年一贡，止许百人多不过加五人，除正贡外不许私附货物"。② 此后，琉球对明朝的朝贡贸易开始减少，虽然琉球国方面再三请愿，并在正德元年（1506年）短暂恢复了一年一贡，但明嘉靖元年（1522年），明朝诏令"遵先朝旧制二年一贡"，"二年一贡亦从此而定"。③ 对琉球国而言，明朝对其贡期的限制直接导致其对明朝朝贡贸易次数的减少，随之影响到琉球国的海外贸易。

其次，明朝海禁政策松弛以及民间海外贸易的兴起也影响了琉球国的海外贸易活动。宋元时期，东亚及东南亚的国际贸易，主要由中国海商将中国物品贩运到东亚及东南亚各地，再收购当地的货物，转运回中国，换言之，即以民间海外贸易为主。明代初期，为确保官方对海外贸易的垄断和控制，明朝实行朝贡贸易制度和海禁政策并行的强制措施，即"惟止通贡，不许通商"；"片板不许入海"，禁止民间海商出洋。得益于明朝推行的朝贡贸易体制及严厉的海禁政策，琉球得以在中国和东南亚各国之间充当中介贸易的角色。明成化、弘治年间（1465~1505年），明朝沿海民间海外贸易逐渐兴起，到正德末年，在广东沿海一带官方承认的"商舶贸易"已经超过官方的朝贡贸易。嘉靖年间，明朝试图镇压东南沿海民间海外贸易活动，结果引起海商武装集团的顽强抵抗，甚至与倭寇相勾结成为海寇，为害尤甚。有鉴于此，明隆庆年间（1567~1572年）在福建漳州海澄月港稍弛海禁，"准贩东西二洋"。随着明朝

---

① 球陽研究会編『沖縄文化史料集成』5，『球陽』，角川書店，昭和53年再版，第181頁。
② 球陽研究会編『沖縄文化史料集成』5，『球陽』，角川書店，昭和53年再版，第181~182頁。
③ 球陽研究会編『沖縄文化史料集成』5，『球陽』，角川書店，昭和53年再版，第181頁。

海禁有限度地开放，以及民间海商贸易活动的兴起，以琉球国作为中介的东亚及东南亚贸易关系开始衰退甚至终结。此外，东亚沿海地区猖獗的倭寇活动，以及16世纪初西班牙、葡萄牙两国舰队进入亚洲等，也都加速了琉球国东亚海域贸易的衰败，而贸易衰败又反过来影响了琉球国与久米村的经济基础。

除以上外部原因之外，久米村也受困于自身人口的繁衍不足。久米村的发展必然依赖于三十六姓子孙的繁衍，然而三十六姓"每姓子孙亦不甚繁衍"。① 明万历七年（1579年）册封使萧崇业及副使谢杰到达琉球，副使谢杰在其《琉球录撮要补遗》中这样描述久米村的景象"……三十六姓今所存者，仅七姓",② 到1606年夏子阳出使琉球之时，久米村仅存蔡、郑、林、程、梁、金六姓。③ 随着久米村的衰落，琉球国的对外交往活动也受到极大的影响，"海外针路常至舛迷，文移常至驳问，舟楫多至漂没，甚至贡期缺误，仪物差讹"。久米村人口的锐减，直接影响了琉球对外关系的维系与发展。为此，琉球王国采取了以下几项对策。

1. 万历三十五年（1607年），尚宁王向明廷请求再赐移民④

> 琉球自开国之初，钦蒙圣祖恩，拨三十六姓入琉干国。稽查旧例，原有与贩朝鲜、交趾、暹罗、柬埔寨，缘是阜国陆续得资籍。迄今三十六姓世久人湮，夷酋不谙指南车路，是断贩各港，计今六十多年。它无利入，日铄月销，贫而若洗，又地窄人希［稀］，赋税所入，略偿所出云云。

---

① 周煌：《琉球国志略》，台湾文献丛刊第293种，台湾银行经济研究室编印，1970，第198页。
② 谢杰：《琉球录撮要补遗》，收录于夏子阳《使琉球录》，台湾文献丛刊第287种，台湾银行经济研究室编印，1972，第270页。
③ 夏子阳：《使琉球录》，台湾文献丛刊第287种，台湾银行经济研究室编印，1972，第260页。
④ 東恩納寛惇：『黎明期の海外交通史』，琉球新報社，1969年4月再版，第370页。

针对琉球国王的请求，同年明廷将阮、毛二姓赐给琉球。

2. 实行久米村籍的移入政策，让中国人及琉球人迁入久米村

对此，《嘉德堂规模账》有详细记载。①

> 洪武年间所赐三十六姓遗裔郑、金、林、梁、蔡五家也。今湖城、具志坚、名嘉山、龟鸠、仪间也。红姓，洪武年间迁中山，今和宇庆也。郑、蔡二姓，倭人起兵一至中国，俘二姓以还，嘉靖年间移中山，今与仪、平川也。林姓，万历三年，自当地入唐荣，今石原也。王、阮二姓，万历十九年，自唐渡来，今国场、浜比嘉也。毛、阮二姓，万历三十五年，奉命迁中山，今与世山、神村也。蔡姓，万历三十八年，自当地入唐荣，今伊计也。梁姓，万历年间，自当地入唐荣，今兼段也。陈姓，万历四十五年，自唐飘［漂］荡到中山，今辛喜也。周姓，崇祯年间，自当地入唐荣，今阿嘉领也。孙姓，顺治二年，自倭人子孙入唐荣，今安座间也。杨姓，顺治五年，自唐飘［漂］荡到中山，今古坚也。程、曾二姓，顺治十三年，自当地入唐荣，今名护、砂边也。魏姓，康熙八年，自当地入唐荣，今庆佐次也。林姓，康熙九年，自当地入唐荣，今松本也。

从上述史料可知，久米村的移入政策持续时间很长。洪武年间三十六姓赐姓仅存郑、金、林、梁、蔡五姓。加上红姓迁入，共六姓。明代共增加十二姓，其中嘉靖年间中国移入二姓（郑、蔡）；万历年间中国移入五姓（王、阮、毛、阮、陈），当地移入三姓（林、蔡、梁）；崇祯年间，当地移入一姓（周）。清代久米村共增加六姓，其中顺治年间日本移入一姓（孙），中国移入一姓（杨），当地移入二姓（程、曾）；康熙年间当地移入二姓（魏、林）。

---

① 池宫正治编『嘉德堂规模账』，『冲绳研究资料7』，日本法政大学冲绳文化研究所，昭和61年10月版，第1頁。

当地琉球人移籍久米村，是久米村人口重新繁盛的重要因素之一。田名真之在其《近世久米村的成立与展开》一文中也指出，迄康熙九年（1670年），就有10人（姓）编入久米村。其中，蔡廛、周国盛、孙自昌、曾志美、程泰祚、魏士哲、林茂丰、李荣生为琉人入姓久米村，而陈华、杨明州则是来自中国的漂风难民。①

由于琉球王国的不懈努力，久米村人口终于由明末的30余人，② 发展至嘉庆二十年（1815年）的354户，共计人口5513人。③ 琉球国王对久米村的繁荣异常关心。康熙三十八年（1699年），曾因久米村发展繁盛，特设宴庆贺。"国王念及唐荣臣繁荣，喜悦无穷，特召赐宴。此时，自紫金大夫至申口座、正议大夫，赐宴于御书院；自中议大夫至通事赐宴于南御殿。真千载寄遇之荣事也。"④

3. 鼓励民众出海

康熙五十一年（1712年），琉球王国鉴于航海人才缺乏，以仕途升迁条例，鼓励民众出海。条例规定，琉球民众，包括久米村人，从水梢做起，累升至直库官职后，仍继续航海，并且皆平安者，可以修编家谱，成为士族，以示褒奖。

雍正六年（1728年），尚敬王改定久米村众官俸禄，提高航海到中国入贡者之俸禄。⑤

兹定正议大夫经奉贡使者，俸米三石五斗、麦豆二石五

---

① 转引自琉球新報社『新琉球史』（近世编上），1989，第212页。
② 蔡世昌：《久米村日记》，齐鲲：《续琉球国志略》卷四，"艺文上"，载《国家图书馆藏琉球资料续编》上，北京图书馆出版社，2002，第530~534页。
③ 吴霭华：《十四至十九世纪琉球久米村人与琉球对外关系之研究》，《"国立"台湾师范大学历史学报》第19期，1991，第10页。
④ 那霸市企画部市史编集室：『那霸市史』资料篇，第1卷6，『久米村系家谱』，昭和55年版，第791页。
⑤ 球阳研究会编『冲绳文化史料集成』5，『球阳』，角川书店，昭和53年再版，第286页。

斗，共计六石。如旧。其未奉贡使者，俸与中议大夫同。旧升正议大夫者其俸皆均。中议大夫经为长史者，俸米三石、麦豆二石，共计五石。如旧。其不为长史者，俸与都通事同。旧升都通事者其俸皆均。都通事经受其职入闽者，俸米二石五斗，麦豆一石五斗，共计四石。如旧。其未入闽者，俸与副通事同。旧升副通事者皆均。副通事经受其职入闽、又虽未入闽亦为讲解师、训诂师、汉字笔帖式历官者，俸米二石五斗。如旧。其未为此等职者，俸与通事同。旧升副通事者皆均。通事经为总管者，俸米二石，如旧。其未为总管者，俸与秀才同。旧升通事者皆均。秀才俸米一石，若秀才俸米五斗。如旧。

琉球王国为挽救久米村的衰退，除向明廷请求再赐移民外，还采取了入籍久米村政策及鼓励民众出海朝贡与贸易政策，取得了显著的效果。而久米村的再次繁盛，亦为琉球的社会进步与发展带来了新的动力。

第 三 章

久米村人与册封琉球国王

第一节 请封与迎封
第二节 册封使之接待与谢册封恩

明洪武二十八年（1395年），琉球国中山王察度薨。永乐元年（1403年），世子武宁遣侄三吾良叠讣告中国。永乐二年（1404年），明成祖遣行人时中赴琉球吊祭察度，"赙以市帛，遂诏武宁袭爵"。① 此为琉球"始受册封之大典，著为例"。② 永乐十三年（1415年），琉球国山南王汪应祖世子他鲁每，因其父为父兄"达勃期所弑，各寨官舍兵诛达勃期，推他鲁每摄国事"，③ 于是遣使入明进贡并请袭爵，此为琉球首次向中国提出册封的请求。同年五月，明成祖"遣行人陈季芳等，赍诏往琉球国，封故山南王汪应祖世子他鲁每为琉球国山南王，赐诰命冠服及钞万五千锭"。④ 自此，每位琉球"国王嗣立，皆请命册封"，⑤ 而明清政府亦应其所请，派遣官员前去主持册封大礼，从而形成中琉之间长达数百年的册封体制。

"琉球国凡王嗣位，先请朝命，钦命正副使奉敕往封，赐以驼钮镀金银印，乃称王。未封以前称世子，权国事。"⑥ 自明永乐二年（1404年）武宁王受封始，至清同治五年（1866年）尚泰王受封止，四百余年之间，中国共使册封使23次，其中明代15次，清代

---

① （明）杨士奇等：《明太宗实录》卷28，永乐二年二月壬申朔壬辰条，台湾"中央"研究院史语所，1962，第510页。
② 『中山世谱』卷3，〔日〕伊波普猷等编『琉球史料丛书』，东京美术刊，昭和47年版，第46页。
③ （明）杨士奇等：《明太宗实录》卷162，永乐十三年三月己亥朔丁巳条，台湾"中央"研究院史语所，1962，第1840页。
④ （明）杨士奇等：《明太宗实录》卷164，永乐十三年五月己酉条，台湾"中央"研究院史语所，1962，第1850页。
⑤ 高岐：《福建市舶提举司志》，"考异"，方宝川、谢必震：《琉球文献史料汇编·明代卷》，海洋出版社，2014，第688页。
⑥ 赵尔巽：《清史稿》卷526，列传313，属国一，中华书局，1977，第14618页。

8次。每次册封都是先由世子向明清政府报丧并请封,待朝廷恩准后,再由世子遣使到中国迎封。册封大典完毕后,新琉王遣专使护送天使回闽并赴京谢恩。

由于请封、迎封、谢恩过程非常隆重与繁复,必须有精通汉文及中国传统礼仪的人士参与才可能完成,所以闽人三十六姓之贡献对于琉球王国至关重要。

图3-1为康熙赐琉球国王之印。

图3-1 康熙赐琉球国王之印

第一节　请封与迎封

琉球每逢国王薨逝，世子继位，便具表遣使中国，向中国朝廷报丧及奏请袭封。报丧表文及请封表文的撰写皆有一定的格式。以下是康熙四十八年（1709年），琉球国中山王世孙尚益给福建布政使司的报丧书。①

琉球国中山王世孙尚益为报明祖丧，泣摅遗嘱吁赐具题以表幽忠事。窃照敝国海外弹丸，荷蒙天朝不弃，俾蛟岛波，臣得以时修岁事，褒封宠赉，迥异寻常周期。祖父共臻耄耋，图报涓埃。奈因命蹇，尚益父世子尚纯业于康熙四十五年十二月三十日冒染风痰病故。严亲已殁，益系嫡长孙，承父之重，不敢毁形减性，以伤王父心。讵料鞠凶叠见，益祖中山王尚贞复于本年七月十三日因老病虚怯寝疾而薨。弥留之余特呼益至榻前泣道："吾世受圣恩，真如高天厚地，顶踵难酬。今不幸以怯疾身故，无复能望风顶祝，但犬马恋主之念虽死弗喧，尔其善体吾心，恪修臣职尽忠即以尽孝，当敬佩无忘。"益闻言五内如割，几不欲视息人间，茕茕在疚，安敢辄萌嗣位之思，第茅土锡之，天家屏藩责重，诸凡庶务机宜，不得不从权暂摄，

---

① 《历代宝案》第3册，卷5，"国立"台湾大学印行，1972，第1642页。

兹当循例接贡。理合将祖父薨逝日期,并临终遗嘱,特遣正议大夫蔡灼前来报明。伏乞贵司察核转详督抚两院,恳赐具题上达宸鉴。不特益终身感佩,即祖父九泉之下虽死犹生矣。为此理合移咨贵司,烦请察照施行。须至咨者:

右咨

福建等处承宣布政使司

康熙四十八年十一月初七日

讣告与请封按理是同时进行的,但琉球国王的嗣位和请封往往要相隔好几年。如尚质王于嗣位后五年、尚贞王于嗣位后十三年、尚敬王于嗣位后四年,才分别向清廷请求册封。其原因正如《五杂俎》中所说:"琉球小而贫,虽受中国册封为荣,然使者一至,其国诛求供亿,为之一空,甚至后妃簪珥,皆以充数……闻其国将请封,必储蓄十余年,而后敢请。"① 待一切准备工作就绪后,琉球世子才派遣请封使,随进贡船抵达中国,"请封之例,必当贡期,兼能请封在案"。② 琉球的请封奏折一般附在进贡表文之后。如康熙五十六年(1717年),尚敬遣耳目官夏执中、正议大夫蔡温入贡,且上奏曾祖父尚贞与其父尚益之丧,请袭王爵。③

  琉球国中山王世曾孙尚敬谨奏:为请封袭爵,以效愚忠,以昭盛典事。臣曾祖尚贞,于康熙四十八年七月十三日薨逝。臣祖尚纯为世子时早已弃世;臣父尚益未及请封,已于康熙五十一年七月十五日薨逝。念臣小子,曾孙承祧;然侯服有度,

---

① 谢肇淛:《五杂俎》卷4,地部2,《中国文学参考资料料丛书》,中华书局,1959,第125页。
② 球阳研究会编『冲绳文化史料集成』5,『球陽』,角川书店,昭和53年再版,第268页。
③ 徐葆光:《中山传信录》,台湾文献丛刊第306种,台湾银行经济研究室编印,1972,第125~126页。

不敢僭称。王业永存，循例请袭。俾臣拜纶音于海岛，砥柱中流；膺诰命于波区，雄藩外甸。谨遣陪臣耳目官夏执中、正议大夫蔡温等虔赍奏请，伏望圣恩体循臣曾祖事例，乞差天使封袭王爵；上光宠渥之盛典，下效恭顺之微忱；庶藩业得以代代相传，预祝皇恩世世不朽矣。

明清两代琉球的报丧表文及请封表文均由久米村人撰写。明代册封使夏子阳记载道："惟大夫、长史、都通事等官，则为文职。以其由秀才历任，而专司贡献及文移、表章也。秀才，择三十六姓中识汉字、汉音者为之。"① 这些为中琉往还表文撰稿的读书人，初名"汉字笔者"，雍正六年（1728年），改名为"汉字御右笔"，并加设主取一人，相附三人。

由于王位的继承涉及王朝正统问题，因而尤其慎重。例如，尚敬以曾孙名义请求袭爵，相隔了三代，是否正统合法呢？为了防止冒充"世子"或"世孙"，避免日后不必要的纠纷，清政府要求在请封时呈交一份"通国甘结"。这份甘结必须由琉球国法司官、长史、王叔、王舅、紫金大夫、耳目官、正议大夫、中议大夫、那霸官等官及乡耆老签署，说明先王逝，世子或世孙端重谨厚、仁孝笃实、臣庶归必，宜嗣王位，以光藩服。琉球甘结须经中国皇帝准允后，中国方面才开始选派册封使臣的事宜。

以下是康熙五十五年（1716年）尚敬给礼部的正式请封咨文并附"具结状"。为慎重起见，琉球还在具结状中附有各画押官员的琉球名，以示郑重。②

琉球国中山王世曾孙尚为请封袭爵以效愚忠以昭盛典事：

---

① 夏子阳：《使琉球录》，台湾文献丛刊第287种，台湾银行经济研究室编印，1970，第256页。
② 《历代宝案》第3册，卷8，"国立"台湾大学印行，1972，第1739页。

窃照敝国蕞尔边陲，世守藩职，代供进贡，荷蒙天眷之隆，顶踵难报。痛我先曾祖贞于康熙四十八年七月十三日薨逝，先祖纯为世子时早已弃世，先父益未及请封已于康熙五十一年七月十五日薨逝。念予小子曾孙承祧，然侯服有度，不敢僭称，王业永存，宜当循例请袭。为此谨遣耳目官夏执中、正议大夫蔡温、都通事阮瓒等虔赍奏章赴阙陈请。伏乞贵部转题天听，体循曾祖事例封袭王爵。上光宠渥盛典，下效恭顺微忱，所有通国甘结理合一并备繇移咨贵部知会，烦为察照施行。须至咨者：

右咨

礼部

康熙五十五年十月十一日

具结状：

琉球国中山王府法司官翁自道、马献图、毛应凤，长史陈其湘、郑廷极等为请袭王爵以重封典永固海疆事：该自道等遵照旧例结得先国王于康熙四十八年七月十三日以疾薨逝，因王世子先于康熙四十五年十二月三十日卒，顾命嫡系承祧王世孙未及请封于康熙五十一年七月十五日弃世，今嗣君王世曾孙委系嫡长，端重谨厚，纯孝笃实，臣庶归心，宜嗣王位，以光藩服，相应连金，确具甘结，亲画花押，呈缴查考，伏乞大部老爷府鉴舆情，照例奏请，敕赐荣封，永固海疆。自道等遵将继统缘由，禀明所结是实，不敢冒结致干虚诓之咎。须至结状者。

康熙五十五年十月十一日

表3-1是参与具结状画押的琉球官员。

表 3-1　参与具结状画押的琉球官员

官职	人名	
法司官	翁自道	伊舍堂亲方
法司官	马献图	浦添亲方
法司官	毛应凤	胜连亲方
长史	陈其湘	松堂亲云上
长史	郑廷极	宇地原里之子亲云上
王叔	尚监	与那城王子
王叔	尚祐	丰见城王子
王叔	尚和礼	伊江王子
王叔	尚永泰	金武王子
王舅	毛邦秀	具志川亲方
王舅	金鸿基	上间亲方
王舅	章永祖	宜野湾亲方
王舅	毛温良	座喜味亲方
王舅	马如飞	名护亲方
紫金大夫	程顺则	古波藏亲方
紫金大夫	郑永安	宇地原亲方
紫金大夫	魏士哲	伊是名亲方
紫巾官	松君鼎	知名亲方
紫巾官	向思钦	真玉桥亲方
紫巾官	毛光丙	高岭亲方
紫巾官	毛有伦	棚原亲方
紫巾官	向温德	今归仁亲方
紫巾官	毛秉仁	嵩原亲方
紫巾官	向可法	国头亲方
紫巾官	向和宪	垣花亲方
紫巾官	向文杰	大宜味亲方
紫巾官	向克顺	富盛亲方
紫巾官	翁宗信	佐久真亲方

续表

官职	人名	
紫巾官	毛九经	佐渡山亲方
紫巾官	毛廷翰	伊野波亲方
耳目官	向秉乾	兼次亲云上
耳目官	翁钦忠	宫城亲云上
耳目官	毛成楫	新城亲云上
耳目官	毛文达	富川亲云上
耳目官	翁国柱	我如古亲云上
耳目官	毛弘健	山口亲云上
正议大夫	王可法	国场亲云上
正议大夫	郑明良	仲井间亲云上
正议大夫	毛文善	和宇庆亲云上
正议大夫	蔡肇功	牧志亲云上
正议大夫	毛文哲	大山亲云上
正议大夫	阮维新	仪保亲云上
正议大夫	杨联桂	江洌亲云上
正议大夫	阮璋	牟宫城亲云上
中议大夫	红自焕	伊差川亲云上
中议大夫	金世铭	与座亲云上
中议大夫	林茂丰	新垣亲云上
中议大夫	曾历	砂边亲云上
中议大夫	蔡渊	志多伯亲云上
那霸官	毛天枢	野里亲云上
那霸官	郭宗仪	赤岭亲云上
遏闼理官	吉如茂	我谢里之子亲云上
遏闼理官	向洪鉴	大城里之子亲云上
遏闼理官	阿九腕	南风原里之子亲云上
遏闼理官	毛彦卿	根路铭亲云上
遏闼理官	向文明	本部里之子亲云上

续表

官职	人名	
遏闼理官	向嘉猷	祢霸里之子亲云上
遏闼理官	毛彦章	伊佐亲云上
遏闼理官	向松	津波亲云上
遏闼理官	毛克明	喜屋武里之子亲云上
毗那官	翁得功	平良里之子亲云上
毗那官	马元英	宫平里之子亲云上
毗那官	金鸿光	上间里之子亲云上
乡耆老	马廷器	幸地亲方
乡耆老	向元良	田嶋［岛］亲方
乡耆老	蔡铎	志多伯亲方
乡耆老	马益祖	名护亲方
乡耆老	郑弘良	大岭亲方

据考，明代的十五次具结状目前尚无完整的资料可寻，清代八次请封中有六次具结状都有清晰的记载。从上述史料我们不难看出，除了法司官、王舅、王叔、紫巾官、耳目官、遏闼里官、毗那官等是琉球的皇亲国戚外，部分那霸官及长史、紫金大夫、正议大夫及中议大夫等全部是久米村人，而乡耆老则是琉球人及久米村人兼有。①

以上请封表及通国甘结均于请封之年交由请封使赍往闽省，甘结还需其亲送礼部。明清两代久米村人担任请封使团成员的名单如表3-2所示。

表3-2 明清请封使团中的久米村人

琉球世子或世孙	请封时间	请封使官姓名	职务	备注	主要资料来源
尚忠	正统六年（1441年）	梁求保	长史	兼进贡、报表	《历代宝案》表奏，第407~408页

---

① 赤嶺誠紀:『大航海時代の琉球』，沖縄タイムス社，1988，第86頁。

续表

琉球世子或世孙	请封时间	请封使官姓名	职务	备注	主要资料来源
尚圆	成化六年（1470年）	蔡璟	长史	兼进贡、报丧	《明宪宗实录》，第1726页
尚真	成化十三年（1477年）八月二十日	梁正	通事		《历代宝案》符，第780页
尚清	嘉靖八年（1529年）	蔡瀚	长史	兼进贡	《久米村系家谱》，第253页；《蔡氏家谱》，第154页；《明世宗实录》，第2636页
尚元	嘉靖三十六年（1557年）	蔡廷会	长史	兼接贡	《明世宗实录》，第7692页
尚永	万历三年（1575年）	梁灿	长史		《历代宝案》执，第1063~1064页
尚宁	万历二十七年（1599年）	郑道	长史	兼进贡、谢恩	《历代宝案》符执，第868~869页
尚宁	万历二十八年（1600年）	蔡奎	长史	兼进贡	《历代宝案》执，第1091~1092页
尚丰	天启元年（1621年）	蔡坚	正议大夫	兼报丧、进贡	《历代宝案》咨，第586~587页；咨，第599、603页
尚丰	天启五年（1625年）	蔡廛	正议大夫		《历代宝案》咨，第591~592页
尚丰	天启七年（1627年）	林国用	长史		《历代宝案》咨，第605、424~425、620页
尚贤	崇祯十五年（1642）	蔡锦	正议大夫	兼进贡、报丧	《历代宝案》符，第893~894页；咨，第680~681页
尚贤	崇祯十七年（1644年）	金应元	正议大夫	兼进贡	《历代宝案》符，第895~896；咨，第684~685页

续表

琉球世子或世孙	请封时间	请封使官姓名	职务	备注	主要资料来源
尚质	顺治十年（1653年）	蔡祚隆	正议大夫	兼庆贺（此次是缴还明印并请新敕印）	《历代宝案》咨，第697~698页，《清世祖章皇帝实录》，第644页
尚贞	康熙十九年（1680年）	梁邦翰	正议大夫	兼进贡	《历代宝案》咨，第732~734页
尚敬	康熙五十五年（1716年）	蔡温	正议大夫	进贡	《历代宝案》咨，第1737页
尚穆	乾隆十九年（1754年）	蔡宏谟	正议大夫	兼进贡、护送漂风难民	《历代宝案》符，第2769~2770页
尚温	嘉庆三年（1798年）	曾谟	正议大夫	兼进贡	《历代宝案》符，第4283页；咨，第4297~4298页
尚灏	嘉庆十一年（1806年）	梁邦鼎	正议大夫	兼进贡	《历代宝案》咨，第4830~4831页；执，第4845页
尚育	道光十六年（1836年）	孙光裕	正议大夫	兼进贡	《历代宝案》咨，第6762页；符，第6820~6821页
尚泰	同治三年（1864年）	毛发荣	正议大夫	兼进贡	《历代宝案》咨，第8659页；执，第8665~8666页

注：本表主要依据《历代宝案》、《明实录》、《清实录》、《久米村系家谱》和《蔡氏家谱》等资料制作。

对上述列表内容加以考察，有以下诸点值得关注。

（1）尚宣威王、尚成王、尚益王由于在位短暂未及请封。尚贤王请封之时，因适逢明清交迭，历经曲折，未及授封而薨。尚巴志、尚金福、尚德请封情况不甚清楚。大多数请封一次完成，不过，亦有尚清王、尚宁王经过二次（尚清王其中一次请封因海难未达中国）请封，甚至尚丰王经过六次请封，才终于完毕。

（2）明清时期多次请封，除万历二十二年（1594年）请封使为于濩人外，所有请封使都是久米村人。此外，琉球请封经常与入贡同时进行，但如果不是贡期，常是报丧兼请封。倘若请封使是久米村人，则报丧使亦由久米村人担任。

琉球请封使还兼负琉球王国的其他重托，如在闽、在京习礼及宴式。请封使之所以要在中国学习礼仪、仪注，主要是因为谕祭及册封大礼均需遵守中国传统礼制规范。如乾隆十九年（1754年），赴京都通事蔡功熙与存留通事魏开业、传译通事郑殿枚等，曾在京拜前翰林院行人司刘敬兴为师。① 道光十四年（1834年）八月，久米村人林常裕在闽请教兵部主事郑庆恩、在京请教馆乡大人之掌案李嘉谟，询问"在请封咨文内应否缮添钦差大人临国年代事"；九月，学习宴请钦差法式；十月，再学习诸礼法式，然后将一切所学传书禀覆琉球王廷。②

对琉球而言，明、清政府派遣使臣前往琉球谕祭故王、册封新王是头等大事，琉球对此极为重视。琉球国王接到中国礼部有关册封使臣派遣的咨文后，立即派遣接封使臣到中国，迎接册封使前往琉球。接封使往往搭附当年进贡船前往中国。以下是康熙二十一年（1682年）琉球国王为接封事给福建布政使司的咨文。③

>　　琉球国中山王世子尚贞为恭接纶恩事：窃照敝国远属南裔，惟藉皇朝锡典镇抚海邦，日前具疏请封，荣荷天恩，量允下情，膺嗣藩服，凡在葭屋穷簷［檐］悉已欢腾域外。谨遣正议大夫郑永安前来恭接，合咨贵司。伏乞转咨礼部具题，庶万里之

---

① 那霸市企画部市史编集室：『那霸市史』资料篇，第1卷6，『久米村系家譜』，昭和55年版，第314页。
② 那霸市企画部市史编集室：『那霸市史』资料篇，第1卷6，『久米村系家譜』，昭和55年版，第929页。
③ 《历代宝案》第2册，卷22，"国立"台湾大学印行，1972，第739页。

波，臣如亲舞蹈千秋之海，若共效前驱矣，烦乞贵司查照施行。须至咨者：

右咨

福建等处承宣布政使司

康熙二十一年十月十二日

图3-2为康熙五十八年册封副使徐葆光手书。

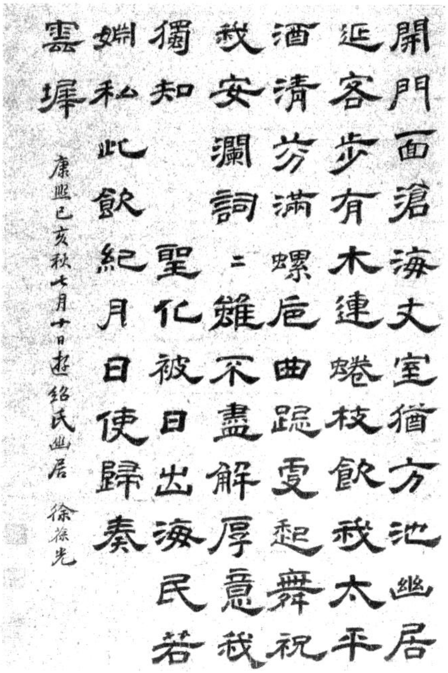

图3-2 康熙五十八年册封副使徐葆光手书

除上述咨文布政使司外，为表现恭敬和重视，琉球国王还特咨文册封正、副使，并告之接封事宜。以下是康熙二十一年（1682年）琉球国王分别给册封正、副使臣的咨文。①

琉球国中山王世子尚贞为恭迎钦差事：照得敝国于康熙

---

① 《历代宝案》第2册，卷22，"国立"台湾大学印行，1972，第740页。

十九年九月三十日敬修表文，遣耳目官、正议大夫毛见龙、梁邦翰等赍捧进京，请乞袭封王爵，荷蒙旨准，天使临闽，海邦雀跃欢呼难伸补报。兹特遣正议大夫郑永安护迎钦差宝船按临敝国，理合移咨天使，烦为察照施行，为此移咨。须至咨者：

右咨

钦差正使翰林院检讨汪

康熙二十一年十月十二日

琉球国中山王世子尚贞为恭迎钦差事：照得敝国于康熙十九年九月三十日敬修表文，遣耳目官、正议大夫毛见龙、梁邦翰等赍捧进京，请乞袭封王爵，荷蒙旨准，天使临闽，海邦雀跃欢呼难伸补报。兹特遣正议大夫郑永安护送钦差宝船按临敝国，理合移咨天使，烦为察照施行，为此移咨。须至咨者：

右咨

钦差副使内阁中书林

康熙二十一年十月十二日

康熙朝两届迎封使团均搭附进贡使团的贡船抵华，但均坐在二号贡船上，以下分别是他们所在二号贡船的执照。①

琉球国中山王世子尚为进贡接封等事：奉圣旨两年一贡，钦遵在案。查得康熙二十一年该应循期，拟合进贡，为此今特遣耳目官、正议大夫、都通事等官毛文祥、蔡国器、郑永安、王可法等赍捧表咨文前来进贡。因备海船二只，率领水梢，每船均帮上下员役、接封官伴共二百二十四员名，载运煎熟硫磺

---

① 《历代宝案》第2册，卷35，"国立"台湾大学印行，1972，第1145页。

[黄]一万二千六百斤,红铜三千斤,海螺壳三千个,于正贡外特加磨刀石一百块、围屏纸一万张、蕉布一百疋[匹],拟今分装二船,方物多寡不均。一船义字第三十一号,装载煎熟硫磺[黄]五千四百斤、红铜一千五百斤、海螺壳一千五百个、磨刀石五十块、围屏纸五千张、蕉布五十疋[匹];一船义字第三十二号,装载煎熟硫磺[黄]七千二百斤、红铜一千五百斤、海螺壳一千五百个、磨刀石五十块、围屏纸五千张、蕉布五十疋[匹]。解运前赴福建等处承宣布政使司投纳。递起送赴京进奉外,恭接封,拠[据]差去员役并无文凭,诚恐所在官军盘阻不便,理合给发执照以便通行,为此王府今给义字第三十二号半印勘合执照,付存留通事蔡铎等收执前去,如遇经过关津及沿海巡哨官军验实即便放行,毋得留难迟误不便。须至执照者:

计开

接封正议大夫一员	郑永安		人伴二十四名
在船都通事一员	梁珍材		人伴四名
在船使者二员	隆存仁	谈作揖	人伴八名
存留通事一员	蔡铎		人伴五名
管船火长直库二名	毛金德	卫法鲁	水梢共五十九名

右执照付存留通事蔡铎,准此

康熙二十一年十月十二日

以上诸史料充分体现了琉球国对钦差册封使臣前往琉球的重视,从琉球国王特咨文福建布政使司、册封正副使臣,告之接封使团的派遣,直至颁发二号贡船接封使团的执照,各方面安排,可谓周详而细致。上述正式且规范的公文,亦由谙熟汉学的久米村人撰写。不仅如此,久米村人在迎封过程中亦扮演着重要角色。明清琉球迎封使团中的久米村人情况如表3-3所示。

表 3-3 明清琉球迎封使团中的久米村人

琉球世子或世孙	迎封时间	迎封使官姓名	职务	备注	主要资料来源
尚元	嘉靖三十七年（1558 年）	梁炫	长史		《历代宝案》执，第 1026 页
	嘉靖三十九年（1560 年）	梁炫	长史		《历代宝案》执，第 1030 页
尚永	万历六年（1578 年）	梁灿	正议大夫		《历代宝案》执，第 1068 页
尚宁	万历三十二年（1604 年）	金应魁	通事		《历代宝案》咨，第 264 页
尚丰	崇祯三年（1630 年）	蔡廛	正议大夫	兼进贡	《历代宝案》咨，第 625 页
	崇祯四年十月（1631 年）	蔡延	正议大夫		《历代宝案》咨，第 627~628 页
	崇祯五年二月十六日（1632 年）	郑献猷	都通事		《历代宝案》执，第 1120~1121 页
	崇祯五年九月十七日（1632 年）	林国用	正议大夫		《历代宝案》执，第 1121~1122 页
	崇祯六年四月十日（1633 年）	金应元	都通事		《历代宝案》咨，第 289 页
尚贞	康熙二十一年（1682 年）	郑永安	正议大夫	兼进贡	《历代宝案》符，第 912 页
尚敬	康熙五十七年（1718 年）	陈其湘	正议大夫	兼进贡	《历代宝案》符，第 1785~1786 页
尚温	嘉庆四年（1799 年）	梁焕	正议大夫		《历代宝案》执，第 4323 页
尚灏	嘉庆十二年（1807 年）	蔡邦锦	正议大夫		《历代宝案》执，第 4877~4878 页
尚育	道光十七年（1837 年）	梁邦弼	正议大夫	兼护送漂风难民	《历代宝案》执，第 6889 页

续表

琉球世子或世孙	迎封时间	迎封使官姓名	职务	备注	主要资料来源
尚泰	同治四年（1865年）	郑秉衡	正议大夫		《久米村系家谱》，第701页

注：本表主要依据《历代宝案》、《明实录》和《久米村系家谱》等资料制作。

此外，随迎封使到中国迎封的都通事、长史、总管、通事、副通事、火长等人，也均由久米村人担任。道光十七年（1837年），久米村人郑良弼曾任迎封大夫赴华，迎接册封正使林鸿年、副使高人鉴。现将活动记载如下，从此可窥见迎封使团在华的活动线索。①

道光十七年丁酉二月初一日，为迎接天使事：奉命为正议大夫，坐驾接贡船。九月二十五日，那霸开船，二十九日，到罗湖洋面。十月初二日，到怡山院，初七日，安插馆驿。次年，戊戌四月十一日，为迎接册使事，奉布政司牌令起身。十五日，到水口驿伺候，二十二日，册封正史林大人（尊讳鸿年），副使高大人（尊讳人鉴）分坐小船二只，共临水口。良弼偕伴送官、土通事等亦分坐小船三只摇出，合计恭接两位大人。即将王世子咨文并布政司公文、海防红批，奉上于正使林大人。二十三日，跟随两位大人到洪山桥，二十六日，回来福州公馆。自此诸凡公务励精赶辨，至闰四月二十六日，奉两位大人牌令，先已登头号封舟。翌日，两位大人亦登舟，是时良弼下坐杉板恭迎节、诏、敕。五月初二日，跟随两位大人诣怡山院，奉祭天后暨海神。初四日，在五虎门与二号封舟一齐开洋。初八日，直到那霸港（因是时日晚不得进港，下掟港口隔宿一夜）。初九日，同二号封舟吊进港内，弼等即随两位大人下

---

① 那霸市企画部市史编集室：『那霸市史』资料篇，第1卷6，『久米村系家谱』，昭和55年版，第698页。

船、上岸，跟到天使馆。次日进城复命。从时厥后，每逢两位大人外出，必有跟随焉。良弼在闽之时，凡恳请预选封舟、酌减弁兵、减少货物、禁索旧欠等事，皆已有具禀。所具之禀，及各衙门所示批文，俱载在公案。

从上述史料可见，迎封使在闽期间除迎请册封使外，还做好了册封使赴琉球前的诸多协调工作，如代琉球国王要求中国朝廷酌减兵丁、尽量减少兵役们所携带货物等，这样可以减少琉球方面的负担，并且尽量协调好以往贸易中的旧欠，以避免日后不必要的纠纷。

图 3－3 为乾隆二十一年册封副使周煌手书。

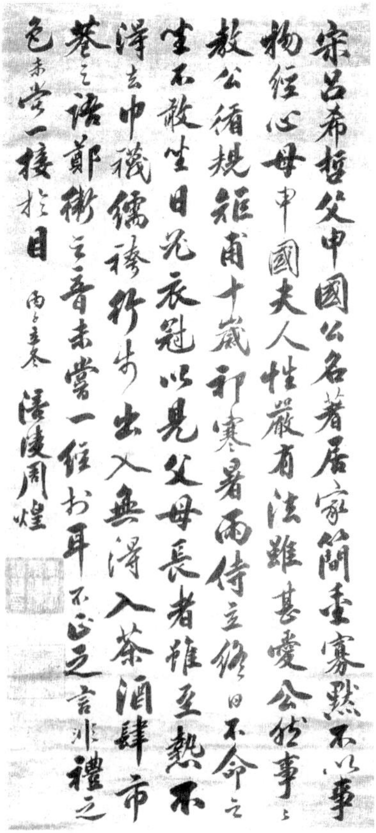
宗呂希哲父中國公名著居家簡重寡默不以事物經心母申國夫人性嚴有法雖甚愛公於事事教公循規矩甫十歲祁寒暑雨侍立終日不命之坐不敢坐日必衣冠以見父母長者雖至熱不得去巾襪縛袴行步出入無得入茶酒肆市井之語鄭衛之音未嘗一經於耳不正之言非禮之色未嘗一接於目

丙子孟冬 涪陵周煌

图 3－3　乾隆二十一年册封副使周煌手书

第二节　册封使之接待与谢册封恩

琉球国王对册封使团赴琉球异常重视，事先做了大量的接待准备工作。册封舟一入那霸港（见图3-4），"岛民舣船数百，或在船、或入水施百纼引舟至迎恩亭下"。①"士民欢阗，金鼓不绝。"②琉球国法司官以下诸官员皆亲临港口迎接。为迎接册封使，洪武年间武宁王时代，在港口还特建迎恩亭。在迎恩亭旁，"陪臣班列，仪仗、金鼓皆集亭左右，迎请龙亭"。③龙亭是专门准备用来放置册封诏书的。上岸后，册封使团一行人员在琉球众官的陪伴下，前往天使馆。图3-5为徐葆光《中山传信录》载琉球天使馆图。

册封使团在馆内居住期间，琉球方面悉心照料，十分周到。"天使馆，日有都通事一员、红帕秀才二十人轮番值门，听候指使。"④同时，琉球为照应册封使，特在"天使馆旁，支应分设七司：①馆务司，掌馆中大小应行事件；②承应所，掌馆中修葺物件、家伙等事；③掌牲所，掌羊、豕、鸡、鸭支送等事；④供应所，掌馆中

---

① 徐葆光：《中山传信录》，台湾文献丛刊第306种，台湾银行经济研究室编印，1972，第33页。
② 张学礼：《使琉球记》，台湾文献丛刊第292种，台湾银行经济研究室编印，1971，第6页。
③ 徐葆光：《中山传信录》，台湾文献丛刊第306种，台湾银行经济研究室编印，1972，第33页。
④ 徐葆光：《中山传信录》，台湾文献丛刊第306种，台湾银行经济研究室编印，1972，第42页。

图 3-4 中国册封舟入琉球那霸港

酒、米、小菜支送等事;⑤理宴司,掌七宴事;⑥书简司,掌书帖往来等事;⑦评价司,掌评定物价上下,分买支给等事。每司遣大夫一员、红帕三人——余杂差等二十人主一司。其朝夕供应奔走,别有库官等为之"。① 上述七司完全由久米村人主导。七司之统领机构"总理司",综合全盘业务及文移,除负责供应库官外,负责领导该司的紫金大夫及四名长史和十二名笔者都是久米村人。

谕祭故王及册封世子新王,是册封使到琉球的最重要使命。使团照例先举行谕祭礼后再举行册封典礼。

---

① 徐葆光:《中山传信录》,台湾文献丛刊第 306 种,台湾银行经济研究室编印,1972,第 42~43 页。

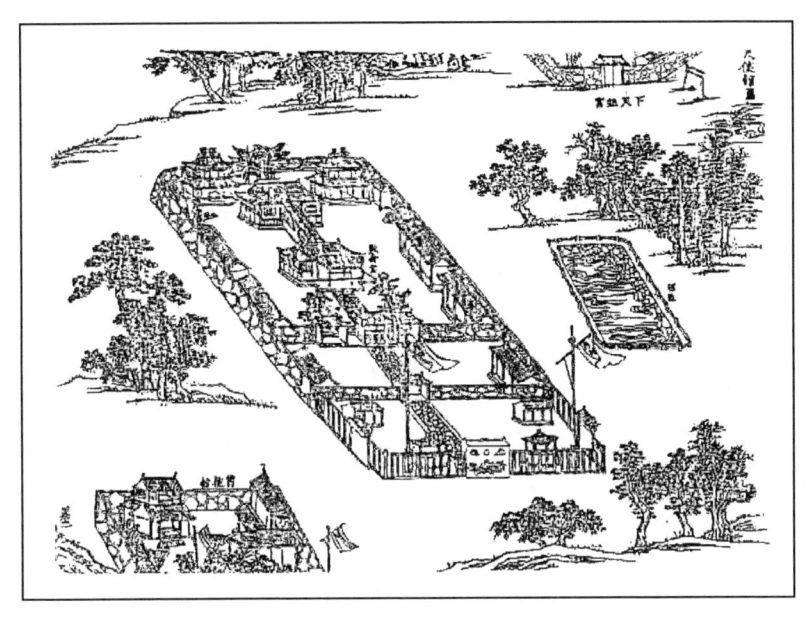

图 3-5 徐葆光《中山传信录》载琉球天使馆图

通常，谕祭礼在先王寝庙中奉行。祭日黎明，法司官率众及金鼓、仪仗队毕集天使馆前，迎请龙亭。世子则率众官在安里桥迎，行三跪九叩头礼。礼毕，世子率众官前导至庙门外，龙亭由中门入，至寝庙内中堂。天使、世子率众官进入先王寝庙中堂后，世子率众官行三跪九叩头礼，由宣读官宣读谕祭先王文，谕祭文誊录的一份焚黄，原敕请留供庙中。谕祭礼毕，天使易服，世子揖至东厅行相见礼。由于世子未受封，犹守幕次，至此始与册封使相见。图 3-6 为徐葆光《中山传信录》载谕祭先王庙图。

册封典礼在中山王府正殿举行。通常册封前一日，从天使馆前到中山王府的交通要道，皆张灯结彩，喜气洋洋。册封之日黎明，法司官、众官率金鼓、仪仗队毕集天使馆前，天使启门参谒毕，琉球众官迎请龙亭，世子率众官迎于守礼坛外，前导龙亭入王殿，宣读册封诏敕，新国王及众官行三跪九叩头册封礼。天使取赐王及妃缎疋〔匹〕，一一亲授国王。礼官引新国王复位，率众官行三拜九叩头谢赐礼。图 3-7 为徐葆光《中山传信录》载册封中山王图。

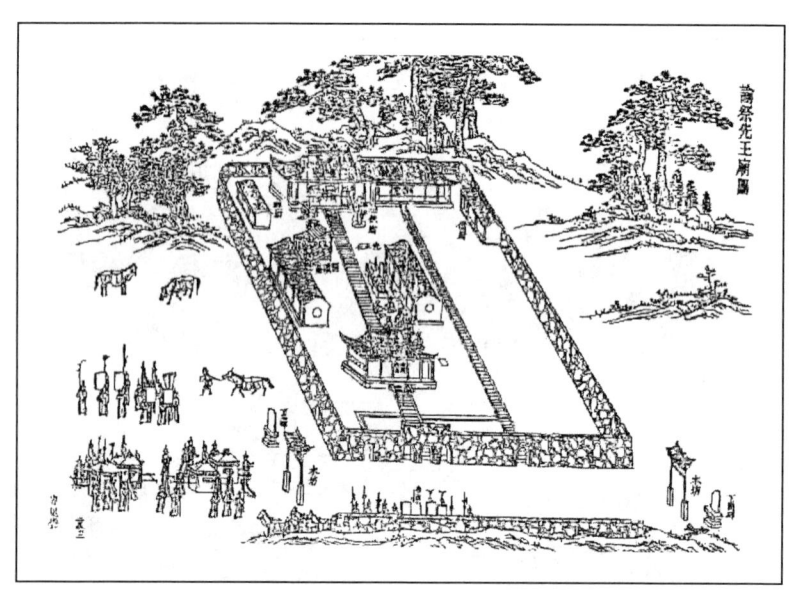

图 3-6　徐葆光《中山传信录》载谕祭先王庙图

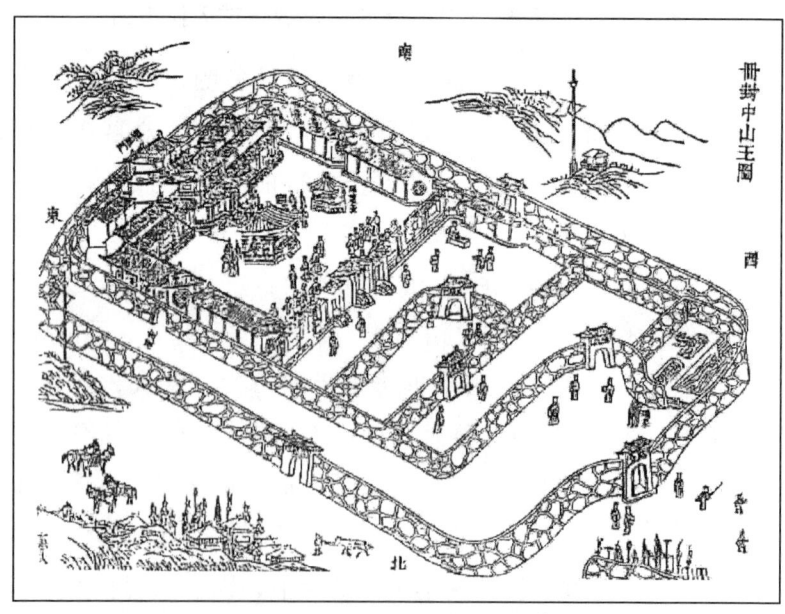

图 3-7　徐葆光《中山传信录》载册封中山王图

除上述两次大典外，册封使还要参加琉球官方安排的七次宴会。①谕祭宴，在行谕礼后于王庙举行，"不奏乐，不簪花，天使世子肃容堂上，各一席"。②册封宴，在册封礼毕后于王殿举行：

"奏乐，簪花。"③中秋宴，设于王府庭中，演琉球戏及歌舞，放烟火。④重阳宴，先设坐于龙潭之北，"观龙舟竞渡"，龙舟戏毕，演戏。⑤饯别宴。⑥拜辞宴，这两宴均在王府开宴并演戏。"辞宴毕，王先至世子第中，更设小座，手奉三爵为别。"⑦望舟宴，国王到天使馆设宴，"宴毕，王面致金扇一握为别"。①

在所有上述活动中，久米村人都发挥了不可替代的作用。如康熙二十二年（1683年）的郑职良、嘉庆四年（1799年）的郑得功均在当年的谕祭宴及饯别宴中负责礼仪。②崇祯六年（1633年）的蔡坚、康熙二年（1663年）的金正春以及康熙五十八年（1719年）的程顺则都参加了各自的七宴引礼活动。③

"历来封舟过海，兵役等皆有压钞货物带往市易旧例。"④ 由于明清政府允许册封使团人员携带一定数量的货物与琉球人贸易，所以，册封使团在琉球期间，向例进行贸易活动。但因琉球国小民贫，购买力有限，经常出现货物无法如期出售的现象，⑤ 有时也会发生兵役抬价勒售的事件。为了妥善处理此类事件，琉王专设"评价司"及"审债司"，由久米村人专责处理。"评价司"专门负责货物价格的评定与交易，"华人要将华货抬价，琉货低价，甚至刁难，办公不易。更兼屡有钦差大夫传呼审问之事。以故每日披星赴任，戴月归家。尽心尽力，善为办理"，⑥ 可见"评价司"久米村人的不

---

① 潘相：《琉球入学见闻录》，台湾文献丛刊第299种，台湾银行经济研究室编印，1972，第53~54页；徐葆光：《中山传信录》，台湾文献丛刊第306种，台湾银行经济研究室编印，1972，第65~68页。
② 那霸市企画部市史编集室：『那霸市史』资料篇，第1卷6，『久米村系家谱』，昭和55年版，第577、639页。
③ 那霸市企画部市史编集室：『那霸市史』资料篇，第1卷6，『久米村系家谱』，昭和55年版，第548~549页。
④ 徐葆光：《中山传信录》，台湾文献丛刊第306种，台湾银行经济研究室编印，1972，第7页。
⑤ 谢杰：《日东交市记》，"恤役条"，台湾文献丛刊第287种，台湾银行经济研究室编印，1970，第283页。
⑥ 那霸市企画部市史编集室：『那霸市史』资料篇，第1卷6，『久米村系家谱』，昭和55年版，第443页。

易。"评价一事,累百官不可胜计",①"评价事大致龃龉,而员役人等失利含怒……所有公事十有九破,无力可施……不胜之忧……"②"审债司"则主要承担债务纠纷的协调、沟通与斡旋工作,其艰难程度更是可想而知。

封使团归国时,琉球国的欢送仪式如迎封一样,十分隆重。据册封使张学礼回忆,琉球国"王率属诣署饯送,不忍别,至晚,方回。"③徐葆光亦记载道:"封舟自琉球那霸开洋,用小船百余引出港口,琉球官民夹岸送者数千人,小船竖旗,夹船左右送者数百桨。"④琉球国王照例遣谢恩正、副使及护送官,携带"谢恩表疏"及"请存旧礼以劳使臣疏",搭乘常年贡船一只,随封舟出发。"谢恩表疏"及"请存旧礼以劳使臣疏"自然还是久米村人撰写。不仅如此,明清两朝代表琉王到中国谢恩的副使及护送官等皆由久米村人担任。明代谢恩正使由王舅担任,副使由长史或都通事或正议大夫担任。清代正使由王舅,副使由紫金大夫担任。

明清护送官之久米村人、明清谢恩使团之久米村人见表3-4、表3-5。

表3-4 明清护送官之久米村人

琉球国王	护送时间	久米村人姓名	职务	备注	主要资料来源
尚清	嘉靖十三年(1534年)十月	林盛	正议大夫		《历代宝案》执,第995页

① 那霸市企画部市史编集室:『那霸市史』资料篇,第1卷6,『久米村系家谱』,昭和55年版,第548页。
② 那霸市企画部市史编集室:『那霸市史』资料篇,第1卷6,『久米村系家谱』,昭和55年版,第368页。
③ 张学礼:《使琉球记》,台湾文献丛刊第292种,台湾银行经济研究室编印,1971,第7页。
④ 徐葆光:《中山传信录》,台湾文献丛刊第306种,台湾银行经济研究室编印,1972,第16页。

续表

琉球国王	护送时间	久米村人姓名	职务	备注	主要资料来源
尚元	嘉靖四十年（1561年）九月	郑宪	都通事		《历代宝案》执，第1034页
尚质	康熙二年（1663年）	孙自昌	都通事	兼谢恩	《历代宝案（校订本）》(第二册)执，第381页
尚贞	康熙二十二年（1683年）	毛文善	都通事	兼谢恩	《历代宝案》执，第1148页
尚敬	康熙五十八年（1719年）	郑士绅	紫金大夫	兼谢恩	《历代宝案》执，第1815~1816页；执，第1817页
尚穆	乾隆二十一年（1756年）十月	梁增	正议大夫	兼进贡、谢恩	《历代宝案》执，第2842页
尚灏	嘉庆十三年（1808年）	蔡肇基	都通事	兼谢恩、护送天使、送还雇募商船	《历代宝案》执，第4927页；执，第4943页；执，第4926页
尚泰	同治五年（1866年）	阮宣诏	紫金大夫	兼进香、谢恩、庆贺	《历代宝案》咨，第8693~8696页

注：本表主要依据《历代宝案》《历代宝案（校订本）》等资料制作。

表3-5　明清谢恩使团之久米村人

琉球国王	谢恩时间	久米村人姓名	职务	备注	主要资料来源
尚泰久	天顺元年（1457年）	程鹏	使者	兼进贡	《明英宗实录》，第5884页
尚圆	成化八年（1472年）	程鹏	正议大夫		《历代宝案》符，第771页
尚真	成化十五年（1479年）	程鹏	正议大夫		《历代宝案》执，第934页

续表

琉球国王	谢恩时间	久米村人姓名	职务	备注	主要资料来源
尚清	嘉靖十四年（1535年）十月	蔡瀚	长史		《历代宝案》执，第997页
尚元	嘉靖四十年（1561年）九月	蔡朝器	长史	兼进贡	《历代宝案》符，第854页
尚永	万历七年（1579年）	郑迵	长史	兼进贡	《历代宝案》执，第1069页
尚宁	万历三十四年（1606年）	郑道	正议大夫	兼进贡	《历代宝案》执，第1096页
尚丰	崇祯六年（1633年）	蔡坚	正议大夫		《历代宝案》符，第886~887页
尚质	康熙二年（1663年）	金正春	紫金大夫	兼册封使护送	《历代宝案》符，第899页
尚贞	康熙二十二年（1683年）	王明佐	紫金大夫	兼护送天使	《历代宝案》符，第913~914页
尚敬	康熙五十八年（1719年）	程顺则	紫金大夫	兼护送天使	《历代宝案》执，第1815~1816页
尚穆	乾隆二十一年（1756年）十月	郑秉哲	紫金大夫	兼进贡	《历代宝案》执，第2840~2841页
尚温	嘉庆五年（1800年）	郑得功	紫金大夫	兼进贡、护送天使	《历代宝案》符，第4446~4447页
尚灏	嘉庆十三年（1808年）	郑章睍	紫金大夫	兼谢恩、护送天使	《历代宝案》符，第4924~4925页
尚育	道光十八年（1838年）	林奕海	正议大夫	兼进贡	《历代宝案》符，第6993~6995页
尚泰	同治五年（1866年）	阮宣诏	紫金大夫	兼进香、庆贺、护送天使	《历代宝案》咨，第8710页

注：本表主要依据《明实录》《历代宝案》《久米村系家谱》等资料制作。

嘉庆十二年（1807年），久米村人蔡肇基任护送大通事，负责护送中国册封使齐鲲、费锡章返回中国。其家谱详尽记载了此次行程。从中我们可以看到护送官的主要行程及活动。①

嘉庆十二年丁卯十月十五日奉命为护送天使之大通事。戊辰十月初五日随齐费两位大人坐驾头号船与二号船及谢恩船,并奉还船只一齐在那霸港开船到马齿山候风,于初九日该山放洋。十五日收到五虎门,十六日进入怡山院。此夜初更,两位大人将要移驾小船运到馆驿,因基亦率舵工迁坐小船,跟到该馆驿请安称贺,运抵柔远驿安插。至于十一月初七日,因副使费大人先于正使齐大人动身行抵浙江,俟齐大人来到一同进京,基预先报明海防厅,率领头号二号等船舵工、梢工各一名,引礼通事一名,坐驾小船预到洪山桥待费大人驾来,送到水口。十一日,该大人安顿该公馆,因基呈手本以问安,即刻召基面谕:"我在琉球之间,受国王之款待甚厚,汝归国日相应代谢。"随即命驾起程。又基送抵村外,告别回来。是月十二日,因正使齐大人起程赴京,又基如前预到洪山桥待齐大人驾临,十三日送到水口,是日该大人安插该公馆,因基如前请安,随即召基面谕:"我在球之时,令国王之缠扰甚深,汝回国日相应代谢。"遂蒙赏赐,为封使历履之《东瀛百咏》一本;至两舵工亦赏洋钱各十魂[块];赏梢工洋钱二魂[块],感激无地。随奉宪令,基等相应回去,随即禀覆:"明朝动驾之时,理应送到村外,分辞为礼。"缘由又蒙钧令"今夜五更将要起身,则不便做送,毋必送为礼"等因,遂遵谕令分手,回柔远驿。至于次年四月三十日,公务全竣。坐驾谢恩船,于五月十八日五虎门开船,二十三日收到姑米山湾泊,六月十三日该山放洋,十四日方得归国复命。

---

① 那霸市企画部市史编集室:『那霸市史』资料篇,第1卷6,『久米村系家譜』,昭和55年版,第355页。

综上所述，册封是明清时期中琉两国维持君臣关系的基础，闽人三十六姓及后裔在此过程中发挥了重要作用，包括请封表、迎封表、谢恩表等各种奏章表文的撰写，祭祀先王及册封新王大典的进行，琉王招待天使七宴的筹划，天使馆"七司"及各种官职的承担，凡此种种，久米村人在历次册封过程中扮演了支配性和主导性的角色。以程顺则为例，康熙五十八年（1719年）册封使海宝、徐葆光到琉球册封时，程顺则参加的主要活动有：谕祭先王尚贞及尚益礼、敕封新王尚敬礼、国王拜告皇天后土礼，庆成宴时陪宴，国王诣天使馆拜谢天使前迎驾于更衣馆，陪伴国王参加中秋、重阳、饯行等宴以及在天使拜辞国王和王后各宴中赞相行礼。此外，程顺则还任天使馆总理、谢恩副使（紫金大夫），到闽后负责安插入住柔远驿、送册封使返北京，向礼部衙门上表奉等事项。由于当年谢恩兼入贡，所以程顺则还负责向清廷交纳贡物，以及在午门前领赏、接受礼部的下马宴及上马宴，并且领受敕书出京。程顺则回到福州馆驿后，捧敕登舟返国，向琉王复命。可以说，程顺则参加了册封尚敬王的全过程。①

---

① 那霸市企画部市史编集室：『那霸市史』資料篇，第1卷6，『久米村系家譜』，昭和55年版，第548~549頁。

第 四 章

久米村人与琉球朝贡中国

第一节　入贡文件的撰写
第二节　入贡使团的组成
第三节　在华的主要活动

琉球遣使中国，名义种种，如进贡、接贡、庆贺进香、谢恩、报丧、请封及接封等。进贡使每两年进一次常贡；接贡使接回中国皇帝的敕书、赏赐和进京的琉球使臣；庆贺进香使庆贺中国皇帝登基，并向大行皇帝进香；谢恩使代表琉球国王谢中国皇帝特殊赏赐之恩；报丧使告前王之丧；请封使奏请中国派使臣祭祀故王并册封新王；接封使来福州迎接赴琉球册封的中国使臣。

无论琉球以何种形式来华，主要目的：其一，寻求政治上的庇护；其二，建立与中国的贸易关系，以促进本国经济发展。对琉球而言，得到中国册封，政治上对内可稳定政局，尤其是王位更替、权力纷争之时，中国的册封具有关键性的作用；对外则可把中国作为保护伞，一些恃强凌弱的国家知道此小国"乃声教所被，输贡之地，庶不敢欺凌"。[①] 从经济上考虑，琉球是个自然资源十分匮乏的小岛国，"林木朴嫩不茂密，厥田沙砾不肥饶；是以五谷虽生，而不见其繁硕也"。[②]"地无货殖，故商贾不通。"[③] 所以希望借助与中国的朝贡贸易，贸迁有无，以供国用；同时，亦利用与中国的经济往来大力发展与东南亚、东亚诸国的中介贸易。

[①] 张廷玉：《明史》卷324，"外国五"，中华书局，1974，第8384页。
[②] 陈侃：《使琉球录》，台湾文献丛刊第287种，台湾银行经济研究室编印，1970，第28页。
[③] 严从简：《殊域周咨录》卷4，"琉球国"，《中外交通史籍丛刊》，中华书局，1993，第164页。

第一节　入贡文件的撰写

琉球每次入贡，都必须携带各种奏表、咨文、符文及执照，这类公文之撰写，照例是由久米村人执笔。所谓"奏表"，是琉球国王向中国皇帝呈递的报告或请求。奏表中奏明遣使的事因，如进贡、贺天寿圣节、贺正旦、贺登基、谢恩、送官生入学、进香、探问贡船未归、接贡、护送、补贡、飞报倭情、迎接天使、天使回驾、恳乞天恩或其他公务等。以下是乾隆三十七年（1772年）十一月琉球尚穆国王给清朝皇上的进贡奏表。①

> 琉球国中山王臣尚穆，诚惶诚恐稽首顿首，谨奉表上言：伏以皇风远届万方，霈草木之春；圣教遐敷八表，集梯航之会。瞻就切普天之望，如日如云；圣神动率土之呼，曰尧曰舜，遐迩归命，中外倾心。恭惟皇帝陛下刚毅中正，缉熙光明。综百王之心为心，惟精惟一，取千圣之治为治，丕显丕承。臣穆，蛟岛外藩，蚁封荒服，凤荷照临之德，敢忘覆载之恩。谨遣陪臣向宣谟、毛景成等，虔齐土物之微，聊效野芹之献。伏愿，泰运大享，至诚不息，治而愈治，德泽于乾坤，安而求安，奠问山于带砺，则躬桓蒲谷，觇亿万年有道之长，而

---

① 《历代宝案》第6册，卷57，"国立"台湾大学印行，1972，第3321页。

玉帛车书，亘千百世无疆之祚矣。臣穆无任瞻天仰圣，激切屏营之至。谨奉表进贡以及闻。

乾隆三十七年十一月十一日

"咨文"是琉球国王致中国礼部及布政使司的公文，说明遣使的目的及咨覆上次使臣带回的礼部咨文。以下是康熙三十七年（1698年）琉球国尚贞王遣耳目官毛龙图、正议大夫梁邦基进贡使团入贡清朝，尚贞王分别给礼部和福建布政使司的咨文。清朝历次册封，也基本如此。①

琉球国中山王尚为进贡事：切照敝国僻处海陬，世沐天朝洪恩，遵依贡典二年一次，兹康熙三十七年当贡之期，特遣耳目官毛龙图、正议大夫梁邦基、都通事阮维新等坐驾海船二只，率领水梢，每船均帮上下员役共不过二百员名，解运煎熟硫磺[黄]一万二千六百斤、炼熟白刚锡一千斤、红铜三千斤，前至福建等处承宣布政使司投递，差员护送赴京，伸祝圣禧，为此理合备咨前诣贵部，烦为照依事理转奏宸陛睿鉴施行。须至咨者：

右咨
礼部

康熙三十七年十月二十日

琉球国中山王尚为进贡事：切照敝国僻处海陬，世沐天朝洪恩，遵依贡典二年一次朝贡钦遵在案，查康熙三十七年当贡之期，特遣耳目官毛龙图、正议大夫梁邦基、都通事阮维新等坐驾海船二只，分装煎熟硫磺[黄]一万二千六百斤、红铜三千斤、炼熟白刚锡一千斤，前至福建等处承宣布政使司投纳，

---

① 《历代宝案》第3册，卷1，"国立"台湾大学印行，1972，第1539页。

乞为转详督抚两院题明。今陪臣毛龙图等赍解表文方物赴京叩祝圣禧外，所有原船二只仍乞贵司查明历贡事例，将其余员役准于来岁夏至之期汛，赐及时遣发回国，不至末员海上惊涛，皆出贵司再生之德者也。贞僻处海陬，夙仰贵司清廉惠爱远近沾恩，奈何万里波涛，无由趋承教诲，徒深引领蛮私，兹当入贡之期，诚恐末员驽钝弗堪任事，统祈贵司始终照拂，为此理合移咨贵司，烦为查照施行。须至咨者：

右咨
福建等处承宣布政使司

康熙三十七年十月二十日

"符文"与"执照"均系琉球国王颁给贡使的证件。"符文"是在中国国内的通行证明，证明遣使的目的、海船编号、官员姓名、所携货物名称、跟伴人数及附搭物等。"符文"交给赴就人员，由进京都通事收执。"执照"是琉球国王担心"差去员役，别无文凭，恐所在官司盘阻不便"而颁发的航海证明，是一种编有字号的"半印勘合执照"，内容大体与符文同，并附有乘坐该船的人员名单。"执照"交存留通事及在船使者收执。以下是康熙三十八年（1669年）琉球国王颁发的接贡船执照。①

琉球国中山王尚为接回进贡官员事：切照康熙三十七年冬应当贡期，特遣耳目官毛龙图、正议大夫梁邦基等率领梢役，驾船二只，赍捧表章方物，已经赴阙恭进三十七年贡典外，至于摘回都通事林正茂、使者向保嗣等仍坐原船二只于本年七月内得见还国，但入觐官伴及存留官伴例该发船接回，不至久淹闽地以縻天朝廪饩。为此特遣都通事郑士纶、使者毛文杰等带

---

① 《历代宝案》第3册，卷1，"国立"台湾大学印行，1972，第1549页。

领水梢人伴共八十四员名,坐驾海船一只,前来迎接皇上勅[敕]书并钦赏物件,同贡使毛龙图等一齐回国。兹所据差去员役别无文凭,恐所在官军阻留不便,为此理合给发执照以便行。今给王府义字第六十七号半印勘合执照,付存留通事蔡文溥等收执前去,如遇经过关津及海巡哨官军验实,即便放行,毋得留难迟误不便。须至执照者:

计开

都通事1员　郑士纶　人伴6名

使者2员　毛文杰　刘瑚　人伴8名

存留通事1员　蔡文溥　人伴6名

管船火长直库2名　毛维新　丙起才

水梢共58名

右执照付存留通事蔡文溥等。准此。

康熙三十八年十月初九日给

上述奏表、咨文、符文、执照,都须有一定的格式与规范,所以只有受过特殊训练的久米村人才可能胜任。东恩纳宽惇认为,"久米家族……专任职务为往复文书之制作"。① 乾隆七年(1742年),琉球国王在久米村设置"著作汉字公文职"(即汉字组立役),专司著作奏表、咨文及其他汉文文书。② 可见琉球国王对久米村人的倚重。

---

① 東恩納寛惇:『琉球の歴史』,至文堂,昭和47年版,第35~37頁。
② 那覇市企画部市史編集室:『那覇市史』資料篇,第1巻6,『久米村系家譜』,昭和55年版,第620頁。

第二节　入贡使团的组成

明清时期琉球王国派遣来华的入贡使团，其成员官衔及人数不断发生变化，但久米村人一直居主导地位。琉球三山时代，中山王主要遣王舅、长史、使者、通事、官生；山南王遣使者及官生；山北王则只遣使者。1429年尚巴志统一琉球后，仍循中山王旧例，以王舅、长史、使者、通事、官生为入贡使团成员，其中长史、通事均为久米村人。天顺七年（1463年）以后，琉球国王增设存留通事，常驻福州琉球馆办理外交及贸易的代表，即留在福州的通译官，任期一届三年，首位存留通事为梁应，最后一位是万历四十七年（1619年）的王克善，终明共8人次；清代首位存留通事为康熙九年（1670年）的郑弘良，最后一位是同治十三年（1874年）的陈天福，终清共124人次。他们都是久米村人。

天顺七年（1463年），琉球还增设正议大夫、都通事及贡船员役、人伴和水梢等职。其中，正议大夫为高级官吏，蔡齐为第一任正议大夫，最后一位是隆武二年（1646年）的蔡锦，终明一代担任此职者共80人次；清代首位正议大夫为康熙五年（1666年）的郑思善，最后一位是同治三年（1864年）的毛发荣，终清共93人次。他们也全为久米村人。都通事为总通译官，首任是成化五年（1469年）的蔡齐，最后一位是隆武二年（1646年）的王明佐，明代任此职者共101人次；清代首位都通事为顺治五年（1648年）

的金正华,最后一位是同治十三年(1874年)的孙得才,终清共107人次。他们亦全由久米村人担任。

成化六年(1470年),入贡使团再增设火长及直库诸职。其中,火长亦称伙长,即船长。陈浩为首位火长,崇祯十七年(1644年)的陈结华为末位火长,明代历任火长90人次,表中所列,均为久米村人。清代自顺治十年(1653年)的火长孙自昌起至光绪二年(1876年)的火长红邦垣止,担任火长人数共211人次,他们全是久米村人。

崇祯十一年(1638年),入贡使团增设紫金大夫之职。蔡坚(崇祯十一年,1638年)为首任,但不久明朝覆亡。清代任此职者,有金正春(康熙二年,1663年)、王明佐(康熙二十二年,1683年)、程顺则(康熙五十八年,1719年)、郑秉哲(乾隆二十一年,1756年)、郑得功(嘉庆五年,1800年)、郑章睹(嘉庆十三年,1808年)、阮宣诏(同治五年,1866年),他们全是久米村人。

顺治五年(1648年),琉球使团又增设朝京都通事一职,专指为到北京入贡时处理使团在京一切事宜之通事。久米村人梁应材为首位朝京都通事。① 迄清末光绪二年(1876年)的金重威,38人次的朝京都通事,均由久米村人担任。

清康熙七年(1668年),琉球使团又加设耳目官一职,虽然该职原则上为琉球贵族,但偶尔亦有久米村人担任,但总的来说,琉球使团除王舅为正使外,其余均以耳目官为正使,而所有副使均为由久米村人担任的正议大夫。

综上所述,明清琉球赴华使团包括王舅、耳目官、长史、使者、通事、官生、存留通事、正议大夫、都通事、火长、直库、紫金大夫、朝京都通事等官职。其中,除王舅、使者、直库基本由琉人充任外,其余多由久米村人担任。

---

① 那霸市企画部市史编集室:『那霸市史』资料篇,第1卷6,『久米村系家谱』,昭和55年版,《梁氏家谱》,第765页。

第三节 在华的主要活动

明朝开国后，对周边诸国朝贡期均有规定，日本十年一贡；安南、占城、暹罗、爪哇等国三年一贡；朝鲜最频，一年数贡。琉球每二年一贡，亦有一年一贡。① 不过，琉球并未遵守。自明洪武十年（1377年）以后，年年入贡，进而一年两贡、三贡、四贡或五贡。永乐三年（1405年），竟然一年九贡。② 成化十一年（1475年），琉人杀死中国居民，并烧毁房屋、劫掠家财，明廷因此重申两年一贡之规定。在琉球国的一再请求下，正德元年（1506年），武宗帝特许一年一贡。③ 嘉靖元年（1522年），世宗登基后，恢复二年一贡。④

万历三十七年（1609年），为控制琉球与中国的朝贡贸易，日本萨摩藩入侵琉球，琉王被俘至鹿儿岛，次年放回，琉球北部五岛亦被占领。由于担心日本借助琉球将触角伸入中国，明政府以"琉球国难未久，恐其劳费，暂令十年一贡"，十年后待物力充裕，再

---

① 《大明会典》卷105~108，"朝贡条"；〔日〕原田禹雄：『明代琉球資料集成』，榕樹書林，2004，第89~94頁。
② 郑梁生：《明代中日关系研究》，"海外诸国入贡一览表"，文史哲出版社，1985，第40页。
③ 球陽研究会编『沖繩文化史料集成』5，『球陽』，角川書店，昭和53年再版，第191頁。
④ 球陽研究会编『沖繩文化史料集成』5，『球陽』，角川書店，昭和53年再版，第194頁。

行修改贡期。① 此番决定对琉球的社会经济及百姓的生活影响甚大。为此，久米村人蔡坚受琉王重托，于万历四十年（1612年）、四十二年（1614年）、四十五年（1617年）及天启三年（1623年）四次到中国请求恢复原贡期。熹宗皇帝以"琉王题请疏章陈情真恳，及蔡坚等陈情亦切"，乃准五年一贡。崇祯六年（1633年）癸酉十月十五日，蔡坚出任紫金大夫，护送册封使回中国，他再次赴京请复三年两贡之期，终获允准。中琉贸易因之再盛。琉王为表彰蔡坚，"遂颁赐褒扬"。②

清代，中琉朝贡贡期仍随明制。"琉球进贡方物数目及二年一贡俱应照会典例……永为定例。"③ 道光十九年（1839年），清政府以琉球两年一贡"为期较促……著改为四年朝贡一次，用示朕绥怀藩服之至意。"④ 琉球随即于次年呈请仍依旧制，陈述多项缘由，⑤ 久米村人魏学源为大通事，随王舅向邦正、正议大夫郑元伟一同赴福建，入住柔远驿，商办此事。⑥

> （魏学源）约王舅、大夫，先托各衙门属役人等，照料其事。奈贪礼银过多，难以承当。遂将本国连年饥馑，更册封冗费等由，再三商约。乃减其银数，然后递呈咨文于布政司衙门，即督抚两院令布政司遣福州府及海防二员到于馆驿，当堂精问请贡来历及本国诸凡事务，即酌宜应对，其时见有福州府及海防官欲仍遵上年钦奉谕旨，令四年朝贡一次，只令间年遣

---

① 球阳研究会编『沖縄文化史料集成』5,『球陽』，角川書店，昭和53年再版，第208頁。
② 那覇市企画部市史編集室：『那覇市史』資料篇，第1卷6,『久米村系家譜』，昭和55年版，第258~261頁。
③ 《历代宝案》第1册，卷6，"国立"台湾大学印行，1972，第189页。
④ 《历代宝案》第12册，卷170，"国立"台湾大学印行，1972，第7075页。
⑤ 《历代宝案》第12册，卷171~172，"国立"台湾大学印行，1972，第7123~7224页。
⑥ 那覇市企画部市史編集室：『那覇市史』資料篇，第1卷6,『久米村系家譜』，昭和55年版，第41~42頁。

使来闽，请领时宪书之意，即行探问，果以其由详报。探闻之下，极其惊忧，早速重托抚院衙门书办、师爷等，改除间年遣使来闽请领时宪书等事，酌宜具题。又因曾为谢封北京大通事在京之时，闻有琉球改为四年一贡之旨，即托礼部衙门馆卿、主客司及书办等，嗣后敝国有请照旧改为二年一贡，请为球照料，亦□书信托以礼银，照料其事。叨蒙皇上恩准，仍旧二年一贡。翌年五月初二日归国复命。

这段家谱记载资料，充分体现了久米村人魏学源为恢复琉球两年一贡之贡期，费尽心机，终获成功。他亦因此受到琉王特赐褒书。

包括久米村人在内的琉球使团在福建除从事贸易活动外，还参与各种官方活动，包括参见福建督抚两院官吏，开列进贡方物及随带土产货物，请督抚准予免税；缴纳贡物硫黄；陪同福建官吏在布政司衙门会验琉王奏表及入京贡物；参加闽省筵宴；赴京人员启程前向闽官辞行；前往税务机关叩谢中方对贡船所载方物一律免税。

图4-1为福州河口小万寿桥。

图4-1 福州河口小万寿桥（明清时期琉球使团在此上岸）

琉球使团在京的拜访及礼仪活动，主要包括以下内容：赴礼部衙门呈进奏表、咨文；入住四译馆；赴鸿胪寺演礼；在午门前瞻仰天颜；交纳贡物；遇皇上万寿圣节，在正大光明殿行朝贺礼，随圣驾召入同乐殿听戏；随中方官员入见面圣；赴午门领赏；恭领敕书及咨文；赴礼部衙门参加下马宴，在四译馆参加上马宴；正月初一日赴太和殿与中国众官同行朝贺礼；在午门前叩谢天恩，望阙跪请圣安；捧敕出京。①

此外，琉球使臣在京时有时也接驾，并和中国皇帝和诗。乾隆二十二年（1757年），久米村人郑秉哲随王舅入京朝贡，时逢皇帝自热河回京，郑秉哲与正使临时学习礼仪，代表琉王接驾并应对中国皇帝的垂询。以下是其家谱所载。②

> 皇帝出前驻马，天语谆谆，已问国王。伍尚书传知，秉哲即禀："恭蒙皇上隆恩，国王甚好。"皇上听此褒奖，问国土。球国传知即禀："奉蒙皇上洪福，五谷丰登、百姓安乐。"皇上汉语直问年景，秉哲一直回奏："年成甚好，百姓安乐，此则诚出皇恩浩荡"等语。自此之后皆以汉语。问国王："年纪？"秉哲即奏："十九"。又问："今年正是十九岁么？"秉哲即奏："国王今年十九岁。"亦有"甚是青年"之谕。问王舅，秉哲即奏："国王母舅。"问："王舅讲汉话？"秉哲即奏："王舅不大讲。"问："王舅通天语？"秉哲即奏："王舅不大通。"又令秉哲："此之天语，一一传知王舅。"秉哲细细传知以奏："王舅奉听天语谆谆，感激无既，诚是皇恩天高地厚，有加无已，臣等回至本国，逐一传知国王及海岛。"皇上看问使者，都通

---

① 那霸市企画部市史编集室：『那霸市史』资料篇，第1卷6，『久米村系家谱』，昭和55年版，第723页。

② 那霸市企画部市史编集室：『那霸市史』资料篇，第1卷6，『久米村系家谱』，昭和55年版，第622页。

事随带通事等三叩头，秉哲即奏："球官有大小而来。"已毕，皇上还马而行，各官又退，予等叩谢。

嘉庆元年（1796年），琉球进贡大夫久米村人毛廷柱曾奉命与中国皇帝和诗。家谱资料记载如下。①

> 宣进圆明园赐宴，仰观百艺。又蒙召至御前，太上皇帝赐酒杯，且加赏锦二疋[四]、漳绒二疋[四]、八丝缎三疋[四]、五丝缎三疋[四]、太荷包一对、小荷包四个。十五日，蒙宣进正大光明殿，太上皇帝亲赐酒杯、赏宴。仰观百艺后，承命赋诗。是晚在山高水长仰观灯戏盒子，且赏果盒。十六日进诗，诗云：乘拱升平亿万年，元宵御苑启琼筵，彤庭绚烂龙灯灿，紫殿焜煌鹤馂[焰]鲜。深沐旧恩春荡荡，重霑新泽乐绵绵，陪臣拜舞高呼处，圣主承欢侍膝前。十九日因赋诗，加赏大缎一疋[四]、绢笺二卷、湖笔二匣、徽墨二匣。

琉球贡使团每次入京需两个多月时间，即自当年十二月抵京，至翌年二月完成使命后离京返回福建馆驿。贡使在福建了结事务后，向福州地方官辞行返琉。率同留闽员役，带着中国皇帝的敕书、礼部给琉王的咨文、福建布政使司给琉王的咨文和执照以及钦赏物件等离驿登舟，返回琉球复命。

综上所述，在明清时期中琉封贡关系中，琉球遣使赴华的名目颇多，往来人数惊人。与入贡相关的船只有进贡船、接贡船、补贡船、探听贡船消息船。与请求册封有关的船只有报丧船、请封船、迎接天使船、护送天使船、谢恩船等。此外，还有庆正旦、贺万寿、贺册立东宫、贺册封皇后的庆贺船等。据《大航海时代の琉

---

① 那霸市企画部市史编集室：『那霸市史』资料篇，第1卷6，『久米村系家谱』，昭和55年版，第723頁。

球》统计，明代计有遣华使船493只，搭乘人数62452人次；①清代计有遣华船舶349只，搭乘人数32424人次。②其中久米村人贡献卓著。他们中的许多人不幸葬身海底或客死异乡。据史籍记载，许多久米村人不畏艰险，多次出航，如梁求保曾任长史六次渡海。③梁德赴华十二次，其中二次任存留通事、三次任通事、四次任都通事、三次任正议大夫。④梁能到华十次，二次任通事、五次任长史、三次任正议大夫。⑤嘉靖二十一年（1542年）至万历九年（1581年），林华出海十七次，均担任火长。上述久米村人为中琉关系的发展，为琉球国社会经济的发展做出了突出的贡献。⑥

图4-2为闽安巡检司。

图4-2 闽安巡检司

① 赤嶺誠紀：『大航海時代の琉球』，沖縄タイムス社，1988，第13頁。
② 赤嶺誠紀：『大航海時代の琉球』，沖縄タイムス社，1988，第14頁。
③ 国吉有慶：『呉江梁氏総世系図』，現存沖縄公文書館蔵，第365~366頁。
④ 国吉有慶：『呉江梁氏総世系図』，現存沖縄公文書館蔵，第367~368頁。
⑤ 国吉有慶：『呉江梁氏総世系図』，現存沖縄公文書館蔵，第368頁。
⑥ 那覇市企画部市史編集室：『那覇市史』資料篇，第1巻6，『久米村系家譜』，昭和55年版，第919~920頁。

第 五 章

久米村人与琉球在华留学生

第一节 久米村的官生与"勤学"
第二节 琉球留学生的历史地位

第一节 久米村的官生与"勤学"

一 官生与"勤学"的选拔

明洪武二十五年(1392年),琉球国中山王察度及世子武宁"遣使贡马竝[并]遣从子曰孜每、阔八马,寨官子仁悦慈三人入监读书;山南王承察度遣从子三五郎尾及寨官子实他卢尾、贺段志等三人入监读书",①这是琉球首次向中国国子监派遣留学生,琉球"国人入监肄业自此而始",②这些留学生被称作"官生"。据统计,从明洪武二十五年(1392年)至清同治七年(1868年)的近五百年间,琉球共遣官生26次(嘉庆七年派遣官生遭遇海难,未到达中国),人数约96名(见表5-1)。

表5-1 明清时期琉球官生

明代	派遣时间	琉球国王	官生	备注	来源
1	洪武二十五年(1392年)	中山王察度	王从子曰孜每、阔八马,寨官子仁悦慈	琉球人	《明太祖实录》五月癸未条

---

① 球阳研究会编『沖縄文化史料集成』5,『球陽』,角川書店,昭和53年再版,第162页。
② 球阳研究会编『沖縄文化史料集成』5,『球陽』,角川書店,昭和53年再版,第162页。

续表

明代	派遣时间	琉球国王	官生	备注	来源
2	洪武二十五年（1392年）	山南王承察度	王从子三五郎尾、寨官子实他卢尾、贺段志	琉球人	《明太祖实录》二月庚申条
3	洪武二十六年（1393年）	中山王察度	寨官子段志每	琉球人	《明太祖实录》四月辛卯条
4	洪武二十九年（1396年）	中山王世子武宁	寨官子麻奢理、诚志智	琉球人	《明太祖实录》十一月戊寅条
5	洪武三十一年（1398年）	中山王察度	姑鲁妹（入学之年缺）	琉球人	《明太祖实录》十一月戊寅条
6	永乐三年（1405年）	山南王汪应祖	寨官子李杰	琉球人	《明太宗实录》五月乙巳条
7	永乐四年（1406年）	中山王尚思绍	寨官子石达鲁等6人	琉球人	《明太宗实录》三月壬辰条
8	永乐八年（1410年）	中山王尚思绍	寨官子模都古等2人	琉球人	《明太宗实录》六月庚子条
9	永乐九年（1411年）	中山王尚思绍	王相子怀德、寨官子祖鲁古	琉球人	《明太宗实录》二月癸巳条
10	永乐十一年（1413年）	中山王尚思绍	寨官子邬同志久、周鲁、每恰那晟	琉球人	《明太宗实录》二月辛亥条
11	成化十八年（1482年）	尚真王	蔡宾等5人	久米村人	《明宪宗实录》四月甲辰条；《历代宝案》符，第782~783页
12	正德五年（1510年）	尚真王	蔡进等5人	久米村人	《明武宗实录》正月癸酉条
13	嘉靖五年（1526年）	尚真王	蔡浩、蔡廷美、郑富、梁梓	久米村人	《明世宗实录》四月乙丑条；《历代宝案》符，第836页，执，第988页

续表

明代	派遣时间	琉球国王	官生	备注	来源
14	嘉靖十七年（1538年）	尚清王	梁炫、郑宪、蔡朝器、陈继成	久米村人	《明世宗实录》二十二年十一月己巳条
15	嘉靖二十九年（1550年）	尚清王	蔡朝用等5人	久米村人	《明世宗实录》二月丁巳条；《明世宗实录》三十四年十一月辛亥条
16	嘉靖四十四年（1565年）	尚元王	蔡爌、梁焌、梁照、郑迵	久米村人	《历代宝案》符，第856~857页；执，第1039~1041页
17	万历九年（1581年）	尚永王	郑周、郑迪、蔡常	久米村人	《明神宗实录》十一月戊子条；《历代宝案》执，第1069~1070页

清代	派遣时间	琉球国王	官生	备注	来源
1	康熙二十五年（1686年）	尚贞王	梁成楫、郑秉均（中途死亡）、阮维新、蔡文溥	久米村人	《历代宝案》符，第916~917页；执，第1152~1153页
2	康熙六十一年（1722年）	尚敬王	蔡用佐、蔡元龙、郑师崇	久米村人	《历代宝案》符，第1873~1874页；执，第1877~1878页
3	雍正元年（1723年）	尚敬王	郑秉哲、郑谦、蔡宏训	久米村人	《历代宝案》符，第1919~1920页；执，第1923页
4	乾隆二十四年（1759年）	尚穆王	梁允治、郑孝德、蔡世昌、金型	久米村人	《历代宝案》符，第2943~2944页；执，第2947页

续表

清代	派遣时间	琉球国王	官生	备注	来源
5	嘉庆七年（1802年）	尚温王	正官生：周崇鑐、郑邦孝 副官生：蔡思恭、蔡戴圣	久米村人（海难身亡）	《历代宝案》符，第4627页；执，第4631页；咨，第4564页
			正官生：向循师、向世德 副官生：向善荣、毛长芳	首里人（海难身亡）	
6	嘉庆十年（1805年）	尚灝王	正官生：梁文翼、毛邦俊 副官生：孙国栋、红泰熙	久米村人	《历代宝案》符，第4757~4758页；执，第4762页；咨，第4736页
			正官生：杨德昌、向邦正 副官生：伯恢绪、荣祉祐	首里人	
7	嘉庆十五年（1810年）	尚灝王	陈善继、梁元枢	久米村人	《历代宝案》执，第5115页
			马执宏、毛世辉	首里人	
8	道光二十年（1840年）	尚育王	阮宣诏、郑学楷	久米村人	《历代宝案》符，第7190~7191页；执，第7194页
			向克秀、东国兴	首里人	
9	同治七年（1868年）	尚泰王	林世功、林世忠	久米村人	《林世爵家谱》，第869页
			毛启祥、葛兆庆	首里人	

注：明代除"嘉靖四十四年"为官生任命时间外，其他时间均为官生入国子监时间；清代均为琉球官生派遣时间。

按照琉球派遣官生之身份变化，大致可分为三个阶段。

第一阶段，从洪武二十五年（1392年）到永乐十一年（1413

年），琉球前后10次派遣官生24人到中国学习。这个阶段琉球派来的官生都是王族和官吏的子弟，其中中山王派遣的官生最多，其次是山南王，未见到有关山北王派遣官生的记载。从永乐十二年（1414年）至成化十八年（1482年）琉球没有派遣官生来华留学，其原因大概是琉球国内政局动荡不安。到了15世纪中叶，琉球社会安定，经济发展，海外贸易活跃，因此，成化年间又开始派遣官生入国子监读书。

第二阶段，自成化十八年（1482年）起到乾隆二十四年（1759年）止，琉球在这277年间11次派遣官生来华学习，总计44人。这段时间进入国子监学习的官生，全部都是久米村人，每次派遣定额为4人。万历八年（1580年）到清康熙二十七年（1688年），这之间约百年，琉球没有派遣官生之记录。在这约百年间，先是琉球航海贸易逐渐衰退、东海倭寇肆虐，而后万历朝鲜战争爆发，以及1609年萨摩藩入侵琉球，此后明清朝代交替，这期间琉球与中国的往来受到很大的影响。

明初琉球所遣官生的对象，多是国王从子或各地寨官之子，可能这些王族子弟读书成绩不太理想，这样自成化年间始，琉球尚真王便改从久米村子弟中挑选。万历三十四年（1606年）尚宁王曾奏称："洪、永间赐闽人三十六姓，知书者授大夫、长史，为朝贡之司；习海者为通事，为指南之备。"① 据记载，其"子孙世袭通使之职，习中国之语文、文字"，② 故久米村一直是琉球文化中心，因此派这些中国移民的后裔回来留学，其汉语基础当然要比琉球贵族子弟好一些。这种情况一直持续到嘉庆七年，即第三个阶段。

第三阶段，从嘉庆七年（1802年）到同治七年（1868年），

---

① 黄景福：《中山见闻辨异》，台湾文献丛刊第292种，台湾银行经济研究室编印，1970，第239页。
② 张学礼：《中山纪略》，台湾文献丛刊第292种，台湾银行经济研究室编印，1970，第11页。

琉球共派遣5次官生，共28人。其间官生定额依旧为4名，但最大的变化就是久米村人和首里人各占一半，打破了此前久米村人垄断官生的局面，这对当时琉球王府来说是一项重要的改革。康熙年间，首里和那霸地区就已经开始设立学堂。到了尚温王四年（1798年），始建国学并建乡学，① 首里、那霸文风大振。由此可见，首里士人子弟要求参加官生的选拔，以便有机会来中国国子监读书深造也是理所当然的。当时清朝规定，琉球每次派来的官生只能有4名，跟伴4名，尚温王为了培养更多的人才，同时协调久米村士人与首里士人的名额问题，将4名跟伴改为副官生身份一同派到中国入学，可惜这次贡船在途中遭遇风浪，8名官生下落不明。嘉庆九年（1804年）尚温王补派官生入京，继续要求将跟伴改为副官生，却遭到仁宗拒绝，令4位副官生回国，另在贡船中挑选4名跟伴随同官生入京。琉球国最后一批来华官生中，唯有林世功一人完成学业归国，其余三人均在华病故。

对官生的挑选，先行初试，再行复试。大凡官生回国后须办理入贡事务，所以考试科目以公文程式为主。初试时考纪事一篇，普通呈文一篇；复试时考奏、咨及表文各一篇。投考者年龄必须在23岁以下。选拔出来的人还要进行书经、诗文及中国官话的训练，有机会还请册封使的从客为他们讲授功课，以便他们到中国后能尽快适应国子监的学习。

除官生外，来华的琉球留学生中还有一类是来闽学习的半官费半自费或者是全自费留学生，被称为"勤学"。他们亦多来自久米村，是闽人三十六姓之后代。据记载，他们"朝贡往还，止闽动阅三岁。闽又有存留馆，留馆通事之从人多秀才，假名入闽以寻师者，或寓闽数年而后归，日与闽人为友，故能知儒先之书"。② 对

---

① 球阳研究会编『沖縄文化史料集成』5,『球陽』,角川書店,昭和53年再版,第397頁。
② 潘相：《琉球入学见闻录》，台湾文献丛刊第299种，台湾银行经济研究室编印，1972，第78页。

此，《球阳》亦有记载："洪武以来，唐荣之人，或入闽，或赴京，读书学礼，不定回限，通于诸书，达于众礼，待精熟日而后归国。"① 这些勤学多数是跟随进贡或接贡存留通事来闽的，在福州均跟从当地学者私人受业，福州地方官对他们亦多方关照，许多人在闽长住七八年，与中国各界人士建立了深厚情谊，琉球许多大儒、史家、医生及制糖、制陶、制漆器、种蔗等专家，都是通过这一渠道培养出来的。

二 中琉间有关官生入学之文书往来

明万历八年（1580年）至清康熙二十五年（1686年），由于琉球国内战乱、国王被虏，有106年未曾派遣过官生。康熙二十五年（1686年），尚贞王"遣官生梁成楫、郑秉均、阮维新、蔡文溥四人，入监读书"，② 这也是清代琉球首批官生，他们全部来自久米村。

据潘相《琉球入学见闻录》记载，"琉球入学，始自明洪武二十五年；疏数不常，原无定例。世远事久，亦无奏疏可考。至我朝康熙二十三年遣使册封，既毕，国王面求使者附奏祈许子弟入学；使者还奏，天子允之。自后每遇册封，遂沿为例"。③ 明代，琉球国遣官生均由琉球国王直接咨文礼部请求。清康熙二十三年（1684年），册封使臣汪楫、林麟焻归国后奏称，他们在琉球事竣将旋，中山王尚贞亲诣馆舍，令陪臣致辞言："下国僻处弹丸，常惭鄙陋，执经无地，向学有心，稽明洪武、永乐年间常遣本国生徒入国子监读书，今愿令陪臣子弟四人赴京受业"，恳祈使臣汪楫等转奏。对此，礼部奉旨议道："考之史册，唐贞观中兴学校，新罗百济俱遣

---

① 球阳研究会编『沖縄文化史料集成』5，『球陽』，角川書店，昭和53年再版，第300页。
② 『中山世谱』卷3，伊波普猷等编『琉球史料丛書』，東京美術刊，昭和47年版，第125页。
③ 潘相：《琉球入学见闻录》，台湾文献丛刊第299种，台湾银行经济研究室编印，1972，第96页。

子入学。"琉球国明初始内附,《会典》载:"大琉球国朝贡不时,王子及陪臣之子皆入太学读书,礼待甚厚";又载:"洪武、永乐、宣德、成化间琉球官生俱入监读书。今该国王尚贞以本国远被皇仁,倾心向学,恳祈使臣汪楫等转奏,愿令陪臣子弟四人赴京受业,应准所请听其遣。"① 此次为以后历次册封使代琉球国王启奏官生留学中国之事开了先例。每当册封琉球时,琉球国王就面请册封使代奏清政府,祈准琉球子弟入监读书。册封使归国后将琉球国王的请求上奏,经皇帝允许,礼部及布政使司咨复后,琉球便派遣官生随下次入贡使赴京入国子监。康熙五十九年(1720年),海宝、徐葆光出使琉球返回中国后,就应琉球尚敬王所请,代为上奏:"本国僻处海外,荒陋成风,于康熙二十五年奉旨,遣官生阮维新等三人入学读书,今特略知文教。自三十年来,无从上请。幸天遣使臣至国,求照前使汪楫代请入学读书旧例,陈明远人向化之意,倘蒙再遣官生入学读书,则皇上文教益广矣。"② 这次奏疏虽得皇上恩准,但遗憾的是,所派遣的蔡用佐等三名官生不幸途中遇难。此时正值康熙帝驾崩、雍正帝即位之际,雍正帝"特命福建守臣,谕祭贡使毛弘健,并官生蔡用佐等十人",③ 将官生与使臣摆在同等地位上谕祭,亦充分体现了清政府对琉球官生的重视。

册封使臣归国后将琉球国王的请求上奏,经皇帝允许,礼部及布政司咨复后,琉球国便派官生随下次入贡使赴京入国子监。康熙二十三年(1684年)尚质王的请求经康熙帝应允、礼部及布政司咨复后,清朝琉球首批四名官生便随康熙二十五年(1686年)耳目官、正议大夫魏应伯率领的进贡使团赴华。以下是尚质王为此给礼部和布政使司的咨文。④

---

① 《历代宝案》第1册,卷7,"国立"台湾大学印行,1972,第223页。
② 《历代宝案》第3册,卷11,"国立"台湾大学印行,1972,第1836页。
③ 『中山世谱』卷3,伊波普猷等编『琉球史料丛书』,東京美術刊,昭和47年版,第134頁。
④ 《历代宝案》第2册,卷22,"国立"台湾大学印行,1972,第747~748页。

琉球国中山王尚贞为进贡事：切照敝国遵依会典二年一贡，查康熙二十五年该应循期，拟合进贡不敢愆越，为此特遣耳目官魏应伯、正议大夫曾益、都通事蔡应祥等坐驾海船二只，率领水梢，每船均帮上下员役共不盈二百人数，处将常贡煎熟硫磺[黄]一万二千六百斤、海螺壳三千个、红铜三千斤外，又册封使臣汪楫、林麟焻等代臣所请陪臣子弟入监读书一事，今蒙圣恩俞[谕]允，俾愚陋之子，得以观光上国，执经问字，踊跃之私不啻臣身躬聆圣训、举国共沐天朝雅化，眷眷之心，咸成济济之俗，微臣顶踵难报高厚万一。谨沥愚诚，拟将薄物围屏纸三千张、细嫩蕉布五十疋[匹]等物前赴福建等处承宣布政使司收纳，转解赴京，顶祝圣祉。为此合行备咨告收等因，今遣陪臣魏应伯、曾益等赍捧表赴尧阶而俯伏，仰汉殿以嵩呼。其官生梁成楫、郑秉均、阮维新、蔡文溥等同贡使魏应伯、曾益等赴京入监读书应行事宜，伏体皇仁无外，转具题请以便施行，为此理合移咨贵部知会，烦为查照施行。须至咨者：

　　右咨
　　礼部

康熙二十五年十一月初四日

同日，琉球国王亦给布政使司咨文，内容与上述给礼部咨文基本相同。① 此外，进贡使团及官生还携带尚贞王给康熙皇帝的谢恩奏疏，内容如下。②

琉球国中山王臣尚贞谨奏为仰体皇仁，微臣顶踵难报，谨沥愚诚，肃谢天恩事：切臣愚陋，叨藩海表，凡入贡之年，使

---

① 《历代宝案》第2册，卷22，"国立"台湾大学印行，1972，第748~749页。
② 《历代宝案》第1册，卷15，"国立"台湾大学印行，1972，第489页。

臣返棹赍回皇上勉励诏敕，臣愧感无地。此番谢恩陪臣毛国珍等带回礼部咨文，一开各省人民海上贸易飘至外国者，令收养解回，其解送来人复行奖赏。臣跪读之下，足见皇仁广被，爱民如子。臣当即行文三十六岛，嗣后此等漂风商民船只，重为收养送回，以仰体皇上无外之恩焉。再开册封使臣汪楫等代臣所请陪臣子弟入监读书一事，此属微臣仰慕皇上文教之治，自愧偏生海域，不能亲观圣朝雅化，眷眷之心不觉毕露于使臣之前，而汪楫等又复仰体皇上化被万方之恩，为臣转请，今蒙圣恩俞［谕］允，俾愚陋之子得以观光上国，执经问字。踊跃之私不啻臣身躬聆圣训。兹当入贡之期，谨遣梁成楫、郑秉均、阮维新、蔡文溥等同贡使魏应伯、曾益等赴京入监读书，伏乞皇上敕部施行，臣贞无任战慄［栗］惶恐之至，谨具奏闻。

　　康熙二十五年十月初四日琉球国中山王臣尚贞谨上奏

随贡使抵京的琉球四官生还随身携带中山王尚贞颁发的执照，内容如下。①

　　琉球国中山王尚为起送官生赴京入监读书事：切敝国僻处海陬，推切向荣之诚，仰慕皇上文教之治，不觉毕露于眼前，而册封使臣汪楫、林麟焻等仰体皇上化被万方之恩，为敝国转具题请。钦蒙圣恩俞［谕］允，俾愚陋之子得以观光上国，执经问字。踊跃之私不啻臣身躬聆圣训、举国共沐圣朝雅化眷眷之心，兹当入贡之期，谨遣官生梁成楫、郑秉均、阮维新、蔡文溥等同贡使魏应伯、曾益等贡赴京入监读书，所据今发去官生别无文凭，诚恐到处官司盘阻不便，为此王府今给义字第四十三号半印勘合执照付官生梁成楫等收执前去，如遇经过关津

---

① 《历代宝案》第2册，卷35，"国立"台湾大学印行，1972，第1155~1156页。

把隘去处及驿递官吏人等验实，即便放行，毋得留难，迟误不便。须至执照者：

  计开赴京国子监官生四员

  梁成楫　　郑秉均

  阮维新　　蔡文溥

  人伴四名

  右执照付官生梁成楫等准此

康熙二十五年十一月初四日给执照

  康熙二十五年（1686年）十一月十四日，蔡文溥、梁成楫、郑秉均、阮维新四官生随贡使耳目官魏应伯、正议大夫曾益于那霸开洋到马齿山候风，十七日开洋，但船行未远，忽见天色变晴、风浪大起，贡船不得不返棹于马齿山，进退两难。十八日辰时，贡船于姑米山之南，风浪益大，天昏地暗正危岌之际，忽有一阵狂风刮倒大桅，打死官生郑秉均，贡船员役慌乱中将布、席假造篷帆随风漂去。十九日，贡船漂至麻古山，船员得以保全性命。

  次年丁卯，贡船遣使中山取桅干［杆］并召集木匠修船，栽桅将直，但此时风汛期未过，贡船只好于本年四月二十四日开洋，五月初四日归国候汛。同年九月十四日再次开洋，十月初一日到闽。蔡文溥等三官生随贡使到各衙门见官府。次年戊辰，福建布政司宴请官生与贡使。五月二十五日官生、贡使一行人在闽启行，九月十七日到京会同馆。①

  由此可见，官生求学途中亦历尽磨难，甚至付出生命代价。

三　中国对琉球官生的优厚待遇

  琉球官生抵京后先与使臣同住会同馆，后由礼部通知国子监，国子监择定日期命琉球学生入监，届时礼部将官生与跟伴移送到

---

① 那霸市企画部市史编集室：『那霸市史』资料篇，第1卷6，『久米村系家谱』，昭和55年版，第303页。

监。此前礼部即移行内务府、户部、光禄寺,将照例应备各项,作速办理,先期咨送到监。

琉球官生入监后,一切费用由中国负担,享受中国优厚待遇。明太祖就曾说过:"远方慕中国礼仪,故遣子弟入学;必足于衣食,然后乐学。"① 清圣祖更为重视,琉球官生梁成楫等抵京后,即"命工部,建书房于监侧,令成楫等居,又三季给衣服及铺盖、口粮、日用等项,并从人各赐冬夏衣,优待甚厚"。②

明清政府对琉球官生的居住情况也甚为重视。据记载:"官生住房,拨西厢居之,后一进五间,官生四人各住一间,中一间为讲堂。正厅三间,中一间设公座,为堂官稽查之所,东一间教习居之,西一间贮食用之物。西耳房二间为厨房,住厨役火夫各一名,东耳房住各从人。"甚至浴室及厕所,莫不修备齐全。此外,"每岁四月之朔,国子监行文内务府,府遣官役高搭前后凉棚二座,八月底自行撤回"。③

关于琉球官生在国子监的衣食住行情况,"俱照康熙二十七年题准之例"。饮食方面,琉球官生的待遇同进贡都通事一样,每名官生每日享受:白米二升,鸡一只,肉二斤,茶叶五钱,豆腐一斤,花椒五分、清酱四两,香油四钱,酱四两,黄酒一瓶,菜一斤、盐一两、灯油二两。④ 琉球官生一年四季的衣帽、铺盖、枕头等亦均由清政府赠送。官生每人冬季各给貂皮领袖、官用缎面细羊皮袍、褂、纺丝棉袄、中衣各一件,染貂帽各一顶,鹿皮靴、连毡袜各一双(此次鹿皮靴改给缎靴);春、秋二季各给官用缎面杭绸

---

① 周煌:《琉球国志略》,台湾文献丛刊第293种,台湾银行经济研究室编印,1971,第54页。
② 『中山世谱』卷8,〔日〕伊波普猷等编『琉球史料丛书』,东京美术刊,昭和47年版,第125页。
③ 潘相:《琉球入学见闻录》,台湾文献丛刊第299种,台湾银行经济研究室编印,1972,第110页。
④ 潘相:《琉球入学见闻录》,台湾文献丛刊第299种,台湾银行经济研究室编印,1972,第109页。

裹里棉袍、官用缎面纺丝绸裹细里棉褂、纺丝衫中衣各一件，绒纬凉帽各一顶，官用缎靴各一只，马皮靴各一只（此次马皮靴亦改给缎靴）；夏季，各给硬纱袍褂、罗衫中衣各一件。每年春季，还各给纺丝面布裹里棉被、棉褥、纺丝头枕各一份。① 此外，琉球官生的学习用项也均由清政府供给。按规定，每官生一名应月给朱墨、纸笔银各一两五钱。②

清政府不仅对琉球官生关怀备至，而且对官生跟伴的日常生活待遇亦有明文规定。按规定，每官生许派一名跟伴照顾其生活。官生跟伴每名每日给白米一升、肉一斤、盐一两、菜十两。③ 每年冬季各给布面老羊皮袍、布棉袄、中衣各一件，貂皮帽各一顶，马皮帮牛皮靴、布棉袜各一双；春秋二季各给布棉袍、褂各一件；夏季给单布袍、布衫、中衣各一件；此外，棉布被褥各一床，雨缨凉帽各一顶。每年春季给布棉被褥、头枕各一份。④

据《久米村系家谱》记载，蔡文溥一行官生抵京的待遇大致与上述相同。⑤

> 圣恩廪饩，照都通事例，每日各赐鸡一支［只］、肉二斤、茶五钱、豆腐一斤、花椒五分、清酱四两、盘酱四两、香油四钱、酒一胡［壶］、青菜一斤、盐一两、灯油四两。所服衣裳，每年春秋二季赐缎绵袍褂各一件、纺丝衫裤各一件，线缨凉帽一顶、青缎靴一双、缎袜一双；夏季纱袍褂各一件、罗衫裤各

---

① 潘相：《琉球入学见闻录》，台湾文献丛刊第 299 种，台湾银行经济研究室编印，1972，第 111~112 页。
② 潘相：《琉球入学见闻录》，台湾文献丛刊第 299 种，台湾银行经济研究室编印，1972，第 109 页。
③ 潘相：《琉球入学见闻录》，台湾文献丛刊第 299 种，台湾银行经济研究室编印，1972，第 109~110 页。
④ 潘相：《琉球入学见闻录》，台湾文献丛刊第 299 种，台湾银行经济研究室编印，1972，第 111~112 页。
⑤ 那霸市企画部市史编集室：『那霸市史』资料篇，第 1 卷 6，『久米村系家谱』，昭和 55 年版，第 303 頁。

一件;冬季缎面羔羊皮袄褂各一件、纺绵小袄裤各一件、貂鼠皮帽一顶、鹿皮靴一双、氈[毡]袜一双、潞绸被褥各一床。所用纸笔墨等项,每月各给银一两五钱。所住房屋,赐监中官房十间。跟伴三名(官生一人带跟伴一名),每日每名赐肉一斤、青菜十两、盐一两,所服衣裳每年春秋二季赐布绵袍褂各一件;夏季单布袍布衫裤各一件,雨缨凉帽一顶;冬季布面老羊皮袄、布绵小袄裤各一件,貂皮帽一顶,牛皮靴一双、布袜一双。

明代琉球官生每期的人数和期限不太清楚,而清代却有明确规定:每次派来官生四名、跟伴也四名,留学期限原则是三年,不过因公文往返,在监时间多为三年半或四年。到了期限,琉球国王便具奏说明官生亲老需要侍养,请求准许他们回国。皇帝阅奏后照例赐准,官生便随贡使一同离京回国。如康熙二十九年(1690年),中山王尚贞上奏:①

> 康熙二十三年,蒙册封天使汪楫题准臣国陪臣子弟入监读书,臣贞遵奉谕旨,业于康熙二十五年遣官生梁成楫等三人同贡使魏应伯进京。仰荷皇上令其入监读书,月糜廪饩、季给衣服。正梁成楫等感泣高厚殚心诵读之时也,但伊父前经节次入贡,万里梯航,国辞劳瘁;今皆年老,奉养需人,臣贞亦当念之矣。且梁成楫等三人俱未有室,父母之愿,人皆有之。况臣国人皆愚昧,自梁成楫等进监之后,臣贞望其返国与臣言忠、与子言孝,以宣布皇上一道同风之化,更为不浅。今据梁成楫等乞题请归养等情,似孝亲一念亦人子所不可无也。况观光有年,所读何书,而忍无思亲之一日乎?应否谁其归养?臣贞未敢擅便,伏乞皇上睿鉴施行。

---

① 《历代宝案》第1册,卷15,"国立"台湾大学印行,1972,第496页。

康熙即下诏："梁成楫等三人照部通事例赏赐、赐宴，礼部遣归国。"① 梁成楫等归国时，礼部"赏大彩缎一，表里毛青布四疋，其跟伴三名，亦照来使跟伴之例，各赏毛青布四疋［匹］"，并"筵宴一次"。② 此次为清代琉球官生学成归国的第一次赏赐，此后历届琉球官生学成归国时的赏赐，基本依照此例。清政府对官生归国时的赐宴亦有具体规定，"琉球官生入监读书，回国时在精膳司筵燕［宴］，以司员主席，官生每名各席一，跟伴每三名共席一，主席司官席一，用茶一桶，烧黄酒五瓶，蒙古羊一"③。

为感谢清政府培养及礼遇之恩，康熙三十一年（1692 年），琉球贡使马延器入贡时，尚贞王特于常贡外，另携谢恩礼物，并咨文礼部表示谢意，以下是咨文全文。④

琉球国中山王尚为显恩题请归养以广皇仁以大孝思事：准贵部咨礼科抄出该本部题前事，内开："议得琉球国王尚贞疏称：康熙二十五年遣官生梁成楫、阮维新、蔡文溥同贡使魏应伯进京。荷蒙皇上令其入监读书，月糜廪饩、季给衣服，正梁成楫等感泣高厚殚心诵读之时，但伊父今皆年老，奉养需人，且三人俱未有室，启请归养。"查官生梁成楫、阮维新、蔡文溥自康熙二十七年九月内奉旨入监读书，已经三年有余，臣部差官屡次考试，文字已经成篇，今该国王既称伊父年老奉养需人，应准其所请，令其归国。又查官生梁成楫等入监读书之时，其供给等项无有定例，拟照都通事之例给发等因具题，奉旨："依议。钦此。"钦遵在案。今梁成楫等归国亦应照都通事

---

① 王士禛：《琉球入太学始末》，台湾文献丛刊第 292 种，台湾银行经济研究室编印，1971，第 19 页。
② 《历代宝案》第 2 册，卷 22，"国立"台湾大学印行，1972，第 758 页。
③ 《钦定大清会典事例（嘉庆朝）》卷 404，"礼部·燕礼"，《近代中国史料丛刊三编》第 67 辑，文海出版社，1991，第 8343~8344 页。
④ 《历代宝案》第 2 册，卷 22，"国立"台湾大学印行，1972，第 758~759 页。

之例，赏大彩缎一、表里毛青布四疋［匹］。其跟伴三名，亦照来使跟伴之例，各赏毛青布四疋［匹］，其赏赐之物，于该部移取，在臣部赏给，仍筵宴一次，给驿，令随今次贡使温允杰（温允俊）等一同返国矣。命下之日，知会琉球国王可也等因，康熙三十年九月二十四日题："本月二十七日。"奉旨："依议。钦此。"钦遵，抄出到部，相应知会，查照施行等因，准此。臣贞接读部咨，仰遵皇上以仁孝之性，弘锡类之风。今梁成楫等归养，不独三人阍顶门祝，即举国臣庶感天朝曲成不遗之化，靡不欢声载道矣。臣贞仰荷覆载莫报高深，敬于常贡外，另赍嫩熟蕉布一百疋［匹］、围屏纸五千张，叩谢天恩，为此除遣陪臣马廷器、王可法具奏外，合就咨达，为此备咨贵部，请烦察照施行。须至咨者：

右咨

礼部

康熙三十一年十月二十五日

此次谢恩贡品为"嫩熟焦布一百疋［匹］、围屏纸五千张"，以下是琉球王尚贞给康熙帝的谢恩奏疏。[1]

琉球国中山王臣尚贞谨奏为显恩题请归养以广皇仁以大孝思事：准礼部咨开礼科抄出该本部题前事，内开：议得琉球国王尚贞疏称"康熙二十五年遣官生梁成楫、阮维新、蔡文溥同贡使魏应伯进京，荷蒙皇上令其入监读书，月糜廪饩、季给衣，正梁成楫等感泣高厚禅心诵读之时，但伊父今皆年老，奉养需人，且三人俱未有室，咨请归养"。查官生梁成楫、阮维新、蔡文溥自康熙二十七年九月内奉旨入监读书，已经三年有

---

[1] 《历代宝案》第1册，卷15，"国立"台湾大学印行，1972，第501~502页。

余，臣部差官屡次考试，文字已经成篇，今该国王既称伊父年老奉养需人，应准其所请，令其归国。又查官生梁成楫等入监读书之时，其供给等项无有定例，拟［拟］照都通事之例给开等因，具题。奉旨："依议。钦此。"钦遵在案。今梁成楫等归国亦照都通事之例赏给，其跟伴三名亦照来使跟伴之各赏赐，其赏赐之物于该部移取在臣部赏给，仍延宴一次，给驿，令随今次贡使温允杰（温允俊）等一同返国俟［矣］。命下之日，知会琉球国王可也等因，康熙三十年九月二十四日题，本月二十七日奉旨："依议。钦此。"钦遵抄出到部，相应知会，查照施行等因，准此。臣贞接读部咨，仰遵俞［谕］旨知皇上以仁孝之性弘锡类之风，令［今］梁成楫等归养，不独三人阖门（顶，作者加）祝，即举国臣庶感天朝曲成不遗之化，靡不欢声载道矣。臣贞仰荷覆载莫报高深，敬于常贡外，另赍嫩熟蕉布一百疋、围屏纸五千张，叩谢天恩，为此除遣贡使马廷器等进表谢恩外，理合具奏伏乞皇上睿鉴施行，臣贞无任战慄［栗］惶恐之至，谨具奏以闻。

康熙三十一年十月二十五日琉球国中山王臣尚贞谨上奏

四 琉球留学生在华学习状况

乾隆年间担任琉球官生教习的潘相曾记载道："明时，琉球入学，不设教习，其教法甚略。到我朝康熙二十七年梁成楫等入学，上特命司成于肄业正途贡生中遴选学行之优者，奏举一人为教习，专司讲解；派博士等官经理之，堂官不时加谨稽察，其犹周制之旧典。"[①] 清代康熙朝开始在国子监内特设"琉球学"及学生教习，建立起一套较为完整的教习制度。据潘相《琉球入学见闻录》记

---

① 潘相：《琉球入学见闻录》，台湾文献丛刊第299种，台湾银行经济研究室编印，1972，第112页。

载,康熙朝在国子监承担教学任务的有:①

祭酒:

常锡布　满洲正红旗人,康熙二十五年任

德白色　满洲正红旗人,康熙二十六年任

图纳哈　满洲镶白旗人,康熙二十七年任

王士禛　山东新城人,戊戌进士　康熙十九年任

李元振　河南柘城人,申辰进士　康熙二十二年任

翁叔元　江南常熟人,丙辰进士　康熙二十四年任

曹禾　江南江阴人,甲辰进士　康熙二十六年到任

汪霦　浙江钱塘人,丙辰进士　康熙二十八年任

司业:

宋古弘　奉天镶白旗人,康熙二十五年任

彭定求　江南长洲县人,丙辰进士　康熙二十四年任

董闇　江南吴江县人,癸丑进士　康熙二十四年任

吴涵　浙江石门县人,壬戌进士,康熙二十八年任

明图　康熙六十一年任

教习:

郑某　福建人　康熙二十七年任教习一年

徐振　浙江宁波县人,拔贡生　康熙二十八年任教习三年,咨部议叙以州同即用

琉球官生在国子监的日常学习安排如下。②

---

① 潘相:《琉球入学见闻录》,台湾文献丛刊第299种,台湾银行经济研究室编印,1972,第112~115页。
② 潘相:《琉球入学见闻录》,台湾文献丛刊第299种,台湾银行经济研究室编印,1972,第128页。

每日早起沐浴，正衣冠，诣讲堂，听讲《小学》教条。《小学》完，讲《近思录》。饭后，讲经教条，临帖。灯下，讲四六古文各一篇、诗一首。次日背诵。

讲书之时，诸生以齿序立，专心听讲，或有语言不通、意义未晓者，须再三问明。

听讲之后，各归本位肄习，衣冠必整肃，出入必恭敬，行步必端庄，不得笑语喧哗。

逢三日，作诗一首，不拘古律；逢八日，作四六一篇，或论序等类一篇。

康熙朝，国子监对琉球官生的学习要求十分严格，蔡文溥等三官生于康熙二十五年（1686年）"十一月初七日入监，于是祭酒图老爷（图纳哈，满洲人——编者注）、曹禾（江南人——编者注）奉圣旨特设教习一人，朝夕训导，又命博士陆德元（江南苏州人——编者注）董率其事，六日一次，查每日功课（每日讲四书诗经，五日一次作文章——作者注）。临回时，祭酒考一次，礼部差主客司郎中考二次"。①

以上所说的是官生在华学习情况。除了官生外，还有大量的"勤学"及琉球政府经常派遣来华学习各种专业知识和生产技术的琉球留学生。这些人均在福州延师受业。他们深入民间，拜师求艺，学习范围遍及各行各业。例如，天文地理方面有蔡肇功、蔡温；文化教育方面有程顺则；医学方面有魏士哲；音乐方面有陈其湘；等等。由于有名师指导，加上这些留学生刻苦努力，其学习成效自然很好。明清时期包括久米村人在内的琉球人来闽学习各行业技术情况如表5-2所示。

---

① 那霸市企画部市史编集室：『那霸市史』资料篇，第1卷6，『久米村系家谱』，昭和55年版，第303~304页。

表5-2 明清时期琉球赴华"勤学"表

序号	所学技能	学习者	来闽时间	户籍	备注
1	历法	金锵	成化元年（1465年）	久米村人	
		金升	嘉靖二十八年（1549年）		
		金庆斗	万历三十四年（1606年）		
1	历法	杨春枝	康熙六年（1667年）		
		蔡肇功	康熙十七年（1678年）	久米村人	
		红秉毅	乾隆二十年（1755年）		历法（日新法）
2	烟花药法	松氏比屋	弘治三年（1490年）		
3	制桥、制石龙头	毛文英	嘉靖三年（1524年）		
4	番薯栽培	野国	万万三十三年（1605年）		
		翁自道	康熙三十四年（1695年）		
5	甘蔗制糖	仪间村人	天启三年（1623年）		
6	纺织	国吉	顺治十六年（1659年）		织缎法
		向得礼	乾隆元年（1736年）		织绸缎纱绫（机织法）
7	熬白糖、冰糖，制漆器	陆得先	康熙二年（1663年）		
8	凉伞及五方之旗	毛荣清	康熙六年（1667年）		
		郑思善	康熙六年（1667年）	久米村人	
9	风水地理	周俊国	康熙六年（1667年）		
		郑良佐、蔡大鼎	道光二十八年（1848年）	久米村人	改迁世子宫及修葺玉陵之法
		蔡呈祯	道光二十八年（1848年）		
10	制瓷	宿蓝田	康熙九年（1670年）		
11	铸钱	蓄懿德	康熙十一年（1672年）		
12	换骨相法	郑明良	康熙十八年（1679年）	久米村人	

续表

序号	所学技能	学习者	来闽时间	户籍	备注
13	绘画	璩自谦、查康信	康熙二十二年（1683年）		
14	医学	魏士哲	康熙二十四年（1685年）	久米村人	兔唇缝合术
		晏孟德	乾隆八年（1743年）		口腔科
		衡达勇	乾隆十四年（1749年）		内科、外科医法
		从安次岭	乾隆二十八年（1763年）		内科、外科医法
		松开辉	乾隆四十二年（1777年）		
		吕凤仪	道光四年（1824年）		
		松景林	道光八年（1828年）		内科
15	驯鹰法、鉴砚法	金溥	康熙三十二年（1693年）	久米村人	
16	印泥	吴师虞	康熙四十三年（1704年）		
17	天文地理	蔡温	康熙四十七年（1708年）	久米村人	
		红士显	康熙五十五年（1716年）	久米村人	侧重地理
		林世爵	道光十二年（1832年）	久米村人	侧重天文
18	造墨	大岭	康熙四十八年（1709年）		
19	制朱墨（银朱）	劳维达	雍正五年（1727年）		
20	冶铜	泊邑屋、比久	雍正八年（1730年）		
21	制茶	向秀实	雍正十二年（1734年）		
22	御膳	蔡肇业	嘉庆十一年（1806年）	久米村人	
		林章祐	道光十五年（1835年）		
23	律法	学源	嘉庆二十年（1815年）		
24	贮米法	陈有宪	嘉庆二十二年（1817年）	久米村人	
25	防疫	使国人员	道光二十八年（1848年）		天花痘痂

第二节　琉球留学生的历史地位

明清数百年间，包括久米村人在内的大量琉球官生和"勤学"，千里迢迢，满怀渴求，到中国奋发学习，学成后归国报效，深受器重。他们起先多任通事、都通事，后升为正议大夫、紫金大夫，个别的还担任法司官，主要从事办理入贡、传授汉学及辅佐政事等工作，为琉球社会的进步和发展，为促进中琉两国的经济、文化交流及两国人民的友谊，做出了突出贡献。

一　传播儒家思想和科学文化

琉球留学生对儒家思想和科学文化的传播，主要表现在如下几个方面。

1. 文化教育

留学生对中国文化及儒家思想在琉球的传播及普及发挥了重大作用，下面我们举几位这方面有突出贡献的留学生为例。

蔡文溥（1671～1745年），久米村人士，童名百岁，字天章，号如亭行一。康熙十年（1671年）辛亥七月十八丁卯日午时生，乾隆十年（1745年）乙丑六月朔日亥时卒，享年七十五岁，官终于紫金大夫。[①]

[①] 那霸市企画部市史编集室：『那霸市史』资料篇，第1卷6，『久米村系家谱』，昭和55年版，第303～305页。

蔡文溥从小聪明好学，康熙二十一年（1682年），他年仅十二岁即成为若秀才，康熙二十五年（1686年）升为秀才，并入北京国子监学习。归国后，康熙三十一年（1692年）年仅二十二岁的他与梁成楫、阮维新共为讲解师兼训诂师，轮流教习诸生，勤职五年。此间，他奉命为世子尚纯、世孙尚益讲解《论语》、《四书》、《诗经》和《纲鉴》等。康熙三十八年（1699年），二十九岁的蔡文溥任接贡存留通事与贡使毛文杰、郑士纶赴闽，在闽居留三年，于康熙四十年（1701年）六月初一日五虎门开船返国，途中遭逆风，最终于本月十六日抵国。

归国后，康熙四十年（1701年）八月再次奉命在殿中为世孙日夜讲解《四书》和《唐诗》。

蔡文溥一生"以其所学教久米村及国人，人多化之"。① 其著有《四本堂集》、《同乐苑八景》和《中山学校序》。蔡文溥深受琉球国王器重，历任顶戴黄冠超升都通事、遏闼理官、座敷、超升正议大夫最后官至紫金大夫。

蔡文溥在国子监学习期间，与中国先生结下了深厚情谊，归国时，他们都写下诗句相赠。② 国子监博士陆德元的诗句为：

> 贤藩向化久输忠，诏许抡材入泮宫；已肃冠裳涵圣泽，还亲钟鼓被儒风。乡心莫系关山外，古训须依寤寐中；但使菁莪堪长育，天家雨露万方同。

国子监琉球教习徐振的赠言为：

---

① 潘相：《琉球入学见闻录》，台湾文献丛刊第299种，台湾银行经济研究室编印，1972，第95页。
② 那霸市企画部市史编集室：『那霸市史』资料篇，第1卷6，『久米村系家谱』，昭和55年版，第306页。

丈夫意气自能亲，异地同堂情倍真；从此有怀悉梦寉，知多流泪欲沾巾。

同为琉球教习的浙江籍人士沈维烈也曾题词：

桥门执卷数经春，感遇还愁羁旅身；拜舞九重辞圣主，旋归万里慰慈亲。别时北塞无征雁，去后南溟望远鳞；行过吴山烦致语，天涯犹有未面人。

在华期间，蔡文溥亦结交了许多文人雅士乃至官员，如册封副使、翰林院编修徐葆光，护封守备蔡添，护封千总蔡勇，随封蔡宪文等与之均有诗文往来。据《久米村系家谱》记载，徐葆光亦有多首诗赠予蔡文溥，其中一首赠诗如下：

头衔书隐士，海外更逃名；讵料中州客，偏知大学生。清词比灵运，高卧是渊明；为写篱边影，携樽就菊英。

诗后题言："天章蔡大夫为国学生时，余知其名熟矣，闻闭户养疴，未得一访，九月四日赠以瑶章，自署隐士，同寓吴君适作渊明图以应佳节，遂并题以赠"。

梁成楫（1668～1702年），久米村人士，童名真蒲户，字得远，康熙七年（1668年）戊申八月十五日生，康熙四十一年（1702年）壬午六月十五日卒，享年三十五岁。①

梁成楫自幼聪慧过人，康熙十七年（1678年）戊午八月初五日被选为若秀才。康熙二十一年（1682年）壬戌八月二十二日结髻举秀才。康熙二十五年（1686年）丙寅二月初五日同郑秉均、

---

① 那霸市企画部市史編集室：『那霸市史』資料篇，第1卷6，『久米村系家譜』，昭和55年版，第790頁。

阮维新、蔡文溥奉命入国子监读书。

归国后，康熙三十一年（1692年）壬申八月二十一日被任命为顶戴黄冠。同年八月二十六日同阮维新、蔡文溥一同奉命为久米村讲解兼读书师，直至康熙三十三年（1694年）甲戌因奉使返职。此间，康熙三十一年（1692年）申九月，梁成楫还奉法司之命撰写进贡表、谢官生表及礼部布政司咨文。

康熙三十八年（1699年）己卯十月奉王世孙命为讲解师，日夜在殿中初讲《四书》。同年己卯，他还奉总理唐荣司蔡铎之命，为新建西殿作记。

康熙四十年（1701年）辛巳二月初一日，为接贡事奉命作为都通事，同使者温允俊等十一月二十日自那霸开船，二十八日到闽，公事既竣，次年六月十二日开船归国，途中陡遇台风，不幸船破而亡。

康熙四十二年（1703年）、康熙四十三年（1704年）是梁成楫一周年及二周年忌日，琉球王世孙尚益均遣使特赐御酒一双、御香一结以为祭。

梁成楫从国子监学成归国时，进士出身的国子监博士、苏州人士陆德元曾亲撰赠言，称赞道："中山学生梁成楫读书太学，偕其友阮维新、蔡文溥，朝夕勤勉，不懈厥志。"从中亦可看出陆德元对梁成楫学识的钦佩及两人之间的深厚情谊。①

2. 天文地理

由于天文、历法、地理与农业生产及海上交通关系密切，因此琉球迫切需要这方面的人才。康熙朝琉球派遣赴闽学习天文、历法及地理的留学生很多。康熙十七年（1678年），琉球国派遣久米村人士蔡肇功来闽"从薛一白而学历法"，在闽四载学成归国，"掌历法而造大清时宪历颁行国中，此用大清时宪历今于是

---

① 那霸市企画部市史编集室：『那霸市史』资料篇，第1卷6，『久米村系家谱』，昭和55年版，第791頁。

乎始也"。① 此外，琉球还遣唐荣之人"杨春枝入闽复学历法",②遣唐荣之人周国俊为存留官入闽已学地理。③ 不过，康熙朝在天文地理方面成就最大的琉球留学生首推久米村人士蔡温，本书有专门论述，在此就不赘述了。

3. 医学

由于医学直接关系到人民的身体健康，因此琉球亦注重派遣学生赴闽求学。

魏士哲（1653~1738年），久米村人士，字德明，号希贤，康熙八年（1669年）"奉王命初入唐荣为总管"，他曾于康熙九年（1670年）、十九年（1680年）、二十四年（1685年）及二十七年（1688年）分别为进贡、学习中国礼仪之事，四次赴闽。康熙二十七年（1688年），他从师于福州黄会友医师学习补唇医术。黄会友为福建汀州府上杭县人，"有祖传补唇奇方，周旋四方，疗治缺唇，然此药方一世一传，虽亲友不敢传之"，经过魏士哲的再三诚心请求，黄会友收之为徒，从此魏士哲"遂与黄先生结盟，居住别馆，昼夜孜孜学之，已阅二旬，悉受其传方，又得秘书一卷"。黄先生还亲自辅导魏士哲为一位十三岁缺唇儿童治疗，"不数日全愈无痕"。归国后，魏士哲在治好许多缺唇儿童的基础上，为国王世孙尚益疗治缺唇，三昼夜痊愈无痕。他不仅医术好，而且医道亦高，"为国家教彼两人，从此补唇之医法国中广焉"。琉球国王对魏士哲深为赞赏，康熙四十九年（1710年）魏士哲官拜紫金大夫。④

4. 绘画音乐

中国绘画艺术及音乐历史悠久，琉球对此十分仰慕。康熙十三

---

① 那霸市企画部市史编集室：『那霸市史』资料篇，第1卷6，『久米村系家谱』，昭和55年版，第932页。
② 球阳研究会编『冲绳文化史料集成』5，『球阳』，角川书店，昭和53年再版，第226页。
③ 球阳研究会编『冲绳文化史料集成』5，『球阳』，角川书店，昭和53年再版，第226页。
④ 那霸市企画部市史编集室：『那霸市史』资料篇，第1卷6，『久米村系家谱』，昭和55年版，第26~29页。

年（1674年），琉球国派遣璩自谦、查康信两人到福州，向著名画师谢天祐、孙亿学绘画（其画作见图5-1、图5-2），历时五年之久。① 康熙四十三年（1704年），琉球国又遣吴师虔来闽学习，仍拜孙亿为师。吴师虔后来成为琉球国王府的画师。1726年，他"自制朱印色，以备圣览，由是国中印色皆用其印色，竟不以寄买于闽而用焉"。② 康熙朝，琉球国亦派人到福州学习乐器。康熙三十一年（1692年），久米村人士陈其湘奉命赴闽六载，学习乐器，归国后于康熙三十八年（1699年），"奉命为教授御书院乐生以中华歌并琵琶三弦等事"。③ 正是由于这些琉球留学生的不懈努力，中国绘画及音乐才得以源源不断地传入琉球。

图5-1 孙亿的画（一）　　图5-2 孙亿的画（二）

① 球陽研究会编『沖縄文化史料集成』5，『球陽』，角川書店，昭和53年再版，第593頁。
② 球陽研究会编『沖縄文化史料集成』5，『球陽』，角川書店，昭和53年再版，第280頁。
③ 那覇市企画部市史編集室：『那覇市史』資料篇，第1卷6，『久米村系家譜』，昭和55年版，第470頁。

二 传播先进的生产技术

1. 农业生产技术

在农业方面，琉球主要从福建引进了粮食、蔬菜品种及栽培技术，包括先进的农业生产工具以及与农业生产关系极大的天文历法。明清时期，受琉球王府委派前往福建学习各种技术的留学生为数不少。明万历三十四年（1606年）六月抵达琉球的册封使夏子阳经过实地考察，认为琉球"波菱、山药、冬瓜、薯、瓠之属，皆闽中种"。① 以番薯栽培为例，据《球阳》记载，"尚宁王十七年（万历三十三年，即 1605 年）总官野国自中华带来番薯以播于国"，②康熙三十四年（1695 年），琉球又遣翁自道赴福建学习不同品种番薯的栽培方法。此后，番薯的栽培风行琉球，番薯自然成为琉球国的重要粮食之一。

除上述派往福建学习农业技术的人员外，从史料记载看，册封琉球使臣对农业生产技术及果树的栽培技术在琉球的传播发挥了重要作用，张学礼就曾记载，"封舟过海，恐漂流别岛，不能复回，随带耕种之具"，③自然这些随带的农具也随册封使传入琉球。嘉庆年间，李鼎元册封琉球国王时，从福州携带荔枝，"栽荔枝于使院庭后，南北分列：南者一本二干，北者一本三干，长四尺以上；移自牧荔园，种曰'陈家紫'。既为诗以祝之，并序其由来，刻碑列于北楼之侧"。④ 从此，荔枝这一鲜美水果也在琉球生根发芽，茁壮成长。

---

① 夏子阳：《使琉球录》，台湾文献丛刊第 287 种，台湾银行经济研究室编印，1970，第 258 页。
② 球陽研究会編『沖縄文化史料集成』5，『球陽』，角川書店，昭和 53 年再版，第 206 頁。
③ 张学礼：《中山纪略》，台湾文献丛刊第 287 种，台湾银行经济研究室编印，1970，第 9 页。
④ 李鼎元：《使琉球记》，台湾文献丛刊第 292 种，台湾银行经济研究室编印，1971，第 164 页。

2. 手工技术

手工技术方面，包括手工工艺，琉球受福建影响也非常大。琉球在闽留学生学习内容广泛，对琉球的各个行业起了开拓作用。尚真王十四年（弘治三年，1490年）松氏比屋势头跟随贡使入闽赴京时学烟花药法而归来，琉球"烟花戏自此而始"。① 尚真王四十七年（嘉靖二年，1523年），王舅毛文英入闽赴京庆贺世宗登基，"偶见凤凰轿，其法制异常丽美甚极，既而回至闽省，即发公银密令匠夫造其轿，且得石龙头欣然而归来"，"王大喜悦以坐其轿，且将其龙头安置瑞泉，遂蒙褒嘉。中山有凤凰轿（俗称塔御轿）与龙头者，自此而始焉"。② 尚质王十二年（顺治十六年，1659年），"国吉曾随贡使入闽，始学织缎匹之法而回来，始善浮织缎，王深褒美之后任伊平屋比嘉地头职，本国浮织自此而始焉"。③ 康熙九年（1670年），"宿蓝田曾随贡使入闽赴京而传授烧制瓷器及烧料（俗叫烧玉）之法而归来，以烧五色珠玉以备国用"，④ 琉球人掌握了瓷器制作的技术。尚益王三年（康熙五十一年，1712年），"蓄懿德入闽学铸钱之法"，归国后，"至丙申年为铸钱主取，铸出鸠目钱十一万贯"。⑤

3. 制茶制糖工艺

据史料记载，琉球"素有茶树，制法未精，只有出粗茶"。首里向秀实于雍正十一年（1733年）跟随贡使入福建，被"传授制造茶叶"后，"自带制茶器物而归至本国试制茶叶，则清明武夷松

---

① 球阳研究会编『沖縄文化史料集成』5，『球陽』，角川書店，昭和53年再版，第187頁。
② 球阳研究会编『沖縄文化史料集成』5，『球陽』，角川書店，昭和53年再版，第196頁。
③ 球阳研究会编『沖縄文化史料集成』5，『球陽』，角川書店，昭和53年再版，第221頁。
④ 球阳研究会编『沖縄文化史料集成』5，『球陽』，角川書店，昭和53年再版，第231頁。
⑤ 球阳研究会编『沖縄文化史料集成』5，『球陽』，角川書店，昭和53年再版，第259頁。

罗等馥气扑鼻、味亦甘美，与中华茶不稍相异焉"。于是，"恭具呈文题请栽植茶树于棚原地以供国用"，国王应允后，"兹辟于棚原山地内（共计二万八百五十余步）遍植茶种并杉桦等，当茶树芽萌时制成和汉茶叶以供国用"。① 尚质王十六年（康熙二年，1663年），陆得先奉命"随庆贺使赴闽，即到南鼓山地寻觅良师，悉承其数而传授熬白糖、冰糖并朱涂黑赤梨地乃制造金银箔等之法而归国，就将其漆器和金银箔之法教授于贝摺势头，且白糖之法教授于浦添郡民焉"。② 自此，白糖、冰糖、制漆器、制金银箔等方法在琉球推广开来。

先进的福建生产技术的传播使琉球社会发生了巨大的变化。

第一，它极大地促进了琉球社会经济的发展及社会文明的提高。琉球原为自然资源十分贫乏的国家，且"地无货殖，故商贾不通"。③ 自明清福建生产技术传入琉球后，从根本上改变了琉球落后的社会面貌。琉球人引进了粮食和蔬菜品种，掌握了栽培技术、先进的农业生产工具以及与农业生产关系极大的天文历法，此外，琉球人学习和掌握了各行各业诸多的手工生产技术，其中包括精湛的手工工艺。不仅如此，勤劳智慧的琉球人还在模仿学习的基础上创新，如福建漆器制作负有盛名，康熙六年（1667年）陆得先在福州学习漆器制作，回国后广为传播，加上琉球自身具有上等的漆器并制作原料生漆，因此在模仿的基础上创新的琉球漆器反为清代中国君臣所青睐，乾隆皇帝就特命福州将军觉罗永德购买琉球的雕漆围屏，供其观赏和使用。④ 据史料记载尚穆王十五年（乾隆三十一年，1766年），"首里大中村无谱知念筑登之

---

① 球陽研究会編『沖縄文化史料集成』5，『球陽』，角川書店，昭和53年再版，第307页。
② 球陽研究会編『沖縄文化史料集成』5，『球陽』，角川書店，昭和53年再版，第222页。
③ （明）严从简：《殊域周咨录》卷4，"琉球国"，载《中外交通史籍丛刊》，中华书局，1993，第164页。
④ 林金水主编《福建对外文化交流史》，福建教育出版社，1997，第194页。

亲云上始造出唐纸、印金纸、缎子纸以备国用之未备，因此停止寄买于他国焉"。① 琉球人开始使用自己制造的纸张。

第二，福建生产技术在琉球的传播也极大地推进了琉球人民与福建人民的友好情谊不断加深。以在福建学习各种技艺的琉球勤学为例，其主要学习方式是拜师学艺，明清社会专业技术的传授十分保守，多为世袭，不传外人。福建师傅们却能打破门规局限，把精湛的技艺完整传授给琉球学生，确实难能可贵。明清时期琉球社会的繁荣与进步，确确实实要感谢这些福建的师傅们，他们不仅加深了中琉两国之间的友好关系，而且促进了琉球社会的进步与文明。

---

① 球陽研究会編『沖縄文化史料集成』5，『球陽』，角川書店，昭和53年再版，第345頁。

第 六 章

久米村的教育家程顺则与政治家蔡温

第一节 儒学大师程顺则

第二节 三司官蔡温

第一节 儒学大师程顺则

一 家世与生平

程顺则(1663~1734年)(见图6-1),琉球尚质王十六年,亦即康熙二年(1663年)十月二十八日出生于那霸市久米村的一个书香仕宦之家。幼时曾名思武太,字宠文,号念庵行一,常以念庵或雪堂著书提款。

图6-1 程顺则肖像

据《久米村系家谱》之《程氏家谱》记载，"程氏盖为河南夫子之后焉"，① 后来迁居福建。明洪武年间，其祖父程复移居琉球。由于程复才华出众，颇受琉球中山王察度青睐，曾于明洪武二十九年（1396年）正月、明洪武三十年（1397年）四月两次参加琉球进贡使团赴华。程复在琉球任职四十余年，勤诚不懈，以八十一岁高龄荣升"国相兼左长史"，告老还中国。②

程顺则之父程泰祚，尚丰王十四年，亦即明崇祯七年（1634年）出生。程泰祚年仅十九岁便任通事职，康熙二年（1663年）参加谢册封恩使团随册封使臣张学礼到中国，③ 居住福州柔远驿三年。返琉球后曾任进贡都通事、真和志间切古波藏地头等职。康熙十一年（1672年）初，他与金正华受命监督久米村兴建孔子庙，该工程次年七月完成。康熙十二年（1673年）他以朝京都通事身份随进贡使团赴华，海上遇盗，不幸负伤，在福州伤愈后，于次年赴京朝贡。康熙十四年（1675年）三月十六日离京，五月初至苏州。因靖南王耿精忠叛乱，被迫滞留苏州，其间旧病复发医治无效，九月二十六日不幸在苏州逝世，享年42岁，而此时程顺则年仅十三岁。康熙政府将之厚葬于苏州府吴郡。康熙十六年（1677年）琉球尚贞王追封程泰祚为进贡正使。

受家庭影响，程顺则自幼对中华文化抱有浓厚兴趣。郑章睹在《总理唐荣司程公传》中曾评价他道："幼端重，不类群儿，秉性仁孝……敦孝弟［悌］，以重人伦，笃宗教，而和乡党。"④ 当时琉球为鼓励青年读书有成特设"秀才"名衔。康熙十三年（1674年），程顺则年仅十二岁即入选"秀才"候选人，并拜琉球儒学大师郑弘

---

① 那霸市企画部市史编集室：『那霸市史』资料篇，第1卷6，『久米村系家谱』，昭和55年版，第541页。
② （明）杨士奇等：《明太宗实录》卷115，永乐九年四月癸巳条，"台湾中央研究院史语所"，1962，第1464页。
③ 《历代宝案》第2册，第一集卷21，"国立"台湾大学印行，1972，第701页。
④ 转引自郑章睹『总理唐荣司程公传』，名护市教育委员会：『名护亲方程顺则资料集1』，"人物传记篇"，琉球大学附属图书馆，平成三年三月发行，第116页。

良为师，攻读儒学，终于康熙十五年（1676年）获得"秀才"名位，年俸一石五斗米。次年九月二十三日，程顺则正式继承程氏家统，被授"真和志间切古波藏地头"之职，同时继续跟从郑弘良研究儒学。

康熙二十二年（1683年）八月二十日，年仅21岁的程顺则被授"通事"之职，同年随王明佐率领的谢恩使团来华，以勤学的身份拜福州鸿儒陈元辅、竺天植为师，潜心钻研儒家经典，攻读中国文学与经学，历时四年，并结交大批文人雅士。回国后，程顺则即被任命为讲解师。此职是当时琉球国专门为倡导研究及传授中国儒学而设的官聘学者，由大夫、都通事、通事中对中国儒学之理精通者中挑选而来，程顺则的恩师郑弘良即为琉球国首任讲解师。

康熙二十八年（1689年），程顺则奉命为接贡存留通事赴闽，居留柔远驿三年，再次师从陈元辅研究朱子学和诗文。其间，他还自费二十五两银购买十七史一千五百九十二卷带回琉球，捐献孔庙，以供研究中国历史的学者查阅。

康熙三十年（1691年），程顺则被任命为讲解师兼汉字笔者。

康熙四十三年（1704年），程顺则奉命为世子、世孙讲解《四书》和《唐诗》。

康熙四十五年（1706年），程顺则被任命为进贡正议大夫赴华。

康熙五十七年（1718年），程顺则在久米村孔庙之侧建立明伦堂，为琉球汉学奠定了基础。

康熙五十九年（1720年）程顺则率领谢封使团赴京，并购《皇清诗选》数十部带回琉球。

总之，程顺则一生历任接贡存留通事、进贡北京大通事、进贡正议大夫、隆动紫金大夫加衔法司正卿、谢恩使臣、名护间切总地头，[①] 为中国儒家思想及中国文化向琉球的传播，为中琉之间政治、

---

① 那霸市企画部市史编集室：『那霸市史』資料篇，第1卷6，『久米村系家譜』，昭和55年版，第545～559頁。

经济、文化的交流及两国人民的友好情谊,做出了特殊的贡献。

二 弘扬儒家文化与教育

1. 创建明伦堂

程顺则之父程泰祚于康熙十年(1671年)经尚质王批准,与久米村总役金正华等在久米村建立孔庙。康熙十一年(1672年)择定建庙地点于泉崎桥头,当年七月开工,两人受命督导工程,康熙十三年(1674年)全部竣工。孔庙落成,大大促进了尊孔思想在琉球的传播。康熙三十五年(1696年)程顺则在《庙学纪略》中亦载道:①

> 琉球国僻处海外,风俗质朴,自明初通中朝膺王爵时,王子洎陪臣子弟始入太学,至洪武二十五年復［复］遣闽人三十六姓往铎焉……万历间紫金大夫蔡坚始绘圣像祀于家,望之俨然,令人兴仰止之思。嗣而紫金大夫金正春恐家祀近亵非尊圣重道义,于康熙十一年请立庙,王允其议,乃卜地久米村,至康熙十三年令匠氏庀材,不日成之,越明年塑像于庙,又明年行春秋释菜礼,既新轮奂,复肃俎豆,恍如登阙里之堂,躬逢其盛也。创始之功洵不诼矣。续于康熙二十二年册封正使翰林院检讨汪公副使内阁中书舍人林公赉到御书"中山世土"四大字赐王,复奏允陪臣子弟入国子监读书,均异数也,然皆立庙以后事,可知崇圣教即邀帝眷,其理微矣。从此睿藻辉煌如睹龙文凤彩,监生归国与人言孝言忠,孰非圣泽之所及者远且大耶?

在《庙学纪略》中程顺则未提及父亲程泰祚的功劳,其谦逊人品略可体现。

---

① 那霸市企画部市史编集室:『那霸市史』资料篇,第1卷6,『久米村系家谱』,昭和55年版,第552~553页。

程顺则对孔子及儒家学说甚为推崇。康熙四十五年（1706年）十一月他以进贡正议大夫身份抵华入京朝贡，使事结束后，次年九月，他特至山东曲阜参拜孔子故居及孔林圣墓，行三跪九叩大礼。回国后，程顺则深感孔庙虽存，但缺少一处传播学习儒学的地方，遂于康熙五十七年（1718年）奏请尚敬王，要求设立"明伦堂"（见图6－2），以孔庙东西两庑为校舍，招收王府及久米村子弟施教，聘请对儒家学说研究有造诣的专家及留学国子监归来之官生担任讲解师及训诂师。明伦堂由此成为琉球最早的"国立"学校及传播儒学思想的教育中心。程顺则"以紫金大夫一员司教，每旬三、六、九日诣讲堂稽察诸生勤惰，兼理中国往来贡典并参赞大礼"；又"于久米村内无论大夫、都通事及通用等中择文理精通者一人为讲解师"，"又择句读详明者一人为训诂师"，① 前来求学者除王府及久米村子弟外，还有来自琉球其他地区的诸多学子，从而大大推动了儒家文化在琉球的传播。

图6－2 久米村孔庙明伦堂旧址

① 那霸市企画部市史编集室：『那霸市史』资料篇，第1卷6，『久米村系家谱』，昭和55年版，第552～553页。

程顺则在向琉球王室传播儒家学说思想方面，也贡献卓著。他曾于尚质王三十六年，亦即康熙四十三年（1704年）任世子尚纯、世孙尚益之侍讲，朝讲《四书》、夕授《唐诗》，历时二十个月。康熙四十九年（1710年），尚益王即位后，他再任侍讲，为尚益王讲解《春秋》及《贞观政要》。康熙四十七年（1708年）他还曾以重金购得朱子真迹一册，回国后献给国王。

2. 刊印推广《六谕衍义》

康熙四十六年（1707年），程顺则任进贡副使正议大夫来华朝贡，进京事竣返回福州候船回国期间，捐资自费刻印了《六谕衍义》（见图6-3）一书，使书中倡导的国民修身齐家标准在琉球和日本广为流传，影响深远。

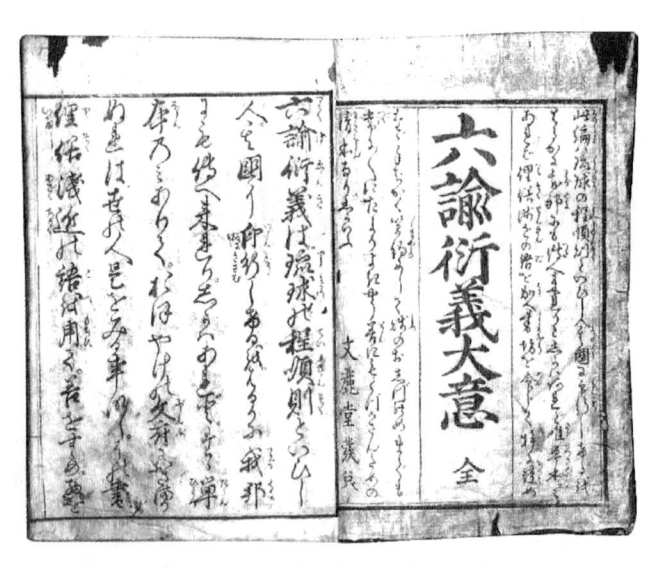

图6-3 《六谕衍义》书稿

《六谕衍义》一书的"六谕"选自明洪武三十年（1397年）颁布的教民圣谕四十一条中与大众生活伦理道德关系颇为密切的前六条，依序是：孝敬父母、尊敬长上、和睦乡里、教训子孙、各安生理、毋作非为。虽说这六条是特别选出来作为教育民众修身的基本教材，但至明末乡间"讲者少，而不讲者多，即有讲者，不过虚应故事，那得家传户晓"。① 有鉴于此，明浙江会稽儒者范铉决定编撰一本通俗易懂、广为传播的简明教材。他按六谕顺序，深入浅出，以实例分析利弊得失，并在每条教谕后附七言诗一首，便于读者记忆传颂，效果果然非同小可。范铉将书名定为《六谕衍义》，并在自序中写明本书宗旨，"惟以去薄从厚，型仁讲义为本，可以代木铎老人，庶颓风可挽，以补其不及，务使家喻户晓，人人长厚，以去其浇漓"。②

《六谕衍义》虽在康熙四十七年（1708年）刻印，但实际在二十五年前，亦即康熙二十二年（1683年）程顺则在华师从竺天植时，即被此书所吸引。据竺天植在《六谕衍义》重刻本序文中记载："忆甲子（即康熙二十三年——编者注）春，余案上有《六谕衍义》一卷，程子繙［翻］阅再三，以为是书词简义深，言近指远，不独可以挽颓风而归淳厚，抑可以教子弟而通正音，因请余授而藏焉。屈指星霜，忽忽已易二十五度，而程子犹惓以此卷之有裨于人也，思欲刊布国中，以美其风俗，以正其音语，虽有志未逮，而此心终未释然。"③历经二十五载的期盼与努力，程顺则终于完成多年夙愿，自行捐资付梓，刻印数百本带回琉球。程顺则在《重刻六谕衍义跋》中也说明自己如此执着的原因："六经四书的微言奥旨，只可自喻之于心，何能日宣之于口，惟是编字字是大道理，却字字是口头话，男女老幼莫不闻而知之，教者省力，学者易晓，导之之术，莫有善于此者。"④ 程顺则欣赏此书之处就是由于其通俗易懂，便于在民众中传播。

---

① 范鋐：『六諭衍義』「自序」，1987年拠昭和五十五年（1980年）複制清康熙47年（1708年）程順則本影印本，沖縄県立図書館資料叢書第1卷，第15~16頁。
② 范鋐：『六諭衍義』「自序」，1987年拠昭和五十五年（1980年）複制清康熙47年（1708年）程順則本影印本，沖縄県立図書館資料叢書第1卷，第18頁。
③ 范鋐：『六諭衍義』「自序」，1987年拠昭和五十五年（1980年）複制清康熙47年（1708年）程順則本影印本，沖縄県立図書館資料叢書第1卷，第11~12頁。
④ 范鋐：『六諭衍義』「自序」，1987年拠昭和五十五年（1980年）複制清康熙47年（1708年）程順則本影印本，沖縄県立図書館資料叢書第1卷，第153~154頁。

程顺则归国后即将《六谕衍义》献给琉球尚贞王,并建议将之作为国民修身养性的标准及学习汉语的课本,得到国王许可,被正式作为学校课本。

程顺则还将《六谕衍义》带往日本,深受重视。日本马上命令汉字家注释、翻译,并将此书大量翻印、广为发行。至明治维新后,《六谕衍义》的课本地位才开始被教科书取代。

三 引入中国典章制度与礼仪

图6-4为程顺则手书。

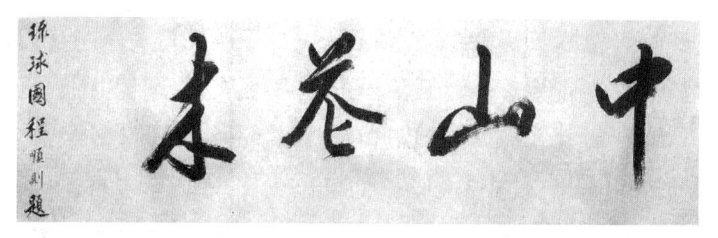

图6-4 程顺则手书

明清时期琉球的典章制度及礼仪习俗深受中国的影响。清光绪二年(1876年),日本派人持文强迫琉球归附日本,琉球尚泰王在答复日本的文书中写道:"天国体国政之大者,莫如膺爵、赐国号、受姓奉朔、律令体制诸钜典。敝国自洪武五年入贡,册封中山王,改流求国号曰琉球,永乐年间赐国王尚姓,应奉中朝正朔,遵中国典礼,用中朝律例,至今无异。"由此可见中国典章制度已深深渗入琉球的政治生活。

程顺则在华期间,尤其注重考察中国典章、制度、礼仪与习俗。回国后,他致力于引进中国典章制度。康熙四十二年(1703年),他奉尚贞王之命重修琉球官制,他参照中国官制,历时三年完成"中山王府官制"的修订。程顺则还参照中国礼仪,修改琉球冬至元旦百官朝贺国王之礼仪,提出"殿下中道设香案","百官分左右翼各照品级排立","于下□左右,设五方之旗,设彩盖于殿下左右","陈设仪仗、鸣金鼓、奏汉乐","王□□先拜北天,后升殿受朝贺"

等,"维之举,悉遵天朝之制,以为考定"。经历朝逐渐改进,至乾隆年间程顺则有关朝廷礼仪的各项建议已全部被采纳实行。①

四 大力推广汉诗

明清时期受中国影响,汉文在琉球十分普及,官方文书往来多用汉文,"官话"即中国话,文人雅士多读中国典籍,汉诗也同样颇受文人推崇与青睐。

程顺则自小受儒学熏陶,爱好汉文古诗。此后两度留学中国,时常与文人雅士对诗酬唱。返国后,程顺则大力推广汉诗。康熙三十二年(1693年)七月八日,琉球尚贞王世子纯赏程顺则凤尾蕉(即苏铁)一枝,诗友纷纷赋诗祝贺,程顺则将诗友赠诗与自己的答谢诗汇编成《雪堂记荣诗集》一卷,广为传播。康熙四十三年(1704年)任世子尚纯、世孙尚益侍讲时,也不忘讲解唐诗。

康熙三十七年(1698年),程顺则为朝贡事第三次赴华,他将沿途所作八十余篇诗集汇编成《雪堂燕游草》,后在福州刊印,携回琉球,广为流传,琉球文坛视为汉诗代表。册封使林麟焻、儒学大师陈元辅、琉球中山王府紫金大夫蔡铎都在篇首作序,对程顺则为人及诗作予以高度评价。林麟焻写道:"见其集中所载,若赐宴颁币、舟中拜阙,放鹤亭读圣制诸作,瞻仰吾君也;姑苏省墓二首,不忘乃父也;忠孝之思,蔼然言表;至其登临赠答、俯仰陈迹、流连弗古,有慷慨悲歌之致则又思如泉涌,笔若涛飞,秀句得江山之助也。观程子之诗,知其为人,洵不愧彼所谓豪杰之士矣。"②

程顺则的《雪堂燕游草》传入日本萨摩藩后,备受推崇,和尚

---

① 郑章眬:『総理唐栄司程公伝』,名護市教育委员会:『名護親方程順則資料集1』,"人物伝記篇",琉球大学附属图书馆,平成三年三月发行,第118页。
② 那覇市企画部市史编集室:『那覇市史』资料篇,第1卷6,『久米村系家譜』,昭和55年版,第555~556页。

画家木村探元逐一摹拟描绘，每诗一画，汇集成《雪堂燕游图》。康熙五十三年（1714年），程顺则随江户庆贺使抵萨摩藩，藩主对程顺则盛宴接待，同时取出珍藏的《雪堂燕游图》供宾客观赏，向程顺则求证，请程顺则题款于画中。此事在日本轰动一时，且影响深远，朝野人士、文人墨客纷纷与程顺则吟诗酬唱，大大促进了汉诗在日本的传播。

康熙五十九年（1720年），程顺则最后一次率谢封恩使团抵华，在福州见到《皇清诗选》，内有琉球世子尚纯及琉球官员多人诗作，为中国诗集收集琉球人诗作之始，兴奋异常，于是"捐资购得《皇清诗选》数十部，每部三十卷，归献王府内书院一部、圣庙一部、评定所一部，余分送师友"。[①]

程顺则一生为推动汉诗在琉球与日本两国的发展，做出了卓越的贡献。

五　编撰《指南广义》

康熙四十七年（1708年），程顺则被任命为进贡副使来华朝贡，在结束了在京的一切朝贡任务后，于康熙四十七年（1708年）三月八日回到福州，六月二日归抵琉球。《指南广义》就是程顺则滞留福州琉球馆等待汛风回国期间所作。

程顺则依据闽人三十六姓及后裔所留传的航海指南针使用方法，结合历届册封舟、琉球进贡船舵手的实际操作经验，再广泛参考各种天文、气象、地理、典籍记载等诸多文献资料，整理编撰《指南广义》，在福州刊印后带回琉球。琉球是岛国，外出全靠舟楫。该书不仅详细校明中琉之间往返针路，而且详尽记载了有关航海的地理、天文、气象等方面重要资料，成为中国与琉球间航海的必备指南。难怪当时琉球人普遍认为，只要熟读《指南广义》，便

---

① 那霸市企画部市史编集室：『那霸市史』资料篇，第1卷6，『久米村系家谱』，昭和55年版，第549頁。

可确保航海安全。徐葆光亦赞叹道："琉球针路,其大夫所主者,皆本于《指南广义》。"①

《指南广义》全书可分为三个部分：序文、正文和附录。序文内容包括程顺则之师陈元辅所作的序和程顺则的自序,附录包括"河口柔远驿记"、"重建天妃宫记"、"土地祠记"、"祭土地祠祝文"和"崇报祠记",以及程顺则所作的引言。

正文部分共38个条目,根据内容可分为四个部分。第一部分为海图、针路,收录了福建至琉球的相关针路记载。第二部分为航海礼仪,收录海神天妃的相关记文六篇,因为原来的航海针簿中关于海神天妃的记录错误颇多,故程顺则"兹为一一增补"后,收录在内,这在同类航海史籍中是不多见的。这既是《指南广义》的特点之一,又反映了当时琉球国对天妃的笃信程度。第三部分为罗盘针法以及天文气象观察法,收录了许多相关的内容。同时,程顺则注重根据中琉航海针路和实际的航海经验,广泛参考各种天文气象、地理典籍等文献加以订正汇辑。第四部分收录了六则航海禁忌,按照程顺则的本意,"恐司针者神气虚怯,暴躁轻浮,故以此警戒之",这在同类航海史籍中亦不多见。虽然《指南广义》只是中琉之间航线的航海指南,但其考订缜密,内容广泛,涉及针路、利益、针法、天文、地理、禁忌等多方面,是一部详细而科学的航海著作。

---

① 徐葆光：《中山传信录》,台湾文献丛刊第306种,台湾银行经济研究室编印,1972,第14页。

第二节　三司官蔡温

蔡温（1682～1761年），琉球尚贞王十四年，亦即康熙二十一年（1682年）九月二十五日出生于那霸市久米村，祖籍福建省泉州府南安县，传至蔡温已是十一世。①《东汀随笔》称赞蔡温："前辈宿儒，名彰后世，为人传诵不置者，惟唐荣程公、蔡公二人而已，二人各有所长，程公以德性，蔡公以才略。"②蔡温一生著述丰硕，以久米客卿而赐第首里，官至紫金大夫（俗称紫冠，从二品官司，俸禄八十石）、三司官（正二品官，俸禄八十石）、法司官，其七十六岁高龄告老归隐时，经评审会佥议批准，加封"红绫镶金五色浮织冠"之位，属至高之荣誉。

一　家世与生平

明洪武年间，明廷"赐闽中舟工三十六户，以便贡使往来"，③闽人三十六姓移居琉球后，在加强中琉往来、传播中国文化方面贡献颇大，"赐三十六姓人教化三十六岛，子孙世袭通使之职，习中

---

① 那霸市企画部市史编集室：『那霸市史』资料篇，第1卷6，『久米村系家谱』，昭和55年版，第362页。
② 喜舍场朝贤：『东汀随笔』，东京至言社，1980年1月，第66页。
③ 张廷玉：《明史》卷323，"琉球列传"，中华书局，1974，第8362页。

国之语言、文字。至今请封、谢恩、朝贡皆诸姓之后"。① 蔡温之父蔡铎，即蔡氏迁居琉球后第十世。曾任进贡使、总理唐荣司（即久米村总役，久米村人自称为唐营、唐荣，总理唐荣司即久米村最高官职）。蔡铎还参与编著《中山世谱》和《历代宝案》。②

蔡温自小聪颖过人，十五岁即因才学过人被选为"秀才"。十八岁时因读遍《四书》等做学问必读的基础书目而成为"训诂师"，二十五岁时成为讲解儒学内容和理性的"讲解师"。

康熙四十七年（1708年），二十七岁的蔡温受当时的三司官的嘱托，以进贡存留通事的身份，在福建的琉球馆居留三年，学习中国文化与经世济民思想，尤其是山林大川的治理方法。在福州学习期间，蔡温遍访名师，拜长乐人刘日霁先生（字希开，号瑞徵，刘氏八贤之裔）为师，"精学地理，悉受其秘书及大罗经一面"。③ 此外，蔡温还在福州近郊锦鸡山凌云寺师从该书院湖广隐者学习阳明学、朱子学说及勤政爱民的思想，这些学习经历对其日后政治生涯产生了深远影响。

康熙五十年（1711年），即蔡温返琉球后第二年，他被任命为长史，负责与中国的文书往来。不久，蔡温又被尚益王选为年仅十二岁世子尚敬之教师。尚敬王即位后，蔡温升为国师，年仅三十一岁，而且蔡温还是琉球国历史上首位"国师"。蔡温三十五岁被封为"申口座"，三十八岁被封为"紫金大夫"，并从"末吉亲云上"（士族）升为"吉末亲方"（贵族）。康熙五十九年（1720年），蔡温因顺利调解册封使团在琉球因册封贸易与当地发生纠纷的"评价事件"有功，被升为三司官座敷。雍正六年（1728年），四十七岁

---

① 张学礼：《中山纪略》，台湾文献丛刊第287种，台湾银行经济研究室编印，1970，第11页。
② 那霸市企画部市史编集室：『那霸市史』资料篇，第1卷6，『久米村系家譜』，昭和55年版，第933~935页。
③ 那霸市企画部市史编集室：『那霸市史』资料篇，第1卷6，『久米村系家譜』，昭和55年版，第366页。

的蔡温升任三司官,这是继郑迥之后第二位任此高职的久米村人。[①]蔡温凭借其远大抱负及非凡才智,辅佐尚敬王,使 18 世纪上半叶的琉球进入一个相对鼎盛时期。

乾隆十七年（1752 年）尚敬王逝世,七十一岁的蔡温辞去三司官职务。三年后,蔡温继郑秉哲之后,接任《球阳》总编辑。七十六岁时,蔡温告老归隐,并获"红绫镶金五色浮织冠"的最高荣誉。乾隆二十二年（1757 年）,蔡温开始执笔写《自叙传》。乾隆二十六年（1761 年）初春,来自中国的琴师徐傅舟造访八十岁的蔡温,两人抚琴相谈,蔡温还为徐傅舟写《琴论》一篇。同年十二月二十九日,蔡温去世,下葬于平良葬地。[②]

蔡温一生著述丰硕,其中用琉球文写作的有《独物论》、《家内物语》、《自叙传》、《御教条》、《农务账》和《习俗要论》;用汉语写作的有《图治要传》、《要务汇编》、《实学真秘》、《治家捷径》、《居家必览》、《蓑翁片言》、《醒梦要论》、《客问录》、《一言录》、《家言录》、《山林真秘》和《琴论》等,令人遗憾的是部分著述现已失传。

二 卓越的政治家和外交家

琉球尚敬王时代（1713～1751 年）,即康熙五十一年至乾隆十七年间,这段时期在琉球历史上被称为"黄金时代",作为尚敬王国师并辅导尚敬王亲政的蔡温,自然功不可没。

蔡温对琉球政治方面的最大贡献之一,即制定"位阶定",将琉球位阶制度法制化,将各项官级、品位、资格、服饰制度化,共计五十一条,于尚敬王二十年（雍正十年,1732 年）由摄政三司官联署颁布,琉球由王权政治逐渐走向有成文法的法制国家。

---

① 那霸市企画部市史编集室:『那霸市史』资料篇,第 1 卷 6,『久米村系家谱』,昭和 55 年版,第 375 页。
② 那霸市企画部市史编集室:『那霸市史』资料篇,第 1 卷 6,『久米村系家谱』,昭和 55 年版,第 377 页。

雍正四年（1726年）秋天，任三司官座敷的蔡温安排尚敬王亲率三百余贵族官员巡视琉球北部，对此《球阳》也记载道：①

> 冬十月间，王视农暇，亲率国相、王子、按司、法司、紫巾官等巡行山北，观风整俗，赈助抚绥而撰日发驾巡行有法。由是王驾所过之处，民不劳一力，财不费一毛，百姓欣欣然，披云雾见青天，至十一月归京。

这是琉球历史上首次国王率员巡察民情，且未增加民众任何负担，这大大提高了百姓对尚敬王的拥戴程度，也充分显示了蔡温的政治才华。

此外，蔡温过人的外交才能也在中琉交往中得到充分的发挥。他曾于康熙四十七年（1708年）、康熙五十六年（1717年）两度抵华。前次是作为进贡存留通事，随正议大夫毛许田率领的进贡使团抵华，在福州琉球馆居留三年后回国。② 后次是作为进贡兼请封团副使，随正使耳目官夏执中经历海难后次年抵达福州，之后转赴北京，与礼部正堂两人及侍郎两人，笔谈请封事宜并获准。③

蔡温顺利完成两次使事，于尚敬七年亦即康熙五十八年（1719年），被封为紫金大夫。

蔡温最大的外交贡献当数"评价事件"。明清历届册封使臣及随带员役均有携货物前往琉球贸易的惯例，不过销量好坏与是否海禁关系密切。如康熙二十二年（1683年）汪楫出使琉球，海禁正严，因此中国商品外邦争购，琉球附近各岛，如七岛、德之岛、鹿

---

① 球阳研究会编『沖縄文化史料集成』5，『球陽』，角川书店，昭和53年再版，第280~281页。
② 那霸市企画部市史编集室：『那霸市史』资料篇，第1卷6，『久米村系家譜』，昭和55年版，第366页。
③ 那霸市企画部市史编集室：『那霸市史』资料篇，第1卷6，『久米村系家譜』，昭和55年版，第367页。

儿岛等地商船闻风而来，使团所携货物迅速被抢购一空。受之鼓舞，康熙五十八年（1719年）海宝、徐葆光之行时，员役竟达六百多人，所携货物价值达八万两。但是此时正值海禁大开，各地自由贸易，无须利用琉球作为中介窗口，所以竟无一船前来。徐葆光在《中山传信录》中也叹息："货多不售，人役并困。"①

如此庞大的册封使团滞留贫困的琉球，使团携带货物又无法脱手，中琉双方矛盾激化是可想而知的。危情之下，蔡温以其出色的外交才能较为圆满地解决了这个问题。据《蔡氏家谱》记载：②

> 此番除册封天使海、徐外，有测量官平、丰奉旨来临，而随封员役兵丁凡六百数十员名所带货物极多，本国所贮银两不过五万两，由是评价事情太致龃龉，而员役人等失利含怒，八月以后所有公事十有九破，无力可施。温又奉命同法司翁氏伊舍堂亲方盛富窃寓于久米村，而公务之事不论大小千态万般竭力尽心总理其事。

正是由于蔡温的冷静、机智与过人的胆识，化解了一场危机。最终，蔡温成功说服册封使团以五万两交易，另向琉球摊募现银若干作为补偿，使册封尚敬王的活动得以圆满结束，同时也解决了当时琉球的财政困境。此次册封使团人员数目及滞留琉球的日数均打破历代册封使团的纪录。而蔡温也由于这次事件的成功解决在琉球政坛更加引人注目。

三 对社会经济的贡献

蔡温对琉球社会经济发展的最大贡献是对山林大川的改造。羽

---

① 徐葆光：《中山传信录》，台湾文献丛刊第306种，台湾银行经济研究室编印，1972，第8页。
② 那霸市企画部市史编集室：『那霸市史』资料篇，第1卷6，『久米村系家谱』，昭和55年版，第368页。

地大川是琉球的重要河道，流经琉球的谷仓地带羽地田圃，但此地河水经常泛滥。雍正十三年（1735年），该地洪水再次成灾，蔡温奉命至羽地决川以安百姓。他率人朝出夕归，依法决川，兼修民田，百姓大安。从此河水不再泛滥，并成为农民灌溉耕地的重要水源。为此百姓特建"改决羽地川碑记"作为永久纪念。琉球国王亲至浦添驿迎接其归来，并赐御笔感之状一张、金织锦带一条。①

蔡温非常重视琉球的森林培育与开发。他认为树木培育历时多年，而琉球乃海岛之国，对外交通及王城建设全靠木料。倘若木料不足，势必需向萨摩藩订购，其昂贵的支出将使琉球王国财政更加困难，百姓生活更加贫困。雍正十三年（1735年）蔡温开始对山林实地考察，历时五个月之久。下山时，尚敬王仍旧亲往浦添驿迎接，以示敬意。② 在此期间，蔡温编撰了《杣山法式账》（杣山系指王府管理的山林）及《山奉行规模账》。两法案由摄政三司官联署颁布，成为治理山林的标准，其内容包括森林养育方法、森林的鉴定标准、管理森林的行政职责以及处罚条例。蔡温治理山林的理念对琉球影响深远，尤其是其森林生态学观念始终是琉球林业的指导思想。

蔡温鼓励琉球平民和下级武士从事家庭手工业。为刺激手工业生产，他实施免税政策。为帮助手工业者筹措资金，他还创设标会制度，使之成为资金不足的手工业者可靠的融资渠道。从前王府规定商人的税金是四五贯，这造成他们压力太重使得工作效率低下，商业发展缓慢。但在蔡温实施免税之后，鼓励他们从事商业活动，商人及手工业者大幅增加，社会上的物资得以充分流通，刺激了商业的发展和财富的累积。蔡温的一系列得力措施，大大促进了琉球

---

① 那霸市企画部市史编集室：『那霸市史』资料篇，第1卷6，『久米村系家谱』，昭和55年版，第365～377页。
② 那霸市企画部市史编集室：『那霸市史』资料篇，第1卷6，『久米村系家谱』，昭和55年版，第371～372页。

漆器、雕刻、陶器等工艺品的发展。

为增加王府财政收入及提高百姓生活水平，蔡温废除了酒、面、豆腐的专卖制度。由于禁止民间私造酒、面、豆腐，因此其原料米、麦及大豆的产量很低，导致谷物产量减少，百姓以甘薯为主要粮食，一遇灾荒，王府财源匮乏，无法发放救济。蔡温废除酒、面及豆腐专卖制后，谷物产量大为增加，王府收入也增多，琉球国财政明显好于从前。其明显的变化在于赴中国朝贡的使团人员，不必因贡船过于破旧而乞求清政府送船只才能得以返国。①

此外，为改善琉球国财政状况，限制大地主，缩小贫富差距，蔡温于乾隆二年（1737年）实行历时十四年的琉球全国耕地测量，由于在日本元文二年开始实行，被称为"元文检地"。② 通过检地，琉球农地面积大幅度增加，从而增加了王府的税收，明确划分了村界、田界，减少了村民间的纠纷。

总之，蔡温施政期间采取的各项政策，无论是治理水利山林、鼓励手工业发展、还是废除专卖、提高民众生活水准以及增加琉球财政收入等方面，都对琉球经济社会的发展产生了积极的影响。

四 对文化教育的贡献

蔡温在琉球历史上不仅是位杰出的政治家、外交家，而且堪称杰出教育家，其著述丰富，教育层面相当广泛，上至王公大臣、下至平民百姓，一生贡献卓著。

康熙五十年（1711年）四月，从中国返回琉球仅一年的蔡温即被任命为宫中文官，并任教授尚敬世子的教师。次年，③ 年仅十

---

① 〔日〕荣田义见：《蔡温·传纪与思想》，转引自张希哲《蔡温对琉球的贡献》，载《第一届中琉历史关系国际学术会议论文集》，1986，第307页。
② 『中山世譜』卷9，伊波普猷等編《琉球史料叢書》，東京美術刊，昭和47年版，第142頁。
③ 尚敬于康熙五十一年七月即王位，康熙五十二年称"尚敬元年"，此处"次年"指康熙五十一年。

三岁的尚敬就登上王位，蔡温遂成国师。他曾编撰《要务汇编》和《实学真秘》两本书献给尚敬王，作为君王修德之指导。前者主要内容是从古今圣贤书本里节录出来的圣贤者之名言、德行、治理国家的方略，后者主要内容是谈论有关实用政治学以及政策理论。这两本书对琉球历代国王影响深远。

不仅如此，蔡温的教育思想也泽及平民百姓。雍正九年（尚敬王十九年，1731年）始，蔡温撰写《家内物语》，翌年，他又撰写《御教条》，两本书均用深入浅出、通俗易懂的琉球文写作而成，主要内容是教育百姓遵守家庭伦理与社会道德，如君主与民众的关系、地主与农民的关系、孝道、妇人之道、儿童教育、婆媳相处之道、敬老心得、勤俭储蓄、生命观、金钱与正义、破除迷信、国法与育民等，影响广泛而深远。

蔡温的思想深受中国传统文化影响，他自小在久米村接受了三字经、四书和五经等儒家思想的教育，其父蔡铎对他的影响也很大。蔡温成人后赴福州拜师求学，接触了山水治理学、阳明学、朱子学等，这些都对其一生有深刻影响。他献给琉球尚敬王的《要务汇编》和《实学真秘》实际上就是介绍中国传统圣人的思想、言行和治国之道。他为百姓所作《家内物语》和《御教条》等实际是在向琉球民众宣传中国传统的伦理道德思想。因此，蔡温可谓弘扬中国传统文化的琉球政治家和教育家。

蔡温年谱如表6-1所示。

表6-1 蔡温年谱

公元年份	琉球年号	中国年号	年龄	重要纪事
1682年	尚贞十四年	清康熙二十一年	1岁	壬戌年九月二十五日出生，童名为真蒲户
1692年	尚贞二十四年	清康熙三十一年	11岁	父蔡铎任久米村总役
1693年	尚贞二十五年	清康熙三十二年	12岁	受封为若秀才，俸米五斗
1696年	尚贞二十八年	清康熙三十五年	15岁	被举为秀才，俸米一石

续表

公元年份	琉球年号	中国年号	年龄	重要纪事
1697年	尚贞二十九年	康熙三十六年	16岁	为历代宝案笔帖式末席,有蔡温志多伯秀才之名
1700年	尚贞三十二年	康熙三十九年	19岁	尚敬王诞生,蔡温被提拔为"通事",俸米二石
1701年	尚贞三十三年	康熙四十年	20岁	与渡九地亲云上之女思户金成亲,不久因故离婚
1702年	尚贞三十四年	康熙四十一年	21岁	四月六日被封为黄冠,俸米二石二斗。同日奉命任训诂师,任职三年
1704年	尚贞三十六年	康熙四十三年	23岁	与那霸首里向氏前川亲方朝年之五女结婚
1708年	尚贞四十年	康熙四十七年	27岁	二月四日被封为过达理官。同月七日,被封为进贡存留通事。十一月三日,随耳目官向氏福地亲云上朝,觐见国王后,随正议大夫毛氏许田亲云上从那霸州启程,与同月十七日抵达福州。在福州琉球馆任职,并学习中国文化
1710年	尚益元年	康熙四十九年	29岁	一月二日自福州五虎门开航,于二十九日返国复命。六月二十一日,升任为都通事,俸米二石五斗及麦一石五斗
1711年	尚益二年	康熙五十年	30岁	三月一日,出任长史,至十月二十七日因病辞职。四月被任命为宫中文官,并任教授世子之教师

续表

公元年份	琉球年号	中国年号	年龄	重要纪事
1712年	尚益三年	康熙五十一年	31岁	七月十五日，尚敬王十三岁就王位，蔡温成为国师。十二月二十四日，升任为坐侍纪官。十二月二十六日，获颁俸禄国师职米八石外，并领正议大夫年俸米六石
1713年	尚敬元年	康熙五十二年	32岁	一月二十七日，出任胜连间切神谷地头之职，称为神谷亲云上
1714年	尚敬二年	康熙五十三年	33岁	八月一日被封为正议大夫，俸禄米四石，麦二石。同月十五日，长男翼诞生
1715年	尚敬三年	康熙五十四年	34岁	编撰《要务汇编》
1716年	尚敬四年	康熙五十五年	35岁	二月十九日，被选为进贡兼请封团的成员。同月二十五日，升任为申口座。七月二十三日，转任西原间切末及地头。十一月十五日任进贡兼请封团副使，由那霸开航出发，二十六日，船抵达马齿山，遇暴风雨，在九死一生中，漂流至久米岛获救
1717年	尚敬五年	康熙五十六年	36岁	正月二十日由久米岛重整开航，于二月二日抵达福州。七月十二日由福州转赴北京，十一月二日抵京上表章
1718年	尚敬六年	康熙五十七年	37岁	正月八日纳贡，二月七日与清廷礼部正堂两人及侍郎两人，相对笔谈。二月十九日请封之事获

续表

公元年份	琉球年号	中国年号	年龄	重要纪事
				准，二十七日拜领敕封。同月二十九日，出北京城四月二日由张家湾启程南下，至六月二十四日抵达福州。八月三日由五虎门开航返国，同月九日返抵琉球复命
1719年	尚敬七年	康熙五十八年	38岁	六月受封紫金大夫，俸禄五十石，被授予末吉亲方，在政坛上更为活跃
1720年	尚敬八年	康熙五十九年	39岁	冠船在琉球停留九个月，冠船来访期间，因评价事件颇有功劳，于六月三十日被封为三司官座敷
1723年	尚敬十一年	雍正元年	42岁	四月二十三日加俸米三十石，合计为八十石
1724年	尚敬十二年	雍正二年	43岁	十一月八日起，开始改订增补《中山世谱》
1725年	尚敬十三年	雍正三年	44岁	二月改订《中山世谱》完成，并公诸于世
1731年	尚敬十九年	雍正九年	50岁	《家内物语》完成
1732年	尚敬二十年	雍正十年	51岁	九月二十七日，兼任物产职。十一月十八日，由摄政三司官联署而经评定所发布的御教条下达至全琉各地
1733年	尚敬二十一年	雍正十一年	52岁	因蔡温建议而废除那霸、首里、久米村的人口税
1734年	尚敬二十二年	雍正十二年	53岁	六月二十九日，因投书事件而使平敷屋朝敏等十五人，受处极刑。八月以摄政三司官名义颁布农事法令，并编成附录文书，共成为农务账

续表

公元年份	琉球年号	中国年号	年龄	重要纪事
1735 年	尚敬二十三年	雍正十三年	54 岁	八月十六日奉命修筑羽地大川河道，同月二十二日抵羽地，至十一月十七日竣工，十二月十日受命经营诸间切山林
1736 年	尚敬二十四年	乾隆元年	55 岁	正月六日，加封紫地浮职官，因修筑羽地大川河道有功，被颁赐奖状。三月三日出巡山林归来，尚敬王亲至浦添相迎，十一月十三日，赴诸间切山林
1737 年	尚敬二十五年	乾隆二年	56 岁	编撰《杣山法式账》一册以及《山奉行规模账》一册，此二册并由摄政三司官联署颁布，作为治理山林的标准，同年五月，并奉命开始整理耕地
1744 年	尚敬三十二年	乾隆九年	63 岁	完成《琉球会纪》之著述
1745 年	尚敬三十三年	乾隆十年	64 岁	三月一日奉命兼任物座职，综理国中之财经大事
1746 年	尚敬三十四年	乾隆十一年	65 岁	著《蓑翁片言》
1747 年	尚敬三十五年	乾隆十二年	66 岁	出掌山林管理之职，并颁布树木繁殖法等法令，后人并集为《林政八书》
1750 年	尚敬三十八年	乾隆十五年	69 岁	随笔《独物论》一书，完成于本年
1752 年	尚穆元年	乾隆十七年	71 岁	尚敬王病逝，九月二十九日辞去三司官之职。十月二日受封紫地五色花织冠之位，并赐侍卫一人、礼司二人及秘书二人。此外除具志头间

续表

公元年份	琉球年号	中国年号	年龄	重要纪事
				切知行高之俸禄以外，再加俸米二十石
1754年	尚穆三年	乾隆十九年	73岁	著述《醒梦要论》一书
1755年	尚穆四年	乾隆二十年	74岁	继郑秉哲之后，接任《球阳》总编辑
1756年	尚穆五年	乾隆二十一年	75岁	六月冠船来访，正使全魁，副使周煌，由蔡温任总指挥，策划迎送接待事宜
1757年	尚穆六年	乾隆二十二年	76岁	正月二十九日，册封使归帆，二月二十一日申请告老归隐，被批准，并加封"红绫镶金五色浮织冠"之位，属至高之荣耀。由本年开始执笔写《自叙传》
1761年	尚穆十年	乾隆二十六年	80岁	乙酉年初春，来自中国之琴师徐傅舟造访，两人抚琴相谈，蔡为徐写《琴论》一篇。十二月二十九日去世，享寿八十，下葬于平良墓地

第 七 章

久米村的毛氏家族

第一节　毛国鼎入籍久米村与毛氏家族的发展
第二节　毛氏家族对琉球社会之贡献

第一节　毛国鼎入籍久米村与毛氏家族的发展

一　毛国鼎入籍久米村

毛国鼎，字擎台，琉球国久米村毛氏家族元祖，万历三十五年（1607年）入籍久米村。

毛国鼎祖籍中国福建省漳州市龙溪县，后与同乡阮国等人在福州谋生，与福州琉球馆多有来往。万历二十二年（1594年），琉球国的进贡船因指针错误而在海上迷路，本应开往福州的琉球船只却漂流到了浙江沿岸。当时明朝实行海禁，东南沿海海禁尤其森严。因琉球国进贡使团所携带的文书勘合有误，使团成员身份遭到当地官员质疑，哈那等三十二名琉球成员被捕。万历二十四年（1596年），福建巡抚命毛国鼎的同乡阮国护送这批琉球人员回国。阮国之后数年便常来往于福州与那霸之间，为琉球国朝贡之事奔走效劳，同时阮国还娶了琉球国若狭町菊寿才府女子真那武樽为妻。万历二十八年（1600年），琉球国蔡奎国请封使团在归国回程途中又迷失航线，滞留福州。时任福建巡抚金学曾派阮国与毛国鼎护送蔡奎国等人归国。[①]

此后毛国鼎同阮国一样滞留在琉球国，担任琉球国职务。但

---

① 上里隆史：『元祖・毛国鼎の琉球渡来とその時代』，久米毛氏四百年纪念志，平成20年，第42~42页。

阮、毛两人"尴尬"的身份问题并没有得到解决，一方面两人以中国人的身份生活在琉球，另一方面承担了琉球的朝贡贸易等方面的事务，从这一点上看两人在琉球的身份又相当于久米村"通事"。万历三十年（1602年），毛国鼎被尚宁王任命为"都通事"，前往福建迎接明朝册封使夏子阳；万历三十四年（1606年），尚宁王派遣王舅毛凤仪为册封谢恩兼朝贡使，率使团前往中国，毛国鼎被任命为"都通事"，阮国为"正议大夫"，二人一同随琉球使团前往中国。对此《球阳》卷四记载如下。①

> 万历丙午王遣王舅毛凤仪等谢袭封恩，附奏洪武永乐年间赐闽人三十六姓，其孙子知书者授大夫长史为贡谢之司，习海者授通事总官为指南之备。至于今日世久人湮，文字音语海路更针已至违错。伏乞依准往例更赐数人。礼部以闻。翌年丁未，神宗仍以阮国毛国鼎二人许入本国臣籍。即今唐荣阮毛氏是也。

琉球使团到达北京后，正使毛凤仪代表尚宁王上书礼部，请求依照洪武"闽人三十六姓"之例，再下赐阮、毛二人于琉球。同时在上奏书中复述阮国在琉球国中先后担任都通事、正议大夫等职位，多次在琉球海上航行和册封使迎接护送中有功；毛国鼎亦担任琉球国都通事一职跟随进贡使团，同时还负责撰写了琉球国的册封谢恩上奏疏等事实。琉球国方面在奏疏中着重强调阮、毛二人在琉球国航海和朝贡文书等事务上的贡献，意在希望明朝能承认阮国和毛国鼎的身份，并恩准二人入籍琉球。

但此时明朝刚刚经历了万历朝鲜战争，对东南沿海倭寇活动和间谍活动仍心有余悸；朝中众臣多认为从事海事活动的人属于

---

① 球陽研究会编『沖縄文化史料集成』5，『球陽』，角川书店，昭和53年再版，第207页。

贪图利益的"奸徒"，因而明朝对阮、毛二人的"真实身份"表示怀疑。① 此外，明朝对于阮、毛二人先是以朝廷"公务人员"身份护送琉球使团归国，却又滞留琉球多年，后又以琉球使团成员的身份进贡中国，对二人前后种种行为表现以及动机，也表示出很大的疑问。而且，从明朝的回复来看，朝廷对久米村世代相传却最后衰微断绝之事也存有疑问。以上种种原因加在一起，对于琉球国奏请赐阮、毛二人入籍琉球之事，明朝并没有给出直接答复，二人只能继续以尴尬的身份暂居于琉球。直到一年后，明朝承认阮国与毛国鼎相应的身份，让其从事琉球的朝贡事宜，二人最终得以明朝官方默许的形式入籍琉球。② 因为数次往来于福建与琉球之间有功，万历三十五年（1607年）尚宁王任命毛国鼎为正议大夫，并赐毛国鼎土地宅邸于久米村，至此毛国鼎正式入籍久米村。

以毛国鼎为代表的这批华人（郑肇柞、蔡崇贵、王立思、阮明、阮国、毛国鼎、陈华、杨明州等八人）的入籍，在一定程度上恢复了久米村的生机和活力，久米村职能得以延续到近世，这对于琉球国的朝贡贸易事业和对外交往的支持也是决定性的。这批华人的入籍不仅弥补了久米村人手不足的窘境，而且作为即战力，如阮国、毛国鼎等人，立即承担了重要的任务，维持了琉球国与中国的朝贡往来。

但是，就在毛国鼎入籍后第三年，即万历三十七年（1609年），日本萨摩藩武力入侵琉球，占领首里王宫，洗劫首里城，掳走尚宁王及琉球官员，将其众人囚禁于萨摩藩两年之久，三司官郑迵更是誓死不从，罹难殉国。③ 最终，萨摩藩强迫尚宁王签署不平等

---

① 小渡清孝：『新入唐栄人』，池宮正治・小渡清孝・田名真之編：『久米村歴史人物』，那覇市ひるぎ社，1993年3月，第20頁。
② 小渡清孝：『新入唐栄人』，池宮正治・小渡清孝・田名真之編：『久米村歴史人物』，那覇市ひるぎ社，1993年3月，第20頁。
③ 球陽研究会編『沖縄文化史料集成』5，『球陽』，角川書店，昭和53年再版，第207頁。

条约,琉球国沦为萨摩藩之附属国,首里王宫、那霸港口、久米村都置于萨摩藩的监视之下。虽然萨摩藩允许琉球继续向中国进贡,但其沉重的经济剥削让整个琉球社会举步维艰。万历四十年(1612年),明神宗皇帝下令将琉球国的贡期改为十年一贡,[①] 贡期的更改使得琉球国对明朝的朝贡事务几乎处于完全停滞的状态,琉球国的处境雪上加霜。基于以上种种原因,明朝"再赐姓"后的久米村并没有如想象中那样迅速振兴,因为萨摩藩的控制和监视,毛国鼎等久米村人在琉球国的处境也并不乐观。"人间万事塞翁马",在风雨飘零的历史时代,毛国鼎、久米村甚至琉球国的命运福祸未知。

二 毛氏家族的发展与兴盛

1. 毛国鼎与毛世显

毛国鼎入籍久米村同年(万历三十五年,1607年)即出任"长史司";万历三十九年(1611年)尚宁王再赏赐毛国鼎"行知高",俸禄二十石;万历四十五年(1617年)毛国鼎担任"表文主取兼汉字笔者"(年俸十石);此后又陆续担任"通事"和"正议大夫"等职位。

毛国鼎入籍后娶了郑肇祚之女郑思玉为妻,但无子嗣,后收养正议大夫郑藩献长子郑樽金。崇祯十六年(1643年)毛国鼎将养子郑樽金正式过继为嫡子,改名毛世显以延续香火,是为毛氏家族二世祖。同年六月毛国鼎卒,享年73岁,葬于安里村八幡南岭(其墓茔见图7-1),十一月尚贤王恩赐毛世显"行知高十五石"以继家统。七年后毛国鼎妻子郑思玉过世,葬于长寿寺松原墓。[②]

顺治六年(1649年),清招抚使谢必振奉顺治帝敕谕来到琉球招抚。当时琉球王国对明清两边的形势并不十分了解,对南明

---

① 球阳研究会编『冲绳文化史料集成』5,『球阳』,角川书店,昭和53年再版,第208页。
② 『久米毛氏四百年纪念志·鼎』,久米国鼎会发行,平成20年,第122页。

图 7-1 毛国鼎墓茔

政权是否已完全灭亡、清朝政权是否已建立稳固统治，还未完全看准。毛世显奉尚质王命以"使者"身份前往姑米山迎接招抚使谢必振——这是毛氏家族第一次参与琉球国对清朝的外交事务。[①] 顺治十一年（1654年）谢必振奉敕再次来琉收回明印，毛世显担任"都通事"护送其回国。[②] 康熙五年（1666年）二月，毛世显担任进贡在船都通事，前往中国进贡，当年七月归国，这也是毛世显最后一次渡唐。不久后毛世显便染病，康熙六年（1667年）九月病卒，享年47岁。[③] 毛世显生前共育有六男一女，到此毛氏家族才真正在久米村开枝散叶。

毛世显之后，毛氏家族又历经百年风雨，到乾隆十二年（1747年），毛氏家族已成为久米村最兴旺的家族之一，"人文继起，科第蝉联，簪缨世冑，宗族已众"。同年毛氏家族修葺家谱，五世子孙

---

① 那霸市企画部市史編集室：『那霸市史』資料篇，第1卷6，『久米村系家譜』，昭和55年版，第709頁。
② 那霸市企画部市史編集室：『那霸市史』資料篇，第1卷6，『久米村系家譜』，昭和55年版，第709頁。
③ 那霸市企画部市史編集室：『那霸市史』資料篇，第1卷6，『久米村系家譜』，昭和55年版，第709頁。

毛维基作序如下。①

> 序
>
> 吾元祖擎台讳国鼎,乃福建漳州龙溪之人,聚族唐荣良有以矣。恭按兹国,当洪武年间遣使入贡时赐闽人三十六姓专掌贡典兼辅政务。奈历代已久,其裔仅余六姓,殆缺贡使员役。先王尚宁深虑贡典非轻,遵洪武恩例,奏请闽人。由是万历年间毛阮二氏奉敕入球,王赐第宅于唐荣。至今百余年,人文继起,科第蝉联,簪缨世胄,宗族已众。是吾毛氏之所初入球之缘由也。
>
> 吾穷思之,盖族氏其初一人之子一祖之孙也,而后支分派衍,绵绵延延,竟不免乎情意各离家俗各异,而损本源之德矣。愿为孙子深思祖宗之业,能励忠孝之风,上报国恩,下辅祖德,此诚吾所深望也。
>
> 因记数言以弁家谱云。
>
> 时乾隆十二年丁卯正月谷旦五世愚孙维基顿首谨识。

2. 毛氏家族的发展与兴盛

毛氏家族经过四百年繁衍生息,共有大宗小宗十几支,其中大宗:与是山;小宗共有:普久领、阿贺领、许田、喜濑、田里、与仪、奥间、南风原、垣花、桑江、吉川、安福祖、喜友名等。②

2007年(日本平成19年),冲绳久米国鼎会,即琉球国毛氏家族宗亲会举办了隆重的毛氏家族四百年纪念活动,并于2008年(日本平成20年)出版了《久米毛氏四百年纪念志·鼎》(以下简称《鼎》)。《鼎》根据毛氏家谱存本,并参考其他久米村家谱中所

---

① 那霸市企画部市史编集室:『那霸市史』资料篇,第1卷6,『久米村系家谱』,昭和55年版,第705页。
② 『久米毛氏四百年纪念志·鼎』,久米国鼎会发行,平成20年,第106~107页。

记录毛氏族人关联事迹作为补充而作成。同时还查阅了《球阳》、《中山世谱》和《评定所文书》等琉球王府官方资料,以及来自中国、日本等方面的史料记录,尽量完整地再现了毛氏一族在琉球历史上精彩纷呈的历史事迹。

根据冲绳方面的统计,冲绳本岛现存家谱总计 2800 余册,其中包括久米村士族家谱 155 册,而毛氏家谱总计有 18 册,为现存久米村家族中最多。《鼎》中重点记录琉球王国期间毛氏家族男性成员,从元祖毛国鼎一世到十世,共计 249 人。①

首先,从毛氏家族历史成员的位阶来看毛氏家族的发展。久米村官位、位阶按照高低依次是:隆勋紫金大夫、紫金大夫(从二品以上);申口座、正议大夫(从三品);中议大夫(正四品);座敷・都通事(从四品);遏闼理座敷(从五品);势头座敷(从六品);黄冠・里之子亲云上(正七品);黄冠・通事亲云上(从七品);若里之子(从八品);筑登之座敷(从九品);秀才、若秀才(无品)。一般来说,中议大夫及其以下的位阶,只要是久米村男性,到了一定的年龄和资历即可加封。而正议大夫以上的位阶,久米村人除了年龄资历之外,还必须拥有显著的功绩,比如"渡唐旅役"等。根据冲绳学者渡边美季的统计,18 世纪中期之前,毛氏家族中高位阶的人较多,此后逐渐减少。②

毛氏家族历史成员中拥有正四品以上位阶的有 18 人,从中议大夫到紫金大夫,按照位阶高低总计 28 人次。

"紫金大夫"六人:与是山・毛维基(五世)、田里・毛景裕(五世)、与是山・毛廷柱(六世)、③普久领・毛廷器(六世)、垣花・毛有增(八世)、南风原・毛克述(八世);

---

① 『久米毛氏四百年紀念志・鼎』,久米国鼎会发行,平成 20 年,第 106~107 页。
② 〔日〕田名真之:《久米村的位阶》,转载自『久米毛氏四百年紀念志・鼎』,久米国鼎会发行,平成 20 年,第 67 页。
③ 原名毛宣猷,后因国禁改名毛廷柱,《毛氏家谱》中记载为毛廷柱,《球阳》等琉球国史书中记载为毛廷柱;其弟毛宣哲改名为毛廷器。

申口座六人：与是山·毛文善（三世）、与是山·毛维基（五世）、普久领·毛廷器（六世）、与是山·毛廷柱（六世）、普久领·毛嘉梧（七世）、南风原·毛克述（八世）；

正议大夫十六人：与是山·毛国鼎（一世）、与是山·毛文善（三世）、安福祖·毛文哲（三世）、安福祖·毛世安（四世）、喜友名·毛世定（四世）、与是山·毛维基（五世）、阿贺领·毛景成（五世）、喜濑·毛景昌（五世）、与是山·毛如苞（五世）、普久领·毛廷器（六世）、垣花·毛超叙（七世）、普久领·毛嘉桐（七世）、垣花·毛有增（八世）、南风原·毛克述（八世）、田里·毛凤彩（八世）、与仪·毛克进（八世）。①

其次，从毛氏族人担任的久米村职务看毛氏家族的发展。18世纪久米村的行政系统为：久米村总役（总理唐营司，从二品以上）；长史（从四品）；久米村笔者；汉字笔者（1728年改名为汉字御右笔）；通书役（通书役相附）；讲解师和训诂师（明伦堂）；久米村总横目、久米村总与头、久米村系正；漏刻御番（1739年创设）；渡唐旅役；首里国学讲解师、官话诗文师（1798年创设）；其他临时职务，如馆务司（宿当）、承应所（御用闻）、掌牲所（迁平等）、供应所（大台所）、理宴司（御振舞）、书简司（墨当）、评俩司（买货）这七司。② 另外还有"上江户"时的"仪卫正"和"乐师"等职务。毛氏家族中，毛维基（五世）和毛廷柱（六世）父子二人曾担任过"久米村总役"总理唐荣司，即久米村最高行政职位；其他像"汉字笔者"和"汉字御右笔"和"漏刻御番"等职位最初设立时，都是由毛氏族人担任，如毛国鼎（1617年）首任"汉字笔者"③、毛如德（四世）首任"汉字御右笔"（1728年）、

---

① 『久米毛氏四百年紀念志·鼎』，久米国鼎会発行，平成20年，第106~108頁。
② 富島壮英：『近世の行政組織と役職』，池宮正治、小渡清孝、田名真之編『久米村歷史人物』，那覇市ひるぎ社，1993年3月，第23~30頁。
③ 那覇市企画部市史編集室：『那覇市史』資料篇，第1卷6，『久米村系家譜』，昭和55年版，第709頁。

毛如苞（五世）首任"漏刻御番"（1739年）。其他久米村职位，如前往中国进贡接贡时候的"进贡副使"、"长史"、"都通事"和"总官"等；训诂师（明伦堂）、久米村总横目、久米村总与头、久米村系正等；上江户的使者职位，如"乐师"和"仪卫正"等；以及册封使来琉球时候的"七司"职位等，毛氏家族成员都有担任过。由此可见毛氏家族在久米村中的重要地位。

第二节　毛氏家族对琉球社会之贡献

一　毛如苞与修纂《球阳》

与是山·毛如苞（五世），童名百千代，字筠亭，毛文善（三世）之孙，毛士丰（四世）第三子。康熙四十七年（1708年）十月十七日生，乾隆二十六年（1761年）二月十三日卒，享年54岁。①

乾隆二年（1737年）丁巳二月，尚敬王命其担任管船火长，随庆贺使团耳目官向启猷、正议大夫金震安前往福建。庆贺之事结束后，在归国的途中遭遇飓风，船只随风而漂26天，万幸最后漂到琉球八重山。乾隆四年（1739年）尚敬王赏赐加封顶戴黄冠。

乾隆六年（1741年）十月，法司蔡文若奉尚敬王之命前往西原县观测日影，重定漏刻刻分，以正时辰。事后，尚敬王将新的漏器安置在漏刻门，同时命毛如苞等六人为"御番役"，轮流看守。其中首里三人，久米村三人，年俸米四石。②

乾隆八年（1743年），尚敬王鉴于琉球历史虽多有口口相传，

---

① 那霸市企画部市史编集室：『那霸市史』资料篇，第1卷6，『久米村系家譜』，昭和55年版，第713页。
② 那霸市企画部市史编集室：『那霸市史』资料篇，第1卷6，『久米村系家譜』，昭和55年版，第714页。

但无文字记录，决定修纂《球阳》一书以记录琉球国史。当时毛如苞虽担任"笔者"，但尚敬王下旨令其并同郑秉哲、蔡宏谟等人一同修纂《球阳》。到乾隆十年（1745年），历时两年半完成《球阳》的修纂工作，毛如苞参与《球阳》第14卷的编写，总计134条，其编写条数仅次于担任主编的郑秉哲。①

乾隆十一年（1746年），毛如苞担任讲解师，后擢升为"遏囚理座敷"，赐年俸米七石。每月初五和二十五日，毛如苞在首里城南殿，与其他训诂师一起为按司等人授课，讲解儒学经义，有时尚敬王也会在场旁听，授课后赐宴讲解师和训诂师。②

乾隆十五年（1750年）三月，尚敬王任命毛如苞为进贡在船通事，同年十二月二十六日毛如苞和耳目官毛盛始、正议大夫阮为标从那霸港出发，随行还有清朝商人数名。翌年正月初六方到达姑米山，由于风向不利于航行，使团一直等待到正月二十八日方才继续开船。不料进贡船出发不久就遭遇大风浪，只好砍去船桅随风漂流，八天后竟漂流至八重山以西，船只触礁。所幸贡物文银无损，清朝商人诸人亦无碍。五月十七日琉球王另派遣一艘船前来八重山，使团更换船只再度开船前往福州。几番波折，终于在当年八月到达福州。福州官府为护送商人之事，赏赐毛如苞等人元青缎二匹、宝蓝纱二匹，另外随行船员每人赏赐青布二端。③乾隆十七年（1752年）三月初三，事毕归国。

乾隆十七年（1752年）十一月，毛如苞担任汉文编役，次年擢升为长史，年俸知行高二十斛，乾隆十九年（1754年）再升为中议大夫。

乾隆二十年（1755年）十二月初六，尚穆王筹备进京谢恩进贡，任命毛如苞为北京都通事。翌年正月三十日毛如苞与王舅马

---

① 『久米毛氏四百年纪念志・鼎』，久米国鼎会发行，平成20年，第128页。
② 那霸市企画部市史编集室：『那霸市史』资料篇，第1卷6，『久米村系家谱』，昭和55年版，第714页。
③ 那霸市企画部市史编集室：『那霸市史』资料篇，第1卷6，『久米村系家谱』，昭和55年版，第714页。

良、正议大夫郑秉哲从那霸出发前往北京。二月底到达福州，停留休整一个多月，毛如苞等人于四月十一日出发前往北京。九月初一，琉球使团到达北京，翌日便到礼部上交表文。当月二十二日，恰逢乾隆皇帝从热河回銮，琉球使团奉旨在清河北郊接驾。十月初五使团成员朝觐乾隆皇帝，十五日朝廷赏赐毛如苞缎二匹、绢一匹、里一匹、毛青布六端。① 翌日使团离开北京回闽。

乾隆二十一年（1756年）六月二十七，册封使全魁、周煌所乘封舟停泊在姑米山，尚穆王任命毛如苞为问安使者。二十九日毛如苞同耳目官毛彩清代尚穆王前往姑米山问安。恰逢封舟损坏，货物浸湿，幸而两位册封使无恙。毛如苞随即安排船员协助洗晒货物，七月初七与册封使宝船一同开船回到那霸港。

《久米村系家谱》中详细记载了其过程：②

> 乾隆二十一年丙子六月二十七日，因册封宝船湾泊姑米山，奉命为问安使者。六月二十八日仝［同］耳目官毛彩清座喜味亲云上那霸港开船，二十九日到姑米山。时值封船损坏，所濡货物悉被洗晒，是以如苞等办理诸事。公务全竣，七月初七日与册使宝船一齐开洋同到那霸港。

乾隆二十四年（1759年），尚穆王任命毛如苞为附役，随王舅马宜哲前往萨摩藩禀告中国册封之事。

乾隆二十四年（1759年）十二月初一，尚穆王擢升毛如苞为正议大夫，次年十二月初一又赏赐其采地"宜野湾间切安仁屋地"。③

---

① 那霸市企画部市史编集室：『那霸市史』资料篇，第1卷6，『久米村系家谱』，昭和55年版，第715页。
② 那霸市企画部市史编集室：『那霸市史』资料篇，第1卷6，『久米村系家谱』，昭和55年版，第715页。
③ 那霸市企画部市史编集室：『那霸市史』资料篇，第1卷6，『久米村系家谱』，昭和55年版，第715页。

二　毛维基任总理唐荣司

与是山·毛维基（五世），童名德千代，字天佑，毛如德（四世）长子。康熙五十六年（1717年）十二月生，乾隆五十三年（1788年）五月十四日卒，享年72岁。①

毛维基祖父毛文善一生赴华共计7次，1次担任协通事，6次担任通事。②其父毛如德一生入闽2次，1次担任进贡总官，1次担任存留通事。③乾隆十四年（1749年）二月初五日，尚敬王因为毛文善之功绩，赐毛维基续任其祖父毛文善封地"宜野湾间切城田地"。

乾隆八年（1743年），尚敬王始令修撰《球阳》，毛维基被任命为加势笔者，但是不久毛维基因病无法述职，无奈只能上表辞请职位。

乾隆十六年（1751年）四月初十，毛维基担任琉球国汉文编役，同年八月十六担任都通事并擢升座敷，并出任乐师随今归仁王子前往日本江户朝忠。前往日本前，尚穆王及琉球国母饯别宴请，赏赐颇多。翌年六月初四，毛维基随今归仁王子从那霸港出发，十三日到达鹿府。同年九月十一日从鹿府出发去江户，十二月初二日方才到达江户。一个月后，启程回国，四月初八日回到那霸复命。④

乾隆十九年（1754年）五月，尚穆王照例派遣使者前往中国请封。同时国内要准备册封大典之事，需要做修缮殿阁、维修庙堂等一系列详细准备，另外还有众多繁杂之事，这些事情都必须公文呈报册封使。因此尚穆王下令挑选官员中六人随国师蔡温精学文

---

① 那霸市企画部市史编集室：『那霸市史』资料篇，第1卷6，『久米村系家谱』，昭和55年版，第716页。
② 那霸市企画部市史编集室：『那霸市史』资料篇，第1卷6，『久米村系家谱』，昭和55年版，第709~710页。
③ 那霸市企画部市史编集室：『那霸市史』资料篇，第1卷6，『久米村系家谱』，昭和55年版，第710页。
④ 那霸市企画部市史编集室：『那霸市史』资料篇，第1卷6，『久米村系家谱』，昭和55年版，第716~717页。

法，以"济公务"。通过选拔后，毛维基与魏开祖、金节、郑允猷、郑文凤、梁廷枢等六人奉尚穆王之命前往首里城学习汉文。乾隆二十年（1755年）九月二十八日，尚穆王任命毛维基为天使馆掌牲所，俗称"迁平等役"，负责供应天使馆猪、牛、羊等六畜肉类。①

> 乾隆十九年甲戌四月□日，为学文词济公务事，诸大夫长史等奉宪令选举基等六人，馆于首里，随国师蔡公精学文法。原是丁丑之年该当册封大典之期，殿阁造营，庙堂修葺及杂用品物莫不预具，但册使驻驾之间照旧例外事务甚繁，当此时非呈文不能辨济，贵宪念深及此因而令基等深学文法以备具成之用（学文法者，魏开祖、金节、郑允猷、郑文凤、梁廷枢也）。乾隆二十年乙亥九月二十八日奉命册封使贲临之时授掌牲所职，俗称迁平等役。

乾隆二十二年（1757年），即尚穆王六年正月三十日，担任存留官随谢恩正使王舅马宜哲、副使紫金大夫郑秉哲从那霸港出发前往福建。六月，北京都通事郑余庆在福州病逝，于是临时由毛维基代替出任北京都通事。

乾隆二十四年（1759年）五月十四日，尚穆王任命毛维基为首里义保村讲谈师。乾隆二十七年（1762年）三月，讲谈师三年任满，擢升为讲谈读上役，年俸米五石。翌年十二月初一，擢升为中议大夫。乾隆三十二年（1767年），十二月初期擢升为正议大夫，尚穆王赏赐玉贯一双。②

乾隆三十三年（1768年）二月初一，尚穆王任命毛维基为进贡大夫以准备第二年前往中国进贡之事，同年六月份又擢升其为申

---

① 那霸市企画部市史编集室：『那霸市史』资料篇，第1卷6，『久米村系家谱』，昭和55年版，第717页。

② 那霸市企画部市史编集室：『那霸市史』资料篇，第1卷6，『久米村系家谱』，昭和55年版，第717页。

口座。翌年二月初二日，毛维基同耳目官毛德仪从那霸港出发，三月到达福州。同年九月，毛维基与毛德仪等起身前往北京，第二年正月二十一日到北京。二月初一，正值乾隆皇帝祭拜天坛，琉球使团奉旨在午门前跪接，瞻仰天颜。据毛氏家谱记载，毛维基是家族中第一个拜见中国皇帝之人。①

乾隆三十七年（1772年）二月初一，毛维基擢升紫金大夫，同时尚穆王任命他为总理唐荣司，他也成为家族中第一个担任久米村最高职位的人。乾隆四十四年（1779年）二月初六日，尚穆王授予毛维基采地"南风原间切喜屋武地头职"。乾隆五十一年（1786年）五月二十九日，毛维基告病辞官，乾隆五十三年（1788年）五月十四日卒，享年72岁。②

三 毛廷柱献诗乾隆皇帝

与是山·毛廷柱（六世），原名毛宣猷，后因国禁改名毛廷柱。毛维基（五世）长子，童名思龟，乾隆十年（1745年）三月十六日生，嘉庆六年（1801年）正月二十二日卒，享年57岁。③

乾隆五十四年（1789年）二月，毛廷柱担任仪卫正，并擢升中议大夫随今归仁前往日本庆贺朝贡。

乾隆五十七年（1792年）二月，尚穆王准备到中国进贡之事，任命毛廷柱为进贡大夫，擢升正议大夫，六月毛廷柱再次擢升为申口座，同时尚穆王命他兼任谢恩大夫。次年六月二十三日同紫巾官毛国栋从那霸港出发，前往中国进贡兼谢恩，同年十二月初五到达北京城。十二月初八，正好乾隆皇帝前往瀛台，琉球使团在西华门

---

① 那霸市企画部市史编集室：『那霸市史』资料篇，第1卷6，『久米村系家谱』，昭和55年版，第718页。
② 那霸市企画部市史编集室：『那霸市史』资料篇，第1卷6，『久米村系家谱』，昭和55年版，第718页。
③ 那霸市企画部市史编集室：『那霸市史』资料篇，第1卷6，『久米村系家谱』，昭和55年版，第721页。

外瞻仰天颜。乾隆皇帝令和珅传口谕令琉球使团随行前往瀛台，询问尚穆王安好以及琉球国当年年景。乾隆五十九年（1794年）正月十五日，乾隆皇帝在正大光明殿宴请各国使臣，宴间令各国使臣作诗。十六日毛廷柱呈上所作诗文：①

皇恩到处乐无边，波及陪臣侍御筵。
火树花开金殿里，星桥光社玉阶前。
高呼万岁龙颜喜，瞻仰千官虎拜虔。
向化岛夷长戴德，随班恭祝寿齐天。

十九日乾隆皇帝下令赏赐毛廷柱。乾隆六十年（1795年）五月，毛廷柱一行完成进贡谢恩任务，回到琉球国。六月，毛廷柱升任久米村系正，九月尚温王任命其为"讲谈读上"。

嘉庆元年（1796年）二月，尚温王为准备前往中国庆贺嘉庆皇帝登基，命毛廷柱为进贡大夫，并兼任庆贺大夫。第二年四月，毛廷柱同王舅东邦鼎从那霸出发，同年十二月初九到达北京城。十八日使团成员在西华门外瞻仰太上皇帝圣颜，太上皇传口谕询问琉球国王世孙安好。嘉庆三年（1798年）正月初一毛廷柱等人随朝班众臣在太和殿庆贺元旦。元宵节当夜太上皇帝乾隆在正大光明殿宴请各国使臣，太上皇帝赐酒毛廷柱，并令其作诗。隔日，毛廷柱呈上诗文：②

垂拱升平亿万年，元宵御苑启琼筵。
彤庭绚烂龙灯灿，紫殿焜煌鹤焰鲜。
深沐旧恩春荡荡，重沾新泽乐绵绵。
陪臣拜舞高呼处，圣主承欢侍膝前。

---

① 那霸市企画部市史編集室：『那霸市史』資料篇，第1卷6，『久米村系家譜』，昭和55年版，第723页。
② 那霸市企画部市史編集室：『那霸市史』資料篇，第1卷6，『久米村系家譜』，昭和55年版，第723页。

十九日，太上皇帝下令赏赐毛廷柱。嘉庆三年（1798年）十月，毛廷柱一行完成进贡谢恩任务，回到琉球国。同年十一月尚温王授予毛廷柱采地"东风平间切友寄地"。

嘉庆三年（1798年）十二月，尚温王擢升毛廷柱为紫金大夫；翌年六月毛廷柱被任命为久米村总横目，十一月尚温王下褒书褒赏毛廷柱。

嘉庆五年（1800年）三月，尚温王为迎接册封使，任命毛廷柱为录组方。六月十五日，总理唐荣司郑得功担任谢恩副使前往福建，毛廷柱奉命代理总理唐荣司。①

四　紫金大夫毛克述与其家训

南风原·毛克述（八世），童名松金，字恒明。嘉庆十年（1805年）五月十四日生，生父毛绍芳（七世）。道光四年（1824年）十一月十五日，因为叔祖父毛大壮（六世）无子，毛克述过继为子，继承家统。②

道光十八年（1838年）三月，尚育王令毛克述前往福州学习礼仪文法，当年十一月毛克述随兄长存留通事毛克进前往福州读书习礼，第二年五月学成归国。道光二十三年（1843年）、二十五年（1845年），毛克述分别担任通书役加势和平等讲解师（年俸米七石）。咸丰二年（1852年）四月，毛克述升任中议大夫。咸丰四年（1854年）三月，尚泰王命毛克述为头号船大通事，当年十月随紫巾官向邦栋、正议大夫毛克进出发前往福建，第二年五月归国。

咸丰五年（1855年）十二月，毛克述担任久米村总横目，次年二月又担任国学讲解师。咸丰七年（1857年）二月，毛克述被

---

① 那霸市企画部市史编集室：『那霸市史』资料篇，第1卷6，『久米村系家谱』，昭和55年版，第724页。

② 那霸市企画部市史编集室：『那霸市史』资料篇，第1卷6，『久米村系家谱』，昭和55年版，第748页。

任命为长史。

咸丰九年（1859年）二月，尚泰王任命毛克述为在船都通事，准备前往福州办理接贡之事。第二年公务完成后，毛克述一行人在回国途中遇到逆风，漂到伊平屋岛。

咸丰十一年（1861年）毛克述被擢升为正议大夫；翌年被擢升为申口座。

同治二年（1863年）二月，尚泰王任命毛克述为庆贺副使，准备琉球国进贡庆贺同治皇帝登基之事，同时赐采地"胜连间切新嘉喜名屿"；三月尚泰王再赐采地"浦添间切伊祖地头职"。同年十月，毛克述与王舅马文英等出发前往福州，途中漂至海坛观音澳，十一月下旬经陆路到达福州。因为太平天国运动，进京道路梗阻，咸丰十年（1860年）和同治元年（1862年）的两次进贡使团，加上此次毛克述所在庆贺使团，全部滞留在福州。后经众位商议，庆贺天朝之事不能耽误，由毛克述所在庆贺使团上京并携前两次贡物和表文一道。毛克述等人于同治三年（1864年）八月才从福州出发，十一月二十九日到达北京，被安排在四驿馆。十二月初一日，毛克述前往礼部衙门呈送琉球王国三次表文及进香品银两。照例完成公务后，第二年（1865年）正月十三日奏准回国，闰五月二十日，毛克述一行人回到琉球国。四天后，尚泰王又命毛克述为使者，前往萨摩禀告中国进贡之事。①

同治八年（1869年）十二月，毛克述擢升紫金大夫；同治十一年（1872年），尚泰王赐采地"大里间切南风原地头职"。毛克述卒年时间，家谱记载不详，但其八十一岁时手书家训一则，原文如下。②

夫人间家道，始创维难，守成不易，今吾有片言叙谕，尔

---

① 那霸市企画部市史编集室：『那霸市史』资料篇，第1卷6，『久米村系家谱』，昭和55年版，第748頁。
② 『久米毛氏四百年紀念志·鼎』，久米国鼎会发行，平成20年，第170~171頁。

子孙静听。呜呼，吾小宗周典公立户以来，家计萧条，无有立锥之地，常苦营食之艰。至吾七岁之时，家道益穷，甚觉陈厄，双亲忧心如焚，千思万想，无有营生之术，遂不得已，率吾兄弟二人，移寓美里郡比屋根村，租耕地亩，聊续日食，讵思吾十二岁之时，严父弃世，耕地无人，苦上加苦，进退维咎[谷]，由是慈母泣而与兄议曰："今不幸逢此难，倘永居此地，必陷饥寒之苦，乃俟服阕之日，率兄援弟共回梓里。"兄曾带营生之业，顾惜寸阴，励修学业，既登高科，复进显仕，光耀家门。是时叔祖父正春公意欲以吾为嗣，移养家庭，教以书籍。奈吾十八岁之时，该祖父辞世，无人管家，日食维艰。时谓今已如此，他日为贫所迫、半途废书，再寓田舍，以喫[吃]其苦。乃无昼无夜，带营生之业，领教于兄，励修学业，两次中青钱之选，叨蒙洪恩，四授旅使，荣光不小。然因时乘运蹇，资旅无几，负债却多，幸蒙恩赐俸禄，转授采地。从时厥后，务行节俭，积其赢余，既偿还欠情，以报财主之恩，复购买家宅，以为安居之地。且因身与疾病，除戒酒节食外，租人园圃；每逢公暇，栽植蔬菜，以为保养之资。而亦资其利益，另买家宅（或使子孙分栖，或使他人租借），以为不虞之需。兹有教示者，古人云："勤俭持盈久、谦恭受益多，云随逢知足"。安分乐天，又始祖擎台公，解述人间万事塞翁马，暨仁义礼智信意义，写传子孙，永垂不朽。吾常佩服前项数句，治家以俭，交人以谦，随时安分。居易俟命，岁逾八旬，尚得康健，尔子孙等宜应体照吾意，事亲以孝事长以悌之外，务行节俭，笃践正道，少无破家辱身，以致耻于宗亲可也，为此特示。八十有一岁，克述叙。

五　毛士达与中国漂风难民的护送

根据赤岭诚纪《大航海时代的琉球》的记载，明代中琉交往后一般漂风难民难船有 19 起，死亡人数 497 人；进贡船漂风难民难船有 20 起，死亡人数 767 名。① 对于漂往琉球的中国船只，在日本萨摩藩侵占琉球以后，根据萨摩藩的"异国方御条书"之规定，中国难民必须送往日本长崎，再由长崎送至中国。康熙二十二年（1683 年）台湾平定后，清政府解除海禁，中国沿海及海外贸易重新活跃，航行于中国沿海的商船和来往日本长崎贸易的商船日益增多，这些船只常常遭风漂到琉球。此外，清朝时期，凡朝鲜漂风难民，琉球国亦护送到中国，在北京交接与朝鲜使者，由朝鲜使者带回国。康熙二十三年（1684 年），清朝废除"迁界令"之后，琉球应清朝要求，直接将清朝和朝鲜漂风难民送往福州，此后萨摩藩也默许了这样的方式，加上琉球国王奉到中国礼部关于"凡有船只漂至者，令收养解送"之咨文，因此琉球国对中国朝鲜漂风难民的救护及遣返工作格外重视。②

康熙五十七年（1718 年），浙江宁波府定海镇标左营管队王金枝等 37 名官兵船漂流宫古岛，都通事毛士达（四世）奉命为护送使，遣返王金枝等 37 人回国。而当时的御在番奉行并摄政司法因为清官兵携带武器而无公文证明其身份，疑为海盗伪装，并欲将这 37 人囚禁船舱，以防万一。毛士达据理力争，坚持认为天朝官兵绝不能关押怠慢，以致不恭。若真是海盗贼寇，也不过是以身报国，御在番奉行官员最终同意。不料，护送船出港第二日晚上便在马齿山遇到飓风大浪，船只碇索折断，随后触礁。清官兵惊吓之余，纷纷跳海，欲上岸逃生。毛士达急忙制止，告诉众人风急浪大不辨方向，而且船只并未完全损坏，慌忙跳海更加危险。毛士达果断召集众人在船舱等待，其间有官兵欲跳船逃生，都被毛士达一一劝住。天亮后风浪稍停，查点人员，因跳海失踪 7 人。毛士达急忙派人回

---

① 赤嶺誠紀：『大航海時代の琉球』，沖縄タイムス社，1988，第 39 頁。
② 〔日〕西里喜行：《清末中琉日关系史研究》，胡连成等译，社会科学文献出版社，2010，第 58 页。

那霸禀报，世孙尚敬派遣御物奉行向龙翼等人前来救援并修葺船只。休整过后毛士达等人重新开船前往福州，最后顺利将余下官兵送回，完成护送任务。《球阳》中对此记录颇为详尽。①

（卷十，尚敬王，729 条）浙江宁波府定海镇标左营管队王金枝等三十七人，漂到太平山，打破船只，送来中山，安插泊御殿。都通事毛士达奉（缺）命为护送使。此时御在番奉行并摄政法司，使人盘诘，只言官兵等语而多带军器，已无文凭。由是皆疑贼盗。商议未决乃召士达曰："其无文凭，兵贼难辨，禁锢船中以为解送何如？恐有松放，解送汝等为他所害。"士达曰："海贼盗人可以囚而解也，若官兵巡哨者，敢擅擒囚之，以致不恭于天朝，则弄出我国不便也哉。我厚蒙国恩摩顶，放踵万一难报。愿优待护送，却逢他害伤，虽死不恨镇守。"官员等皆从其言。既而全[同]副通事梁得志那霸开船到马齿山。次晚，飓风忽起，波涛大涌，向夜倍猛，遂摔断椗[碇]索，搁搭礁头。其所有兵丁人员胆寒心裂，慌忙大惊，飞身而下，浮沉海洋。士达急止之曰："天昏浪大，未知东西，今求全性命却有损命，暂待船只半破浮水以上岸未以为晚。"招来兵丁聚坐一处，屡次强谏，多听其言留在船上，幸至天明风波稍止，即点查兵丁人名，爰知副通事一员，兵丁四人，水梢二人，共计七人，即下海而溺。急遣使报明其事。御物奉行向龙翼等来马齿山，修葺本船，又全文亨为司胆养大使，来代梁得志。厥后彼地开船赴到福州，而王金枝等皆归本籍。

此外，有毛氏成员漂风事件相关记录 4 例，收录如下。

雍正十三年（1735 年），毛世定（四世）担任护送船的管船火

---

① 球阳研究会编『沖縄文化史料集成』5，『球陽』，角川书店，昭和 53 年再版，第 270 页。

长，护送朝鲜漂风难民护送赴福建。①

乾隆十六年（1751年），毛如苞（五世）担任进贡船在船都通事，进贡途中漂流至八重山岛，贡船毁坏幸而贡物无碍，尚敬王另派船只增援。同时命毛如苞等人护送清朝漂风商人六人回国，清朝赏赐元青缎、宝蓝纱和青布等物。②

嘉庆二十年（1815年），中国广东省漂风难民漂流至八重山岛，毛嘉梧（七世）负责护送和收留这批漂民。嘉庆二十一年（1816年），一百多名苏州人漂流到奄美岛，鉴于此次难民众多，尚灏王特派毛嘉梧等四名通事前往安置处理。③

道光元年（1821年），毛有增（八世）在泊村担任"异国方通事"。道光元年（1821年），时有中国漂风难民21人，"馆于泊村"而后发生械斗。毛有增听闻后赶到现场，与中国难民谈判，最终平息事态，也因此受到琉球王褒书嘉奖。④

道光五年（1825年）正月，毛有增担任护送船总官，护送中国漂风难民归国，同时兼任中国漂民货物公买任务。当时有中国难民内部因钱财之事发生争吵，毛有增还介入调解和仲裁。九月，护送船赴福建。翌年五月回国。道光五年（1825年）十一月，由于在此次公买中的出色表现，毛有增得到琉球王褒书嘉奖。⑤

六 毛氏家族与琉萨交往

"庆长之役"后，琉球沦为萨摩藩的殖民地，无论王位的继承、高级官吏的任命皆须得到萨摩藩的准许。凡日本将军或萨摩有婚丧

---

① 『久米毛氏四百年纪念志·鼎』，久米国鼎会发行，平成20年，第207页。
② 那霸市企画部市史编集室：『那霸市史』资料篇，第1卷6，『久米村系家谱』，昭和55年版，第714页。
③ 『久米毛氏四百年纪念志·鼎』，久米国鼎会发行，平成20年，第147页。
④ 那霸市企画部市史编集室：『那霸市史』资料篇，第1卷6，『久米村系家谱』，昭和55年版，第946页。
⑤ 那霸市企画部市史编集室：『那霸市史』资料篇，第1卷6，『久米村系家谱』，昭和55年版，第946页。

喜庆，琉球王必须派遣使团前往祝贺，甚至要世子或世孙入质。琉球王更是被迫常常派遣使团向萨摩及幕府晋谒和输诚。庆长之役后，久米村人在对日本关系中所扮演的主要角色是跟随琉球王子、使者出使萨摩和江户。

在琉球上江户和出使萨摩藩的过程中，久米村人曾担任过：掌翰史、仪卫正、乐师、歌师、乐童子师、乐生师、笔法师、演戏及弦歌等角色。此外久米村人在出使萨摩的时候，还经常要答复萨摩藩主提出的问题，或者根据萨摩方面要求，琉球王通常派遣久米村人前往萨摩担任萨摩藩主要求的职务，如乐师、汉字教席等。这些职位的任务也各不相同：向萨摩藩禀报到中国进贡始末；向中国谢恩之事；向萨摩藩禀报上京庆贺中国皇帝登基之事；奉命到萨摩藩编写中华故事和教授歌舞；到萨摩藩报告海船遇贼之事；在中国完成任务后到萨摩藩汇报；代表琉球王向萨摩藩致赠礼物；等等。此外，还有陪同世子、世孙入质，或迎接质子回国，以及漂风等。

康熙四十三年（1704年）二月，毛文英（三世）担任在船都通事赴闽进贡，翌年六月归国遭遇飓风，与使者夏降安、存留通事蔡渊志等人漂流至土佐藩清水（今日本高知县）。土佐藩主热情招待，赐宇治茶、诸白各色纸、佳酥鱼、海参、砚石等物。十一月初十日，萨州太守遣赞良权左卫门将琉球使团转送到萨摩州。翌年使团成员乘原船归国。《久米村系家谱》原文记载如下。①

> 康熙四十三年甲申二月初一日为进贡事奉命，（文英）为在船都通事，随耳目官温开荣森山亲云上绍长、正议大夫蔡肇功牧志亲云上，十□月二十四日那霸开船到马齿山候风，二十七日彼地开洋到古米山，二十九日再开船，十二月初三日到闽。公事全竣，翌年六月二十四日同使者夏降安松田亲云上、

---

① 那霸市企画部市史编集室：『那霸市史』资料篇，第1卷6，『久米村系家譜』，昭和55年版，第734页。

贤宏存留通事蔡渊志多伯通事亲云上等在闽开洋。走得数日遭飓风，东西难辨，或风不□发，随潮漂流，遂漂到土佐国清水地方。时土佐太守礼待甚厚，更赐宇治茶、诸白、各色纸、佳酥鱼、海参、砚石等物。十一月初十日，蒙萨州太守遣赞良权左衛门殿等引路□（缺字）此。二十日转道萨州内里地方。时松田亲云上□（缺字）领货物，运到鹿府（鹿儿岛）照例投纳。故其翌年丙戌二月十六日坐架原船归国。

《毛氏家谱》记载毛氏成员"上江户"，其中以毛文英（三世）、毛维基（五世）和毛廷柱（六世）三人之记载最为详尽。

乾隆十六年（1751年）八月，尚穆王即位，照例派遣今归仁王子上江户，毛维基（五世）担任乐师官。今归仁王子一行，先到萨摩藩朝觐，再到江户，日程路线之记录都颇为详细。《久米村系家谱》原文记载如下。①

乾隆十六年辛未八月十六日，因王世子尚穆承祧续统，为谢恩事尚氏今归仁王子朝忠，奉命赴江府时为乐师。翌年壬申二月初四日，蒙例赐缎一匹，縐一匹，色纱绫二端……六月初四日那霸开船，本月初八日漂到防津，十二日随王子早路启程，翌日到鹿府。七月十八日进城朝觐，二十四日拜谒大雄山宫并南泉院。二十七日蒙赐盛宴。八月二十一日照例拜谒诹访宫，九月十一日鹿府启程，十一月初二日到大阪津，初四日到佐土原公馆。初六日召入萨州公馆，此日得看竹田络并狂言。初九日到伏见，十二日彼地起身，十二月初二日到江府。十五日进城朝觐，十八日进城奉奏音乐时，蒙吸物三美酒、果子浓茶等，且赐白银五百六十七钱。时服三领，本日奏许归之旨，

---

① 那霸市企画部市史编集室：『那霸市史』资料篇，第1卷6，『久米村系家谱』，昭和55年版，第717页。

十九日拜谒上野宫，二十五日恭蒙太守公召入赐盛宴且赐文银六十钱余。二十六日蒙召入御前，得看□□，更赐盛宴。公务全竣，二十八日江府启程，翌年癸酉正月十八日回到伏见，二十日到大阪，二十四日离馆登州，二十八日彼津开船。三月朔日回到鹿府，仍进城以禀明始终。十五日奉许归之旨，本日蒙赐白麻二束。公务全竣，二十六日鹿府开船到山川，四月初五日彼地开洋，初八日归国直进王城奉候圣禧。

特别是关于毛廷柱（六世）的记载，从出发到归国，历时一年。行程路线、在萨摩的活动、在江户的活动、回程遇到风浪，以及琉球王饯宴赏赐、萨摩藩主的宴请赏赐、江户的赏赐等，记载详尽。原文如下。①

乾隆五十四年己酉二月十二日，为庆贺事尚氏宜湾王子朝阳奉命赴江都之时，（毛廷柱）为仪卫正升中议大夫。翌年庚戌五月初十日恭蒙王上召入南殿赐饯宴。二十七日蒙遣使鉴赐官香五把、太平布一匹。七月十二日那霸开船，十七日漂到甑岛。二十二日移乘小船到串本野，从此陆路起身，翌日到琉球馆。

八月初三日进城朝觐，十五日为首途礼拜诹访宫。十六日拜谒福昌寺、净光明寺。十七日拜谒大熊山宫南泉院。十日有囃［杂］子并狂言。二十八日又蒙召入礒别业赐宴并看烟花且赐大进法桥探定席画二枚，此时奉太守公命在御前书字呈览。

九月初六日，鹿府启程，翌日到大小路。十一日到久见崎登舟。十六日彼地开洋……赐宴并看竹田洛及狂言。二十七日到伏见，十一月初二日彼地起身，二十一日到江都。十二月初二日进城朝觐，初五日进城奉奏音乐时，蒙果子及白银五十八两零。十三日

---

① 那霸市企画部市史编集室：『那霸市史』资料篇，第1卷6,『久米村系家譜』，昭和55年版，第722页。

王子献御膳之时，蒙太守公赐文银六两零、中将公赐文银四两零。十九日蒙太守公召入御茶屋给看蹴鞠曲马伊势神乐等。二十一日又蒙召入御前给看御能。二十二日因王子献唐宴于中将公之时辨理其事，蒙中将公赏赐大奉书纸一束、美浓纸一束。二十四日因奉御台样之命书汉字以奉呈，蒙赐杨枚指八个。二十五日拜见外苑之时，蒙太守公赐宴及印花绉纱一端、大进法桥探定席画一枚，中将公赐烟包五个、烟袋一枚、武藏盂一个。

公务全竣，二十七日江都起身，翌年辛亥正月十七日到久见崎，十三日回到鹿府即进城禀回来。三月二十八日给发回翰[函]，即刻进城奉许归之命时，蒙太守公赐白麻二束，中将公赐白麻一束。四月初十日鹿府开船，十四日到山川，十八日彼津开洋，二十三日漂到内浦，二十七日彼地开洋驶到半洋。因风不顺，五月初五日驾回口永良部。十五日彼地放洋，翌日风转为对面，十七日回到山川。翌日徒遭大风，船搁浅底破，乃会议回到鹿府候本国船只来到，移换回国等。因报知闻，在番转禀宪台，奉令准允。六月初六日陆路起身，翌到琉球馆。十月十六日，移乘马舰船鹿府开船到山川。十一月十三日山川放洋，十八日到本部郡濑底港抛下碇索。翌日开驾，奈风波渐转西北不能前进，收入读谷山郡长滨湾，至晚风波渐猛，绳索俱绝，船冲礁损坏，幸无一人损命者。二十一日陆路起身直进王城恭候圣禧。十二月二十四日随王子捧回翰[函]复命，翌年壬子正月二十五日奏乐恭备上览。

除了萨摩与江户的公务外，毛氏家族中也记载了与日本士人的交往。乾隆五十四年（1789年）二月，毛廷柱（六世）为庆贺事担任仪卫正，随宜湾王子赴江户朝忠。在江户期间，毛廷柱和来自日本名古屋、冈崎的文人多有交流，与日本文人合著汉诗集《萍水奇赏》，堪称琉日文化交流之雅事，其文稿今收藏于冲绳县公文书馆。① 同年十二月末，毛廷柱随宜湾王子离开江户，琉球使团途经美浓路墨悟（现日本大阪市岐埠县），毛廷柱应当地人请求在当地天王社（今日本津岛神社）常夜灯上挥毫留字："琉球国仪卫正毛廷柱书，乾隆五十六年辛亥吉日。"（见图7-2）常夜灯保存至今，仍可见毛宣献之字迹。② 日本江户时代后期，著名士人高山彦九郎在其《京都日记》中有记录："今日，在龙草庐，以诗会友中山国毛廷柱，不亦乐乎。"其记载可见于《高山彦九郎全集》第四册。由此可见毛廷柱与日本文人的交往颇深。③

图7-2 毛廷柱津岛神社题字

毛氏家族中还有一件以诗会友之佳话。鲛岛白鹤（1773～1859年），萨摩士人，在1814～1817年期间担任萨摩藩驻琉球付役，常驻那霸港，同时也是萨摩藩文人中有名的书法家。鲛岛白鹤在琉球

---

① 『久米毛氏四百年纪念志·鼎』，久米国鼎会发行，平成20年，第133页。
② 『久米毛氏四百年纪念志·鼎』，久米国鼎会发行，平成20年，第133页。
③ 『久米毛氏四百年纪念志·鼎』，久米国鼎会发行，平成20年，第134页。

期间与琉球士人多有相交，其中也包括多位毛氏成员。《鲛岛白鹤翁八十寿贺》为收录当时文人庆贺其八十大寿的汉诗集，其中有琉球士人22名，诗24首。毛氏家族中，毛嘉梧、毛克进、毛绩宏三人之汉诗收录其中。①

恭和白鹤先生自纪八十高寿原韵即请郢收

其三

世间难得自由身，啸傲乾坤任性真。
鹤算千年长享寿，冰心一片不沾尘。
诗追李杜清如玉，书比苏黄妙入神。
曾役中山敷雅化，甘棠蔽芾永含春。

——中山毛嘉梧拜具

其四

勤劳鞅掌是前身，俊逸才高苞古真。
山对纱窗浑入画，卷堆玉案净无尘。
苔痕侵砌为文字，笔底生花惊鬼神。
从此期颐方未艾，年年寿酒晋芳春。

——中山毛克进未定稿

其廿

玉面方瞳不老身，平生学得古人真。
窗前鸟语呼仙侣，洞底泉声洗伪尘。
句贮奚囊浑似锦，毫沾茧纸妙如神。
先生曾到球阳地，丕播仁风使物春。

——中山毛绩宏稿

---

① 『久米毛氏四百年纪念志·鼎』，久米国鼎会发行，平成20年，第203页。

七 毛廷器、毛有增与"异国船"来访交涉

乾隆五十七年（1792年）毛廷柱擢升为正议大夫、申口座，担任进贡大夫同时兼任谢恩大夫，次年与紫巾官毛国栋赴北京进贡谢恩。乾隆五十八年（1793年）十一月十八日毛廷柱与毛国栋二人在杭州附近适逢南下前往广州的英国使节马戛尔尼，便由中国官员引荐，双方在马戛尔尼的船中会面。马戛尔尼在会面中询问与日本通商的可能性，毛廷柱二人告诉他："日本尚取闭关主义，而他国船只之抵其海口者，日本亦殊形厌恶。"刘半农先生曾于1916年在上海翻译出版了《1793乾隆英使觐见记》，该书即节选翻译自马戛尔尼抵达中国后的日记。①

> 黄昏时，樊大人带同少年绅士二人至吾船拜见。问之，乃系琉球国王所派使臣，今将往北京进贡，道中适与吾船相遇，故请樊大人为介绍，过船相见。琉球为一岛国，位置在中国之东南，臣服中国有年，按照定例每越二年，国王比派亲贵二人航海至福建省之厦门登岸（此处应为福州，因为原作错误——引者注），恭赍表章方物至北京进贡。此二人亦系国中亲贵，能说华语甚熟……两人言：琉球国中自古至今，从未有西洋船只到过，倘西洋商人愿往该国买卖，该国人士必一致欢迎，缘该国向无禁止洋人前往经商之成令……二人所穿衣服颇奇异有趣，其上衣甚宽大，类一披肩，以琉球土布制成……首不冠，但用丝巾缠之。两人巾色不同，一人用黄色，一人用紫色，以东方之习惯言之，似黄巾之品级较高于紫巾人也……两人雅善谈论，举止神色绝类中国人……今日本尚取闭关主义，于其本国三岛外，既无有攫取他国领土之心，而他国船只之抵其海口

---

① 〔英〕马戛尔尼：《1793乾隆英使觐见记》，刘半农原译，林延清解读，天津人民出版社，2006，第198~199页。

者，日本亦殊形厌恶。故琉球国王不依附日本而依附中国，其对于中国所尽之义务，除上文所述二年一贡外，每有新王登基，当专差禀报北京政府，由北京政府降敕奉承认后，国人始奉为国王云。

自从西方船只先后进入东方海域以后，东方各国门户被迫次第开放。继中、日先后开港，位于中、日之间的琉球，势难拒绝西方船只之进出。这些来到琉球的"欧美船"，琉球人称之为"异国船"。据中国台湾学者吴霭华统计，清朝一代，英国来船最多，大致为49只，其次为美国27只，法国13只。① 这些异国船，来到琉球，除部分因漂风外，其余大多是有目的而来，如要求与琉球贸易、传教、从事琉球海域调查与探测、打探与日本通商的可能性、请求面会琉球王、修理船只请求补给和燃料、与琉球缔结修好条约等。欧美船强入琉球，对琉球形成了一种无法抗拒的压力及威胁。琉球国为了应对这些异国船，专门设置了"异国方通事"和"异国方大夫"等职位专门处理与异国船只的外交事务。

19世纪50年代后，随着越来越多的欧美船来到琉球，琉球王国不得不处理这些"头疼"的异国船事件，而且被迫签订了一系列不平等条约。这些条约包括：咸丰四年（1854年），美国马休·佩里舰队与琉球签订的《琉美修好条约》；咸丰五年（1855年），法国格冉提督与琉球签订的《琉法修好条约》；咸丰九年（1859年），荷兰卡佩莱尔船队来琉，与琉球签订的《琉兰修好条约》。

毛氏家族中比较典型的异国船事件，发生于嘉庆二十一年（1816年），参与其中的是六世毛廷器。② 嘉庆二十一年（1816年）

---

① 吴霭华:《十四至十九世纪琉球久米村人与琉球对外关系之研究》,《"国立"台湾师范大学历史学报》1991年第19期,第113页。
② 毛廷器,家谱中记为毛宣哲,后因国禁改名为毛廷器。那霸市企画部市史编集室:『那霸市史』资料篇,第1卷6,『久米村系家谱』,昭和55年版,第724页。

七月二十五日，英国两只军舰阿尔塞斯特号（舰长马来·马库斯威尔）和莱拉号（舰长巴奇尔·霍尔）来到那霸港，船长马库斯威尔请求觐见琉球尚灏王。① 因英国军舰来意不明，尚灏王拒绝与之会面，并下令沿海到首里城加强守备。而后尚灏王先后派遣毛廷器和向邦辉前去与英国人交涉。②

> 本年七月二十五日，有英吉利国船二支漂来本国。此日英吉利国船二支漂来本国泊村洋面，投桵［碇］寄泊，其大船长三十六寻……两船人数共计四百七十人。随即法司以至诸役人等直居泊村。该两船上多载兵器，有大炮铁炮钢刀，且令兵役坐架杉板巡往各处海滨试水浅深。由是法司等官甚为惊疑，即于其附近海滨及那霸泊久米村等处各着设关防守至。菜肴及各色物件随求随给。讵想该船水师大人请见官员，因是各官意谓，若遣官员相见则其志可见，乃着毛廷器普久领亲方权称官员，备带猪羊竝［并］各色菜蔬亲登大船相见。水师又请修葺船只竝［并］赐樯木一根。随准其请。翌日，水师备带礼物亲来临海寺鸣谢……该人数内一名病故，随着择地于圣现寺前面松林埋葬祭吊［吊］。
>
> 该水师感激此厚恩请见国王叩谢，（毛廷器）即辞云："本国法度或有他国船只漂来，则所有一切事宜专由官府承办，而其谢恩亦府官代为奏谢，且现奉皇上谕旨，内云：琉球国王除天朝册使外别勿肯见他国人。又查规例，本国古来虽有中华官员漂来，只见府官谢礼，尔等亦宜依遵其例施行可也。"水师又云："若不见国王亲谢而回，则难以见我王回奏。万乞准见国王。"复又辞云："凡国家法各有不同，琉球国法如何可以如此

---

① 球陽研究会編『沖縄文化史料集成』5，『球陽』，角川書店，昭和53年再版，第427頁。
② 球陽研究会編『沖縄文化史料集成』5，『球陽』，角川書店，昭和53年再版，第427～428頁。

举行。兹陈其由，交给印照，尔等宜以其印照奏明国王"等语。虽再三频辞，固执不诺。遂水师怫然不悦，曰："倘今不准见国王，则我不得已回国，之后又应为谢其礼再遣船数支［只］。"是其恶心之机见而国家之灾起难知也。因于首里各处亦令设关防守。王命王子以下按司及紫巾官等会议，皆谓若遣一人权称府官，再见水师频辞则可止其欲见国王之愿。王乃命向鸿基（今归仁按司头英，假名向邦辉）权称府官，带领各色物件登船告辞。水师云："若不准见王亲谢，请具由交给印照。"随着具其由交给印照。翌日水师备带礼物来到临海寺叩谢，云："我等数日淹留，烦扰贵国，感何可言。"乃于九月初七日该两船一同归国而去。

显然，琉球王及其官员们对于英国船只的到来感到不安，一方面加强守备，另一方面只派遣毛廷器作为府官代表前去接洽。在英国人再三要求会面琉球王之后，仍只是决定派遣向邦辉作为琉王全权代表前去会面。虽然此条后半段并未提及毛廷器，但通过全文可知，前期负责与英国人接洽的毛廷器定会陪同作为琉球王代表的向邦辉一同前往会面，换句话说，毛廷器必然参与了整个事件。在这次异国船事件中，毛廷器扮演着琉球国先锋的角色，重压之下出勇夫。特别是在"法司等官甚为惊疑""各处亦令设关防守"这样举国上下惶惶不安的特殊时期，尤显毛廷器之忠勇。

日本学者春名彻翻译了莱拉号船长霍尔的航海日记《朝鲜·琉球航海记》，在其日记中有关于毛廷器之记载，并拍照留影，春名彻在翻译出版的时候也收录了这张照片，同时，《毛氏宗亲会纪念志》中亦有收录。[①]

而《久米村系家谱》中另有毛氏垣花家谱，其中关于八世祖毛有增的生平记载颇为详细，包括前文提到的中国漂风难民处

---

① 『久米毛氏四百年紀念志·鼎』，久米国鼎会发行，平成20年，第145页。

理。咸丰年间毛有增担任"那霸地方官",负责处理"异国船"来琉事务。咸丰五年(1855年),毛有增介入其中的"法兰西船队来琉事件",可以算是琉球国近世中一个典型的"异国船"案例。家族详细记载如下。①

　　咸丰三年癸丑六月十四日为办理异国公务事,(毛有增)奉命充为那霸地方官。每逢异国船到国,或登该船,或到那霸公馆与异国官员相行礼待,事务冗繁种种刁难。讵于咸丰五年正月间,弗兰西国又遣□□□□□〔热辣默路默〕等贰名通事、华人叶桂郎一名到国占住。嗣于玖月贰拾柒日有该国钦差全权大臣水师提督"于尔杏"坐驾兵船,率领属船贰支,一齐到来,要与敝国官长当面议事。业于拾月拾贰日本官(毛有增)奉王命,随同总理大臣向景保、本部按司布政大夫向如山、向德裕等在那霸公馆相会。

　　是日,该提督率领兵役数百,各执器械鼓操〔噪〕而来。先令兵役把馆围住,既而入座,将文书壹道交本官(毛有增)等展看。本官(毛有增)等展看之下,即向提督云:"文内,木料、菜水,既拨身引导;救难拯溺,卜地葬死;藏煤炭借船支〔只〕等数,犹属可允。至于借地借屋,不论暂住久留,听其自便等事实,系国禁,难以应允,祈为体谅。"

　　提督变色云:"所开文书乃系国主之命,虽云一事不可增减,必次领诺。"本官(毛有增)等婉词云:"敝国列天朝屏藩,世膺王爵,代供贡职。凡有国家大事,不敢自专,必请命于天朝,方得遵行。乞赐宽日。"

　　该提督大喝一声,左右兵役拔剑突入,将本官(毛有增)等立刻执出户外,只等行刑令一下,就要开刀。时国相法司等

---

① 那霸市企画部市史编集室:『那霸市史』资料篇,第1卷6,『久米村系家谱』,昭和55年版,第946页。

第七章　久米村的毛氏家族

官亲看危急，即令本官（毛有增）等暂为应允。该提督令兵役敛剑解围。本官（毛有增）等纔［才］免命于弗夷之锋。既而进入座中将条约书壹道交给提督。该提督欣然振威引兵而退。至拾九日该提督率同属船贰支连踪开去。现今所留□［弗］夷□□［热辣］等籍他势力，擅自择地于唐荣后松林，盖起房屋，占住以为久留之计。至于所留英夷□□□［胃耳敦］，因染病症携带眷属人等附搭提督属船回去。

《久米村系家谱》中记载的法国提督等人的名字系音译，但参照西里喜行所制《鸦片战争后欧美舰船来琉一览表》①可知，咸丰五年（1855年）九月二十七日，法国格冉提督（Nicolas François Guerlain）率领维豪基乌内等三只军舰至那霸港，要求与琉球国签订条约。②尚泰王命令那霸地方官毛有增，会同总理大臣向景保、布政大夫向如山等在那霸公馆与之谈判。随后在法国武力胁迫下，毛有增、向景保等人被迫于十月十二日与之签订了《琉法修好条约》，法国取得在琉球国自由贸易的权利，琉球国方面承担对法国船漂流民的救助和引渡，以及领事裁判权和设置法国人居住地的权利。十月十九日格冉提督一行离开那霸港，留下一对士兵，占据久米村后松林。

除《久米村系家谱》记载之外，《毛氏家族纪念志·鼎》中另有关于毛有增（八世）与美国、俄国船只交涉的记载。

咸丰三年（1853年）六月十四日，毛有增（八世）作为那霸地方官参与琉球国与美国佩里舰队谈判，之后琉球国方面被迫与佩里签订了《琉美友好条约》③。

---

① 〔日〕西里喜行：《清末中琉日关系史研究》，胡连成等译，社会科学文献出版社，2010，第149~154页。
② 〔日〕西里喜行：《清末中琉日关系史研究》，胡连成等译，社会科学文献出版社，2010，第154页。
③ 〔日〕西里喜行：《清末中琉日关系史研究》，胡连成等译，社会科学文献出版社，2010，第153页。

咸丰四年（1854年）二月十二日，俄罗斯普切京提督率领军舰前往马尼拉，经过琉球，请求琉球方面给予补给①。作为那霸地方官，毛有增向其舰队提供了食物，包括牛、鱼、蔬菜和淡水等。舰队中有船员在航海日记中记录毛有增"身材高大之白发老人""头有金钗束发、陪冠"等。普切京提督还询问毛有增是否可以赠琉球武器作为纪念时，毛有增回答琉球并无刀兵之利，并指手中之扇子回答：此为琉球之武器。意指琉球乃礼仪之邦，不兴刀兵。②

综上所述，毛氏家族活跃在1609年岛津氏入侵到1879年明治政府强行吞并琉球的这段时期，而这段时期琉球王国正处于非常特殊的"两属"时期，琉球王国内政外交都围绕着如何处理琉球王国与中国、日本的关系而展开。

万历三十七年（1609年），萨摩藩入侵琉球，尚宁王被掳，三司官郑逈罹难，琉球国受到致命的打击，一度处于亡国的境地。山河破碎的琉球国不得不进行一系列的改革，以拯救国家。从17世纪中期开始到18世纪中期，是琉球国国家体制改革的重要时期，新的行政制度、财政政策、身份制度、儒教化政策等陆续实行，使得琉球国的主体性得以延续。主导推进改革的核心人物则是王族成员向象贤（羽地朝秀，1617～1675年）和久米村人蔡温（1682～1761年）。

特别是在蔡温主政实行改革的时期，亦有毛氏成员参与其中，如雍正六年（1728年）将"汉字笔者"改为"汉字御右笔"，首任毛如德（四世）；③乾隆四年（1739年）在首里城新设立"漏刻御番"，首任毛如苞（五世）④等。

---

① 〔日〕西里喜行：《清末中琉日关系史研究》，胡连成等译，社会科学文献出版社，2010，第153页。
② 『久米毛氏四百年纪念志·鼎』，久米国鼎会发行，平成20年，第182～183页。
③ 那霸市企画部市史编集室：『那霸市史』资料篇，第1卷6，『久米村系家谱』，昭和55年版，第713页。
④ 那霸市企画部市史编集室：『那霸市史』资料篇，第1卷6，『久米村系家谱』，昭和55年版，第714页。

随着蔡温改革的推进，儒家思想和汉文化在琉球不断深化，毛氏家族在这些方面亦有卓越贡献。蔡温之前的程顺则便称赞毛国鼎为琉球儒学先驱者、四先生之一。福建省是明朝的科举重镇，历届科举中进士者多有福建人。毛国鼎祖籍漳州市，宋代朱子理学的创始人朱熹便是出身于漳州市。漳州市科举风气浓厚，学堂众多，毛国鼎幼年即接受过良好的儒学教育。尚宁王信任其学识文才，初到琉球不久，毛国鼎便被尚宁王任命为"长史"，负责执笔与中国朝贡进贡往来的文书，以及久米村运营等重任。毛国鼎生平遗迹已不多见，如今唯在首里薛氏家族家谱中可见其所作《擎台公六六作》，系毛国鼎所作释义儒家五伦"仁义礼智信"的文章，首里薛氏家族家谱现存于冲绳县立图书馆。此外冲绳县立图书馆还保存有毛国鼎书写《淮南子·人间训》句子"人间万事塞翁马"的手稿。①

康熙四十七年（1708 年），毛文哲（三世）担任琉球使团进贡副使赴北京。时有清朝刊行的《皇清诗选》，总计收录当时琉球文人诗文作品 70 首，其中收录"琉球国正议大夫毛文哲"之汉诗二首。毛文哲还与琉球诗人孙鋐、陈其湘共同编辑《庙学纪略》一编、《中山诗》六帙，以及《汉诗选定资料汇编》等。康熙五十八年（1719 年），册封使徐葆光来琉，毛文哲与毛安满一同迎接册封使。徐葆光在《中山传信录》中记载："封舟六月朔旦至那霸港，泊海口；迎舟数十，独木船双使一帆者又数百桨。"② 1719 年，毛文哲协同时任都通事的蔡温对首里城的国庙（崇元寺）和王室玉陵等琉球国重要的建筑进行风水鉴定。③

乾隆八年（1743 年），毛如苞（五世）以"篡修司"的身份参

---

① 『久米毛氏四百年紀念志·鼎』，久米国鼎会発行，平成 20 年，第 120～121 頁。
② 徐葆光：《中山传信录》，台湾文献丛刊第 306 种，台湾银行经济研究室编印，1972，第 33 页。
③ 球陽研究会编『沖縄文化史料集成』5，『球陽』，角川書店，昭和 53 年再版，第 261 頁。

与了由郑秉哲主持的琉球国国史《球阳》的编纂工作。

乾隆三十八年（1773年），毛景裕（五世）赴萨摩藩之际，向萨摩藩士人讲解中国公文书的书写，并介绍琉球孔庙祭祀礼仪等。

乾隆五十四年（1789年），毛廷柱（六世）担任"仪卫正"，随琉球使团到江户朝贡，并在幕府将军面前演奏汉乐，进献自己的书法作品，得到将军的褒奖和赏赐。乾隆五十七年（1792年）、嘉庆元年（1796年）毛廷柱又先后两度担任"进贡大夫"到北京进贡，并在乾隆皇上和嘉庆皇上御前作汉诗吟诵，得到乾隆皇帝的褒奖。①

毛廷柱除了觐见过清朝乾隆皇帝、嘉庆皇帝以及日本幕府将军德川家齐外，乾隆五十八年（1793年）他还在进京朝贡的路上，于杭州会见了适逢南下的英国使臣马戛尔尼，马戛尔尼还向他打听了与日本通商的可能性。②

进入18世纪后期，越来越多的欧美船只来到琉球，航路探测，寻求通商或者请求补给。琉球国为应对欧美船只，特别设立了"异国方大夫""那霸地方官"等职位。毛氏家族在处理"异国船"事件方面，也为琉球国做出过卓著的贡献。

嘉庆二十一年（1816年）七月二十五日，英国两只军舰阿尔塞斯特号（舰长马来·马库斯威尔）和莱拉号（舰长巴奇尔·霍尔）来琉，船长请求觐见琉球王。因英国军舰来意不明，尚灏王拒绝与之会面，并下令沿海到首里城各处加强守备，同时派遣毛廷器（六世）和向邦辉前去与英国人交涉。③ 毛廷器等人与英国人交涉后得知英国希望维修船只和补给物资，琉球方面答应满足其请求，

---

① 那霸市企画部市史编集室：『那霸市史』资料篇，第1卷6，『久米村系家谱』，昭和55年版，第723页。
② 〔英〕马戛尔尼：《1793乾隆英使觐见记》，刘半农原译，林延清解读，天津人民出版社，2006，第198~199页。
③ 球阳研究会编『冲绳文化史料集成』5，『球阳』，角川书店，昭和53年再版，第427~428页。

并提供了食品和淡水。待船只维修后英国军舰离开琉球。日本学者春名彻翻译了当时莱拉号船长霍尔的航海日记《朝鲜·琉球航海记》，在其日记中有关于毛廷器之记载，并保留有毛廷器的照片。①

咸丰五年（1855年）九月二十七日，法国格冉提督率领维豪基乌内等三只军舰至那霸港，要求与琉球国签订条约。② 琉球王命令时任那霸地方官③的毛有增，会同总理大臣向景保、布政大夫向如山等在那霸公馆与之谈判。随后在法国武力胁迫下，琉球方被迫于十月十二日与之签订了《琉法修好条约》。

诚如毛维基在《毛氏家谱》序文中所言，"盖氏族其初一人之子一祖之孙也，而后支分派衍，绵绵延延"。万历三十五年（1607年），毛国鼎正式入籍久米村，而后毛氏家族历经二百余年的发展，逐渐成为久米村的大族。二百年间，毛氏家族为琉球王国内政外交做出了巨大的贡献，毛氏家族也谨记着作为琉球国"臣民"的责任，如其家谱序文所言："愿为孙子者深思祖宗之业，能励忠孝之风上报国恩下辅祖德。"④

---

① 『久米毛氏四百年紀念志·鼎』，久米国鼎会発行，平成20年，第145頁。
② 〔日〕西里喜行：《清末中琉日关系史研究》上册，胡连成等译，社会科学文献出版社，2010，第154页。
③ 为应对欧美船只事件，19世纪后琉球国设立的职位。
④ 那霸市企画部市史編集室：『那覇市史』資料篇，第1卷6，『久米村系家譜』，昭和55年版，第705頁。

第 八 章

琉球社会生活中的中国元素

第一节 饮食与服饰
第二节 年节与婚丧
第三节 建筑与园林

第一节　饮食与服饰

一　饮食

在中琉两国友好交流的五百余年里，福建作为中国和琉球交往的纽带，对琉球社会产生了深远的影响。福建的民俗文化通过册封琉球使团、入闽琉球进贡使团、闽人三十六姓和在华琉球留学生等途径传入琉球，并在琉球得到广泛传播，对琉球的饮食习惯、衣着服饰、节日节庆、宗教信仰、婚丧礼俗、建筑风格等方面产生了深远的影响，促进了琉球社会的开化。而琉球国在饮食习惯上与福建各个地区多有相似之处，直到今天仍能从冲绳的饮食中看到具有福建特色的菜品，如猪蹄炖海带、苦瓜炒豆芽、马蹄糕和红糖年糕等都与今天福建家庭菜谱大致相同。图8-1为琉球糕点。

图8-1　琉球糕点

琉球的粮食和果蔬品种主要是从福建引入。明万历年间，番薯的引进给琉球的饮食文化带来了一场巨大的变化。琉球的土地贫瘠，水稻、小麦等作物收成极低，但是番薯因其"不需天泽，不冀人工，能守困者也；不争肥壤，能守让者也；无根而生，久不枯萎，能收气者也"，① 若遇丰年则能有四收。由此番薯成为琉球一般平民的主食。番薯的用途广泛，"可以粉，可以酒，可祭，可宾"，② 老少皆宜，亦能用作喂养家畜。而琉球的贵族认为番薯低贱，多食米麦。番薯虽然不是贵族的主食，但作为"代五谷者"受到了琉球的重视。在万历三十三年（1605年），野国来福建学习"番薯栽培"；康熙三十四年（1695年），翁自道来福建学习"番薯品种栽培"技术。③ 直到今日，红薯和紫薯仍因其味美香甜而作为各种果点的原料，成为冲绳有名的特产之一。除了番薯之外，荔枝、龙眼也是福建传入琉球的。清朝册封使周煌在《琉球国志略》中写道："荔枝、龙眼（二种。皆自闽来，不甚繁植）"。④ 李鼎元从福州带荔枝两株，到琉球后种于天使馆庭院。⑤ 明朝册封使夏子阳在《使琉球录》中，认为琉球"波菱、山药、冬瓜、薯、瓢之属，皆闽中种"。

在食物的烹调方面，因随册封使团到琉球去的厨师大多为福建人，而且琉球人朝贡使团到福州琉球馆居住期间，特意学习闽菜做法。琉球国"不知烹调和剂之味"，⑥ 所以数次宴会都请闽庖人制作。还有李鼎元在《使琉球记》中提到毛鱼"以细小得名，外视似

---

① 余文仪：《续修台湾府志》，台湾文献丛刊第121种，台湾银行经济研究室编印，1962，第590页。
② 余文仪：《续修台湾府志》，台湾文献丛刊第121种，台湾银行经济研究室编印，1962，第590页。
③ 林金水主编《福建对外文化交流史》，福建教育出版，1997，第186页。
④ 周煌：《琉球国志略》，台湾文献丛刊第293种，台湾银行经济研究室编印，1971，第239页。
⑤ 李鼎元：《使琉球记》，台湾文献丛刊第292种，台湾银行经济研究室编印，1971，第164页。
⑥ 陈侃：《使琉球录》，台湾文献丛刊第287种，台湾银行经济研究室编印，1970，第16页。

腐，而味耐咀嚼"，其制作方法是"取而盐之"，"风味不减糟鲥"。①受到闽菜做法的影响，食物的处理方式和家庭菜谱也渐渐吸收闽菜的精髓并与之趋同。风干保存或腌制保存、腌渍和浸泡等独特的食物处理方法逐渐被吸纳。从清朝同治五年（1866年）时，琉球尚泰王册封之时宴请钦差大臣的菜单中，可以看到"小文蛤鲜丝瓜汤""紫菜山东粉"，②这是福州地区特色的汤品，其中"山东粉"就是粉丝，因最初山东粉丝制作最精，故福州地区称此粉丝为"山东粉"，日后人们无论对何处产的粉丝，一律都称"山东粉"，可见琉球国宴中的"山东粉"是从福州传入的。在菜单中还有"黄米糕""千页糕"，这些至今仍是福州的糕点小吃。而现在冲绳的饮食文化独具特色，与日本本土有着很大的区别。图8-2、图8-3是琉球料理。

图 8-2　琉球料理（一）

图 8-3　琉球料理（二）

---

① 李鼎元：《使琉球记》，台湾文献丛刊第292种，台湾银行经济研究室编印，1971，第164页。
② 刘立身：《闽菜史谈》，海风出版社，2012，第418~419页。

作为茶叶产地,福建茶叶在明清时期享誉天下。由于福建与琉球的特殊关系。福建的茶文化亦对琉球产生极大的影响。在明朝初期,琉球开始种植茶叶,但"制法未精,只有出粗茶"。到了清雍正九年(1731年),琉球人向秀实来闽专门学习制茶。雍正十一年(1733年),他学成回国,在琉球棚原山地开辟茶园,开始制茶以供本国使用。① 从各个朝代的册封使录中可见,饮茶也成为琉球人日常必不可少的部分,无论是平民还是王室贵族都好饮茶。琉球的茶道也受福建影响,越来越精致讲究。明朝时陈侃在《使琉球录》中记载琉球烹茶之法:"设古鼎于几上,煎水将沸,用茶末一匙于锺〔钟〕,以汤沃之,以竹刷瀹〔沦〕之。"② 到了清朝,却变为"以细米粉少许杂茶末,入沸水半瓯,搅以小竹帚,以沫满瓯为度"。③ 饮茶时"茶瓯颇大,斟茶止二、三分,用果一小块贮匙内:此学中国献茶法也"。④ 琉球国王还选风水宝地修建茶亭,用来会客烹茶休闲。

与茶一样,酒在琉球社会生活中也具有重要的地位。不论是会客,还是婚丧嫁娶、岁时节庆、祭祀都需要饮酒。琉球人所饮有"米肌酒"、"福寿酒"、"土产烧酒"和"泡盛酒"。其中"米肌酒"味道甘甜,其做法是将"酿米经妇人口嚼而成","细询作法,实不用曲蘖"。⑤ "福寿酒"属于烧酒,"著黄糖则名福,著白糖则名寿"。⑥ 而中国也有类似福寿酒的做法。"土产烧酒"是用米酿成

---

① 球陽研究会编『沖縄文化史料集成』5,『球陽』,角川書店,昭和53年再版,第307页。
② 陈侃:《使琉球录》,台湾文献丛刊第287种,台湾银行经济研究室编印,1970,第18页。
③ 李鼎元:《使琉球记》,台湾文献丛刊第292种,台湾银行经济研究室编印,1971,第212页。
④ 徐葆光:《中山传信录》,台湾文献丛刊第306种,台湾银行经济研究室编印,1972,第230页。
⑤ 李鼎元:《使琉球记》,台湾文献丛刊第292种,台湾银行经济研究室编印,1971,第169页。
⑥ 李鼎元:《使琉球记》,台湾文献丛刊第292种,台湾银行经济研究室编印,1971,第169页。

的。这种做法类似福建客家米酒。"泡盛酒"用米、粟、麦等物入壶，泡制越久口感越甘醇。"泡盛酒"作为贡品被献给中国和日本，在《德川实纪·骏河记》中，泡盛酒也被称作"琉球酒"。到今天"泡盛酒"仍是冲绳的特产之一。琉球人好饮酒，琉球士大夫也好饮酒，李鼎元《使琉球记》中记载：①

> 二十四日（甲辰），雨。与介山弈，以胜负赌酒。午刻，小饮。入暮，闻拇战声、又闻歌声，多作梵音；亦有如中国弦索歌曲者，率搊三弦和之。余疑附馆有红衣人，恐从者为所盍；传长史诘之，知为那霸士大夫聚饮某家，酒酣起舞，歌以行乐——盖国中习俗也。

在饮酒过程中，以行酒令、划拳及歌舞取乐，调动气氛。在酒礼仪上，"劝尊者酒，酌而置杯于指尖以为敬，平等则置手心"。②这些礼仪都是从中国学习的。

中国文化在琉球的传播过程中，福建对琉球的影响不仅仅体现在饮食文化上，从宗教信仰、建筑风格、手工技艺、教育、医疗等各方面，都可以看到浓厚的福建民俗文化。这些都大大促进了琉球社会的进步，大大提升了琉球物质生活水平，加深了福建与琉球的友好交往，起到了沟通当代冲绳与福建人民之间友谊的作用。

二 服饰

在衣着服饰上，随着与中国的不断往来，琉球通过请赐官服以及入华学习纺织技术，提高了工艺水平，服饰也就开始由明之前简

---

① 李鼎元：《使琉球记》，台湾文献丛刊第 292 种，台湾银行经济研究室编印，1971，第 190 页。

② 李鼎元：《使琉球记》，台湾文献丛刊第 292 种，台湾银行经济研究室编印，1971，第 204 页。

单的质朴蕉麻布衣逐渐汉化，样式也逐步丰富起来。另外，琉球国在服饰上也有着等级制度森严的特点，十分讲究按照等级次序穿戴相应的颜色、款式以及图案。本部分将从官服、男子服饰、女子服饰三大方面进行简浅论述。

1. 官服

琉球在明清时期，受到中国颁赐官服和布料的影响，因此样式、质地、花色、穿戴规矩等方面都与中国颇为相似。

明时册封礼所用之器皿和服饰都必须按照明朝的礼数进行，因而每次册封，册封使都带来大量中国皇帝颁赐给琉球国王的物品和冠服。

至清时，琉球官员便改为着本地服饰行礼，官员的外衣长过身，"大带束之腰间，提起三、四寸；令宽博，以便怀纳诸物"，①如纸夹、烟袋等；"缎作衣，诸色不禁"，每制作一件衣服，就需要用大缎三丈五六尺，耗费是中国的好几倍。其腰间的大带，按徐录，"长一丈四、五尺，宽六、七寸，蟠腰间三、四围。杂花锦地为贵，大花锦带次之，龙蟠黄地、红地者又次之；下者皆杂色花带"。② 同时，根据徐葆光所记载的官服制：③

> 国王乌纱帽，双翅侧冲，上向；盘金朱缨结，垂领下三、四寸许；盖前所赐旧制也；
>
> 正一品，金簪，彩织缎帽，锦带，绿色袍；从，同。
>
> 正二品，金簪，紫绫帽（有功者，赐彩织缎帽），龙蟠黄带（有功者，赐锦带），深青色袍（下至八、九品朝服皆同）；

---

① 徐葆光：《中山传信录》，台湾文献丛刊第 306 种，台湾银行经济研究室编印，1972，第 170 页。
② 徐葆光：《中山传信录》，台湾文献丛刊第 306 种，台湾银行经济研究室编印，1972，第 173 页。
③ 徐葆光：《中山传信录》，台湾文献丛刊第 306 种，台湾银行经济研究室编印，1972，第 169~170 页。

从，金花银柱簪，余同。

正三品，银簪，黄绫帽，龙蟠黄带；从，同。

正四品，簪、帽、袍同三品，龙蟠红带；从，同。

正五品，簪、帽、袍同三品，杂色花带；从，同。

正六、七品，簪、袍同三品，黄绢帽，带同五品；从，同。

正八、九品，簪、袍同三品，大红绉纱帽，带同五品；从，同。

杂职，簪、袍同三品，红绢帽，带同五品。

里长、保长，铜簪，蓝袍，红布帽或绿布帽。

荫生、官生，簪、帽、服、带俱同八品。

外有青布帽，百姓头目戴之。

2. 男子服饰

男子常服为"裌"，袖宽二三尺，长不过手指，没有连着衣服的系带或纽扣，多以蕉布、蕉葛制作。① 男子外衣腰束大带，"长丈六尺、宽四寸以为度；围腰四、五转，而收其垂于两胁间。烟包、纸袋、小刀、梳篦之属皆怀之，故胸前襟常搨起凸然"。②

在发型上，明前期，据陈侃记载，琉球人和汉人后代装扮有所不同，男子不戴冠，不修面，"但结髻于首之右。凡有职者，簪一金簪；汉人之裔，髻则结于发之中"；③ "俱以色布缠其首，黄者贵、红者次之、青丝者又次之，白丝下矣"。④ 明亡后开始剃顶发，只留四周，结一髻于前额右旁，簪小如意。"如意亦分贫贱品级：国王用金而起花者，王之伯叔兄弟用光金；三法司、紫金大夫用银

---

① 徐葆光：《中山传信录》，台湾文献丛刊第306种，台湾银行经济研究室编印，1972，第172~173页。
② 李鼎元：《使琉球记》，台湾文献丛刊第292种，台湾银行经济研究室编印，1971，第193页。
③ 陈侃：《使琉球录》，台湾文献丛刊第287种，台湾银行经济研究室编印，1970，第24页。
④ 陈侃：《使琉球录》，台湾文献丛刊第287种，台湾银行经济研究室编印，1970，第24页。

起花者；大夫、通使等职用光银；百姓用玳瑁、明角、竹簪而已，妇女亦然"。① 他们平日不常戴冠帽，所戴冠帽有琉球本土的冠帽和明式冠帽两种。冠是以纸作为胚型，用绸布来包裹，"长七寸、阔二分，周回三转，共为一圈。王用五色花绫，王之叔伯兄弟子侄用黄花绫，宗族用黄光绫；法司、紫金用紫花绫，大夫、通使等官用红绢。初进王府者为秀才，用红光绢。王府役人及杂职，用红布；百姓皆用青、绿布：此定制也"。

3. 女子服饰

女子的常服无纽无带、不束腰，初期没有穿裤子和中衣的习惯，后来穿裤子和中衣，且衣襟和袖子较男子服装稍长；在上衣之外披上帷幔，见人时用以蔽面；裙"叠襟下为两层，风不得开"，② 行走时，需要用手拽着襟。

在发型方面，女子留长发，梳髻，形式多样，如"如童子之角总于后"，③ 或"前后偏堕"的倭堕髻④等。除发簪外不戴其他首饰，一如男子，女子头上所插之发簪也有身份、等级之分，贵族女子多结髻于头顶，王妃插凤头金簪，其他王族女子插金簪，命妇所用的发簪依据其丈夫的品秩而定，庶民女子则用玳瑁簪，她们不修眉鬓，不施脂粉，无首饰，但自古就有"以墨黥手"的习俗。女子自幼即刺黑点在手上，年年加刺，到老时，手背皆黑。文身的花纹，各使录记载不一，陈侃记载为"花草、鸟兽之形"，张学礼谓其"成梅花"，而徐葆光则云"腕上下或方、或圆、或髻，为形不等：不尽如梅花也"。值得注意的是，早在先秦时期，与

---

① 张学礼：《中山纪略》，台湾文献丛刊第292种，台湾银行经济研究室编印，1971，第12页。
② 李鼎元：《使琉球记》，台湾文献丛刊第292种，台湾银行经济研究室编印，1971，第198页。
③ 陈侃：《使琉球录》，台湾文献丛刊第287种，台湾银行经济研究室编印，1970，第25页。
④ 李鼎元：《使琉球记》，台湾文献丛刊第292种，台湾银行经济研究室编印，1971，第198页。

之隔海相对的中国古越民族（即今福建地区），文身的习俗已相当普遍了。此类文身意在驱邪防身或不受沿海鱼龙的侵害。因此，琉球人的"黥手"与福建的文身寓意相似，即以此保佑海国之民的平安。

琉球不少服饰式样仿制于福建。最初琉球国王、王妃的服饰都是由中国政府赏赐的，其后凡琉球国进贡使节来华，中国政府不是赐给各类服饰，就是赐给各色衣料。徐葆光《中山传信录》载，"国王侧翅乌纱帽"，又有"各色锦帽、锦带，本国皆无，闽中店户另织布与之"。① 由此可见，琉球的服饰有相当部分直接购之福建。

福建文化因琉球进贡使团的作用而得以在琉球传播，其相当重要的部分是琉球使团携带回国的各种赏赐物品及贸易物品。据清代档案史料记载，琉球贡使携带回国物品的清单中有纺织品、生活用品等，这些物品多是在福建置办的。根据琉球使臣携带回国的货物清单，故绸衣、故布衣的数量也是不可忽视的，这些福建故衣被带回琉球后，对琉球的制衣款式和印花技艺都产生了一定的影响。

清代琉球使臣回国携带故衣情况见表8-1。

表8-1 清代琉球使臣回国携带故衣统计（1767~1875年）

序号	返航时间	船的种类及数量（只）	故（旧）布衣数量（件）	故（旧）绸衣数量（件）	资料来源：《清代中琉关系选编》
1	乾隆三十二年（1767年）八月十三日	贡船1	8	24	第113页
2	嘉庆二十六年（1821年）八月二十九日	贡船2	-	89	第534页

① 徐葆光：《中山传信录》，台湾文献丛刊第306种，台湾银行经济研究室编印，1972，第171页。

续表

序号	返航时间	船的种类及数量（只）	故（旧）布衣数量（件）	故（旧）绸衣数量（件）	资料来源：《清代中琉关系选编》
3	道光二年（1822年）四月二十九日	护送船1	77	21	第562页
4	道光五年（1825年）五月初九日	贡船2、漂风船4	30	26	第625页
5	道光六年（1826年）五月初八日	接贡船1、护送船2	-	161	第633页
6	道光十年（1830年）闰四月二十三日	接贡船1、漂风船1	-	79	第670页
7	道光十二年（1832年）五月十五日	接贡船1、护送船2	58	49	第705页
8	道光十六年（1836年）五月初七日	接贡船1、漂风船3	30	42	第751页
9	道光十七年（1837年）五月十三日	进贡船2、护送船1	-	215	第759页
10	道光十八年（1838年）闰四月十二日	接贡船1	45	70	第774页
11	道光十九年（1839年）五月二十四日	进贡船2、漂风船4	40	72	第802页
12	道光二十年（1840年）五月初十、十五日	漂风船1、谢恩船1、接贡船1	255	95	第810页
13	道光二十二年（1842年）九月初五日	接贡船1、漂风船1	15	20	第834页
14	道光二十三年（1843年）五月二十三日	漂风船1、进贡船2	30	40	第850页
15	道光二十四年（1844年）七月初五日	接贡船1	16	20	第855页
16	道光二十九年（1849年）闰四月二十三日	进贡船2	38	30	第905页

续表

序号	返航时间	船的种类及数量（只）	故（旧）布衣数量（件）	故（旧）绸衣数量（件）	资料来源：《清代中琉关系选编》
17	道光三十年（1850年）十月二十二日	接贡船1、漂风船1	21	24	第914页
18	咸丰三年（1853年）五月二十一日	进贡船2	60	40	第937页
19	咸丰四年（1854年）六月初六日	接贡船1、护送船2、漂风船1	80	60	第955页
20	咸丰五年（1855年）五月二十四日	进贡船2、漂风船1	40	40	第976页
21	咸丰六年（1856年）九月二十一日	接贡船1、漂风船1	48	55	第993页
22	咸丰八年（1858年）九月十三日	接贡船1	35	65	第1006页
23	光绪元年（1875年）六月初十日	进贡船2	250	250	第1102页
	合计	59	1176	1587	—

第二节 年节与婚丧

史书记载，明洪武五年（1372年），明太祖遣使臣诏谕琉球，琉球中山王察度遣使臣入明称臣纳贡，拉开了中琉交往的序幕。明初，政府设立市舶司，专门管理外国朝贡事宜。明前期设有三大市舶司，它们都是特定的外国朝贡使团的对接口岸。琉球西隔东海，与福建相望，特殊的地理位置使福建在中琉交流中发挥着重要作用。"凡外夷贡者，我朝皆设市舶司以领之，在广州者专为占城、暹罗诸番而设；在福建者专为琉球而设；在浙江者专为日本而设。"[①] 清沿明制，福州仍是通琉球的唯一口岸。在中琉交往的历史中，福建文化渐渐传入琉球，对琉球产生了深远的影响，从今天保存的文献中，还能深刻地体会到两国文化的长久融合。明洪武二十五年（1392年），朱元璋为了加强中琉之间的朝贡贸易关系，赐给琉球"闽人三十六姓，善操舟者，令往来朝贡"。闽人三十六姓成为当时较为先进的中国文化向琉球传播文化的重要载体，对琉球经济和文化发展及社会进步发挥了重要作用。《琉球国由来记》中所记载，由于带有先进文化的闽人三十六姓及其后裔在琉球的辛勤耕耘及传播，琉球"从此本国重视崇

---

① 胡宗宪：《海筹图编》第12卷，经略2，开户市，明天启年间刻本。

儒，使节音乐，不异中国。"① "使琉球改变番俗，而致文教同风之盛"。② 闽人三十六姓移居久米村之后，中华各项年节礼俗被随之带入琉球。图 8-4 为中山王府中秋宴图。

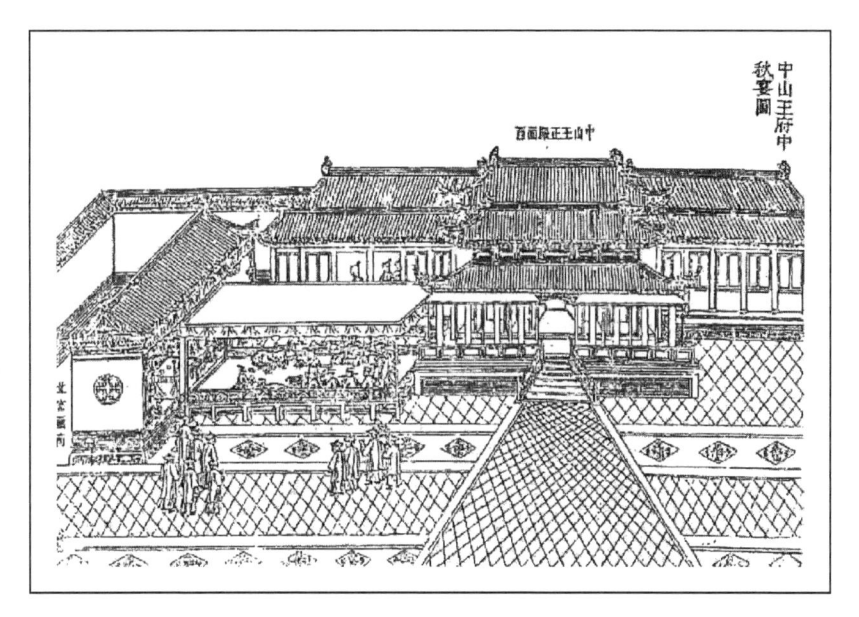

图 8-4 中山王府中秋宴图

一 年节

琉球之年节，和中国一样，包括元旦、人日（正月初七）、元宵、花朝③（二月十二）、踏青（三月初三）、清明、佛诞（四月初八）、端午、中元、中秋、重阳、冬至、小年、除夕等。根据徐葆光《中山传信录》记载：④

---

① 外间守善、波照间永吉编『琉球国由来记』卷9，東京角川書店，平成9年版，第168頁。
② 『中山世譜』第3卷，伊波普猷等编『琉球史料叢書』，東京美術刊，昭和47年版，第44頁。
③ 花朝节，北方为二月十五日，南方为二月十二日。
④ 徐葆光：《中山传信录》，台湾文献丛刊第306种，台湾银行经济研究室编印，1972，第220~221页。

正月十六日，男妇俱拜墓。……二月，麦穗祭，国中同日祭麦神。此日妇女不作女红，男不事田野。二月十二日，花朝。前二日，各家俱浚井，女汲取井水洗额，云可免疾病。三月三日上巳，家作艾糕相饷遗。官民皆海滨禊饮，又拜节相往来。……五月五日，竞渡龙舟三（泊一，那霸一，久米一）。一日至五日，角黍、蒲酒同中国。……六月，稻大祭，选吉同日祭稻神。又有六月节，国中蒸糯米为饭，家家相铜［同］，此日亦不作女红，不事田野，同上四祭日。此月有月之夜，士民皆拔河争胜。七月十五日，盆祭祀先。预于十三日夜，家家列火炬二于大门外，以迎祖神。十五日盆祭后，送神。八月，家家拜月。……白露，为八月节。先后三日，男女皆闭户，不事事，名"守天孙"。此数日内，如有角口等诸事故，必犯蛇伤。……十二月逢庚午、庚申日，通国皆作糯米糕，棕叶包裹三、四层，和叶燕食相饷，名曰：鬼饼。俗传古有鬼出，作此祭之，亦驱傩、禳疫之意。二十四日，送灶。次年正月初五始迎灶。每月朔望，家家妇女取瓶罂至炮台汲新潮水，归献灶神或天妃前石神。

徐葆光所记载的琉球传统节日，绝大部分传自中国，其中以元旦、清明、端午、中元为重。

1. 元旦

"元旦"为琉球一年之始之节日，故在民间节日中处于首位，主要活动是开正、祭祀等。"元旦"一词来源于中国春节之古称，最早出现于中国古史之《晋书》中："颛帝以孟夏正月为元，其实正朔元旦之春。"琉球国王对元旦之活动极为重视，必亲自莅临行事，并向北叩首遥贺中华，以示对中朝归慕之心。①

---

① 徐葆光：《中山传信录》，台湾文献丛刊第 306 种，台湾银行经济研究室编印，1972，第 204 页。

国王皮弁执珪，先拜岁德，乃北向遥贺："皇上万万岁。"三跪九叩。礼毕，始登殿受百官贺礼如明制，就班一揖跪又三拜兴，又一揖礼毕皆用乐。（明夏子阳使录云："元旦行礼后各官易常服，王亦衣宽博锦衣戴五色锦帽，坐阁二层，众官跪阶下唱太平曲，卑者按拍和歌，尊者捧觞为寿，王亦等级赐之酒肴。"）

2. 清明

　　琉球清明节的主要活动是扫墓祭祖，这与中国根深蒂固的家族制度是分不开的。琉球清明祭祖的家族制度以及厚葬的礼仪从何时开始，史籍中并无明确记载。而有关琉球人家族宗法制度，则始于明宣德五年（1430年），明王朝赐琉球王"尚"姓，自此历代相传。至清康熙二十八年（1689年），琉球王又始赐姓于群臣……令群臣各修家谱。[①] 清乾隆三十三年（1768年），尚穆王时始定每年清明节祭扫玉陵及极乐陵，此为琉球官方及贵族正式实行清明祭祖扫墓之始。[②] 祭祖、扫墓是琉球清明节最主要的活动。在琉球，中国丧葬祭祖习俗中的洗骨、厚葬、敬拜祖先、香火相传等都极早已经深入民间。自明初闽人三十六姓到琉球之后，闽人清明必定祭祖，纵使其祖坟留在福建，清明节必定遥拜如仪，因此将中国祭祀习俗传播到琉球。琉球清明节扫墓不设牲，菜用木盘，灶香菜挂蕉扇，设三板于墓侧或折花供于墓前。

3. 端午

　　赛龙舟是琉球端午节最主要的习俗之一，按琉球习俗，每年

[①] 球陽研究会编『沖縄文化史料集成』5，『球陽』，角川書店，昭和53年再版，第246頁。
[②] 球陽研究会编『沖縄文化史料集成』5，『球陽』，角川書店，昭和53年再版，第347頁。

"五月五日,竞渡龙舟三(泊一,那霸一,久米一)。一日至五日,角黍、蒲酒同中国"。①

琉球端午龙舟始于何时,史籍并无统一明确的定论,根据《球阳》中《龙舟竞渡说》记载,有三种不同的说法。一说为闽人三十六姓入琉球之后,将龙舟一并传入。一说为国人赴南京,见到龙舟,归国效仿造之:"昔有长滨大夫者(姓氏未奉),奉命入闽赴南京,仿南京龙舟而回来,即五月之初造舟竞渡以祝太平也。"第三个说法为:"南山王弟汪应祖,尝至南京入监肄业时看龙舟竞渡于江心,甚慕之……效中华制法,创造龙舟。五月之初浮于那霸江中以为玩乐。人皆看之,亦制龙舟。至初四日,各邑龙舟必至城下竞渡前江。"②

除了划龙舟之外,琉球还曾经有将龙头龙尾放置于宗庙进行祭祀的习俗。据《球阳》卷九,"尚贞王三十年禁止以龙舟头尾放在宗庙坛上"条载称:"自往昔时,泊邑以龙舟头尾放在宗庙之坛上,五月朔后五日,龙舟掌官一员,带来领水梢,诣崇元庙,即开大门,中庭班坐,致四拜礼,以置其头尾于神坛上。今年禁止其拜礼,亦不许放在龙舟头尾。"③崇元庙为琉球最大的佛寺之一,也是琉球王室宗庙之所在。由此可以推断,龙舟之龙头龙尾是供奉于王室宗祠神坛之上的,而且由专门的官员看守,受皇族之祭祀膜拜,可见明清时期龙舟在琉球人心中之分量。

食角黍、喝菖蒲酒是琉球端午节的又一大习俗。角黍为粽子的古称,从五月初一就开始制作,用碱水浸泡糯米,后用"粽叶",即狭长之竹叶包裹成三角锥状,再用草或麻绳扎好,放入锅中煮熟

---

① 徐葆光:《中山传信录》,台湾文献丛刊第306种,台湾银行经济研究室编印,1972年,第220页。
② 球阳研究会编『冲绳文化史料集成』5,『球陽』,角川书店,昭和53年再版,第164页。
③ 球阳研究会编『冲绳文化史料集成』5,『球陽』,角川书店,昭和53年再版,第253页。

即可。菖蒲酒为用菖蒲叶浸制的药酒。端午节饮之，俗谓可去疾疫。

4. 中元节

中元节亦为琉球祭祀祖先神灵最为隆重的节日之一，齐鲲在其《续琉球国志略》中记载了琉球习俗，卷三"风俗"之中写到琉球"中元节有盂兰祀"，① 有"盂兰盆会"的俗称，亦佛道。传说中元节前后一个月的时间是地官赦罪之日，因此道士都在这一天诵经，做法事，以三牲五果普渡十方孤魂野鬼，琉球国俗以中元节为重。琉球七月十五日为中元节，亦称为"鬼节"，此乃受福建之影响。福建次日称为中元节或者鬼节，家家设楮币冥衣，俱列祖先位，号祭而燎之。琉球中元节时祭祀鬼魂神灵，亦是琉球最主要的祭祀家中祖先的日子。琉球中元节七月十三日为迎鬼日，十五日为送鬼日。祖先属于自家鬼魂，琉球于祭祀正日祭奠，而最后一日为盂兰会，方为祭祀野鬼的日子。朝鲜《成宗大王实录卷一》（成宗十年六月乙未条）曾记济州岛人金非衣、姜茂、李正等三人还自琉球详叙所见："七月十五日，诸寺刹造幢盖，或用彩带，或用彩绘。其上做人及鸟兽之送于王宫。居民选男子少壮者，或着黄金假面，吹笛打鼓诸王宫，笛如我国小管，鼓样亦与我国同。其夜大设杂戏，国王临观。故男女往观者填街溢巷，驮载财物，诸宫者亦多。"② 成化十五年（1479年）为琉球尚真王三年，中元节如此盛况在中华亦不多见，足见其对中元节之重视，亦可见当时琉球经济之繁盛。

图8-5为琉球重阳宴图。

---

① 齐鲲：《续琉球国志略》卷3，"风俗"，载《国家图书馆藏琉球资料续编》上，北京图书馆出版社，2002，第459页。
② 〔日〕池谷望子、内田晶子译注：『朝鮮王朝実録琉球史料集成（訳注篇）』，榕樹書林，2005，第64頁。

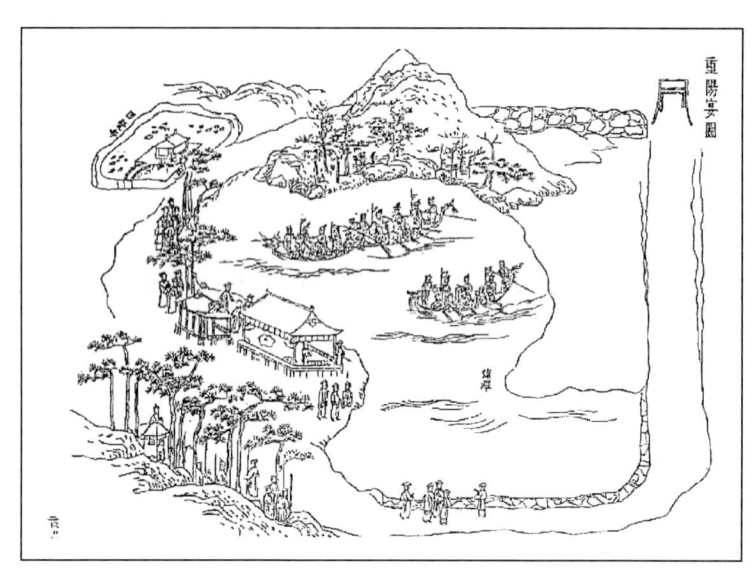

图 8-5　重阳宴图

二　婚丧

婚礼即人们在完成婚姻关系过程中形成的一套约定俗成的礼仪。琉球婚俗中亦有"说媒""做媒"一说。琉球旧俗"男女相悦，便相匹配"，与中国通贡之后，婚俗大改，以媒为介，"按父母之命、媒妁之约"而婚配。琉球婚嫁"世家亦有酒肴、珠贝为聘者，婚时，即用本国轿结彩鼓乐而迎，不计嫁奁，父母送至夫家即返。不宴客，至亲具酒贺，不过数人"。[①] 形式并不如中华之烦琐，仅男方有聘礼，女方并不准备嫁妆，且由父母亲自送到夫家，更无操办酒宴的风俗。清册封使齐鲲在他的《续琉球国志略》中记载"嫁娶必以五更，不用乐，犹存古意，不以十月，俗是月为无神月"。[②] 说明琉球民间因受中国影响，在婚礼之前一定有占卜吉时等

[①] 外间守善、波照间永吉编『琉球国由来記』卷9，東京角川書店，平成9年4月初版，第124頁。

[②] 齐鲲：《续琉球国志略》卷3，"风俗"，载《国家图书馆藏琉球资料续编》上，北京图书馆出版社，2002，第456页。

事宜的风俗。琉球人在选择配偶时，秉持"同姓不婚"的原则。嘉庆十三年（1808年），册封正使齐鲲在翻阅《中山世谱》时，发现王族皆姓尚，而王妃中亦有姓尚之人，怀疑为同姓通婚，便问通事，通事答曰首里有二尚，"其一为前王尚圆之后，今国王始祖也；一为前代尚巴志之后，今通婚者也"。① 由是可知，琉球人亦熟知同姓不婚之习俗，在择偶上必然会避开同姓之子，连国王王妃亦不例外。

琉球人办丧事也比较简朴。琉球的入葬方式，在明初尚有洗骨之说，琉球人将逝者先浅埋，待到中元前后，将其尸体挖出，用溪水冲刷去其腐肉，将布帛裹其骸骨，再用苇草裹之土葬。陈侃《使琉球录》云："死者以中元前日溪水浴其尸，去腐肉，收其骸骨以布帛缠之，裹以苇草，衬土而殡，上不起坟，若王及陪臣之家则以骸匣藏于山穴中，仍以木板为小牖〔牖〕户，岁时祭扫则启钥视之，盖恐木朽而骨暴露也。"② 到了清代的几位册封使赴琉球时，丧事已经有了很大的变化。"通国平民死，葬皆用棺椁。官宦有力之家仪物仿家礼，有详略。会葬者，皆衣白蕉衫。久米村大夫中，近有从家礼葬，不用浮屠者。""棺制，比中国棺略小，板厚不过一寸，长四尺五寸。""墓，皆穴山为之。即窆，垒以石，贵家则磨石方整，亦建拜台。墓门远望如桥门，更有穴山，葬在层崖之上者。女墓前挂棕叶，片扇，白巾；男墓前白布笠，立杖，草履，木屐，插花筒，设香炉，则男女墓皆同。"③ 守丧之制最早起源于久米村，按陈侃使琉球之时所见"子为亲丧数月不肉食"。④

---

① 齐鲲：《续琉球国志略》卷3，"风俗"，载《国家图书馆藏琉球资料续编》上，北京图书馆出版社，2002，第460页。
② 陈侃：《使琉球录》，台湾文献丛刊第287种，台湾银行经济研究室编印，1970，第25页。
③ 徐葆光：《中山传信录》，台湾文献丛刊第306种，台湾银行经济研究室编印，1972，第221～222页。
④ 陈侃：《使琉球录》，台湾文献丛刊第287种，台湾银行经济研究室编印，1970，第25页。

众所周知，琉球自与中国建立友好往来关系后，福州成为琉球人重要的活动场所。福州作为琉球船登陆的重要港口，因为朝贡、册封、贸易往来，与琉球的关系变得十分密切。众多琉球人在福州居住时期，因病死亡是常有的事。从明洪武五年（1372年）中琉确定朝贡关系始，据记载，在福州亡故的琉球人前后有578人，大多数就地埋葬。据考察，琉球人墓的形状与福州民间墓形大致相同，福州保留有多处琉球人墓葬，多为单人葬，靠背椅形式，由供案、碑牌、侧屏、宝顶（龟甲形）、山墙5部分组成。形制简朴，碑牌书汉文，内容包括国籍、姓名、职务、住址、生卒年月及墓地尺寸等。日本学者鸣越宪三郎在《冲绳庶民生活史》中谈到，琉球古墓被称为龟甲墓（见图8-6），主要受三百年前中国南方的影响。在华琉球人墓充分体现了琉球人为促进中琉友好往来的献身精神，也充分反映了清政府对琉球死难者的优恤政策。琉球人墓是中琉友好交往的历史见证，同时，也为我们研究明清时期中琉之间密切的政治交往、经济贸易和文化交流提供了珍贵的历史资料。

图8-6　琉球的龟甲墓

图8-7为琉球的先祖牌位。

图 8-7　琉球的先祖牌位

第三节　建筑与园林

琉球之建筑，因自身自然地理特点，有其独特的建筑风格。如陈侃所说："琉球俗朴而忠，民贫而俭。富室贵家仅有瓦屋二三间，其余则茅茨土阶不胜风雨飘摇之患。"① 又如徐葆光所载："作屋，皆不甚高，以避海风，去地必三、四尺许，以避地湿。民间作屋，每一间瓦脊四出，如亭子样。瓦如中国缸瓦，极坚厚，非此不能御飓故也。"② 闽人三十六姓在移居琉球之后，在琉球王府的帮助和支持下，自行择地建屋、聚落而居，形成一个特殊的村落，其独特的建筑风格完全受到闽都文化的浸染。受闽都文化建筑风格的影响，琉球各地建筑也兼容吸收了相关的富有闽都文化传统的建筑风格和技术。这在琉球的王宫、天使馆、园林等建筑上得到了充分的体现。

徐葆光对琉球的王城建筑有详尽的描写："王宫正殿为奉神门，左右三门并峙。西向，王殿九间，皆西向……左为南楼，北向，右为北宫，南向。"③ 可以看出，东面的正殿、南面的南楼、西面的奉神门和北面的北宫，组成了"口"字形的四合院式建筑群，显然是

---

① 陈侃：《使琉球录》，台湾文献丛刊第 287 种，台湾银行经济研究室编印，1970，第 31 页。
② 徐葆光：《中山传信录》，台湾文献丛刊第 306 种，台湾银行经济研究室编印，1972，第 223 页。
③ 徐葆光：《中山传信录》，台湾文献丛刊第 306 种，台湾银行经济研究室编印，1972，第 54 页。

采用了中国庭园的传统布局。这是受到了福建传统建筑风格的影响。福建传统建筑布局偏于严谨，左右均齐，主轴贯穿，主次分明，这种均衡美的审美习惯在福建表现得尤为突出，特别是福建传统民居，以其严肃方正的群体组合与较为活泼的江浙及安徽民居相区别。萧崇业对琉球王宫围墙也有评价说："俨然石壁矗矗，略仿京城外墙园之制。"① 另外对于琉球用于招待中国使者下榻的天使馆，徐葆光称其"屋宇皆如中国衙署"。②

明清时期是中国园林建筑建造技艺发展的鼎盛时期，这一时期的福建园林建筑风格对琉球的园林建筑风格影响极深。对于琉球园林的记载，主要见于出使琉球者的著述当中。明代潘荣在《中山八景记》中写道：③

> 是日白云初收，天气清明，山色秀丽，有松万树，所谓万松山也。……山之东，行一里许，至轩曰：潮月轩。轩中四面萧爽。……轩之左，凿地为井，井上植桔数株。泉甘足以活人，桔[橘]叶可以治病。……右则有径，径石奇形怪状，旁则皆佳木异卉，可憩可游……至送客桥，士大夫爱重，过桥须下马。

清代册封使周煌对琉球的皇家园林做了如下描写：④

> 东苑，在崎山上，前使臣汪楫书匾，有记。门西向，入门，茵草遍地，板亭南面二间，更进而南，三间。天启五年，

---

① 萧崇业：《使琉球录》，台湾文献丛刊第287种，台湾银行经济研究室编印，1970，第112页。
② 徐葆光：《中山传信录》，台湾文献丛刊第306种，台湾银行经济研究室编印，1972，第36页。
③ 萧崇业：《使琉球录》，台湾文献丛刊第287种，台湾银行经济研究室编印，1970，第135~136页。
④ 周煌：《琉球国志略》，台湾文献丛刊第293种，台湾银行经济研究室编印，1971，第188~189页。

诏使指挥同知萧崇基书"潮音应世"额，今失。亭东，土阜一邱，形如覆盂。……石狮一，蹲岩旁。下有小方池。激泉从石龙唇吐出，弄金鱼其中。前植竹万竿，后古松数十株，皆盘根石上，极蟠屈有致，东行为望仙阁。……相传苑内有八景：东海朝曦，西屿流霞，南郊麦浪，北峰积翠，石洞狮蹲，云亭龙涎，松径涛声，仁堂月色……

可以看出，琉球园林主要包括单体建筑和山水花木道路等，与福建园林构成如出一辙。同时，八景的题名，借用了中国古代建筑艺术中的传统手法。使有色、有香、有形、有相的景色画面，增加了有声、有名、有时、有节的意义。① 至于山水花木路的表现手法，从布局到造景，由于闽人三十六姓后裔的设计和中国册封使臣的意见，都在不同程度上显露出中国的风格来。

潘荣在《中山八景记》中对八景设计创建者称赞不已："程大夫中华人也，用夏变夷均之职也，果能以诸夏之道而施之蛮貊，渐染之、熏陶之、提撕而警觉之，将见风俗淳美，中山之民物皆易而为衣冠礼义之乡。"②

---

① 林金水主编《福建对外文化交流史》，福建教育出版社，1997，第 197 页。
② 潘荣：《中山八景记》，载萧崇业《使琉球录》，台湾文献丛刊第 287 种，台湾银行经济研究室编印，1970，第 136~137 页。

第 九 章

琉球国难中的久米村人

第一节　1609 年萨摩藩入侵与郑迵殉国
第二节　久米村人与清末琉球复国运动

在琉球国的历史上，不论在其衰弱时期、外族入侵时期，还是面临亡国的生死时刻，久米村人都与琉球国同进退共患难，不离不弃。

第一节　1609 年萨摩藩入侵与郑迥殉国

"琉球国者，南海胜地也。钟三航之秀，以大明为辅车，以日域为唇齿，在此二中间涌出之蓬莱岛也。"①　琉球王国首里城正殿门前的万国津梁铜钟（见图 9-1）上的这段铭文揭示了琉球盛极一时的情况。洪武五年（1372 年）明太祖朱元璋遣使入琉，数百年间中国在政治、经济、文化等各方面辅助琉球。琉球以明朝朝贡贸易为契机，发展海上贸易，成为相当富裕的海上王国，迎来了琉球历史上的第一个黄金时代。

相比于琉球，同时期日本与明朝的贸易关系，则显得异常复杂。明初，明朝方面希望通过外交途径来抑制倭寇的侵扰，故颁赐给日本勘合，准许他们入明朝贡。但是，双方对"朝贡"的理解不一样，明朝方面企图以此为手段消除倭寇"衅隙"；而日本方面却将其看作营利之机。嘉靖二年（1523 年）日本朝贡使团在宁波发生"争贡事件"，明朝方面遂中断与日本的贸易关系，罢其市舶，且终明之世，明朝始终未与日本恢复正常的贸易关系。

15 世纪初，琉球与日本出现了官方贸易，日本极力试图以琉球为中介恢复同明朝的朝贡贸易关系。而琉球则以中国为尊，认为日本同为明朝藩属国，琉日两国地位平等，故琉球无须依照日本以及

---

①　高良倉吉：『図説琉球王国』，河出書房新社，2000 年，第 20 頁。

图 9-1　万国津梁铜钟

萨摩藩的意旨行事。明万历时期，丰田秀吉侵略朝鲜，琉球拒绝如数给日本提供军需，并且将日本的情报通知中国，从而"得罪"了日本。于是万历朝鲜战争之后，萨摩藩便伺机寻得"借口"，最终在万历三十七年（1609年）入侵琉球。琉球王城被洗劫一空，尚宁王及官员被羁押囚禁于萨摩藩。此后虽然尚宁王被释放归国，但琉球开始被迫受控于萨摩藩，同时又努力保持着同明朝的朝贡贸易关系，琉球进入了"两属时代"。

一　萨摩藩入侵琉球的原因

有关万历三十七年（1609年）萨摩藩入侵琉球王国的原因，日本、中国学者都有一些观点与论述。[①] 根据史料记载以及前人研究成果，大致有以下几个方面。

---

① 参阅喜舍场一隆『近世薩琉關係史の研究』，東京国書刊行会，1993年；米庆余：《琉球历史研究》，天津人民出版社，1998。

（一）萨摩岛津家族向南扩张的强烈欲望

12世纪末，日本平氏与源氏家族间长期互相争斗，最终源赖朝成为日本的真正统治者。日本文治二年（1186年）正月，源赖朝任命自己的非婚生子忠久为岛津御庄的总地头，赐姓岛津。次年，岛津忠久升为九州南部萨摩、大隅以及日向三州的守护。日本建久七年（1196年），忠久在萨摩建城堡，沿用当地地名作为他的领地名，即日本历史上的萨摩藩。此后，岛津氏家族一直在此地区扩张七百余年，直至明治维新的废藩置县。14世纪，岛津家族已是九州三大势力之一，藩主岛津贵久一心想要向北方扩势，统一九州。日本天正十二年（1584年），贵久攻打大友失败后臣服于丰臣秀吉，势力被局限于日本本土。日本庆长五年（1600年），关原之战中岛津义久战败，德川家康特赦其罪，而后出家。义久之子岛津家久于日本庆长八年（1603年）到江户感谢德川的恩典。德川乃允许家久继承萨摩岛津家族原有的世袭头衔，并鼓励其向南方海外扩展。自知向北扩张已无望的家久自此全力向南扩张。而此时，由于连年征战，萨摩藩内部存在严重的经济危机，为摆脱困境，只能以武力发动对琉的战争，并且实现其控制南方诸岛的野心。

（二）日本希望借助琉球与明恢复贸易关系

明洪武四年（1371年），日本初次遣使入贡中国。明洪武二十五年（1392年）室町幕府将军足利义满统一了南北朝。为摆脱内战造成的经济危机，足利义满对明廷入贡并从事朝贡贸易。为此，明太祖特开放宁波作为中日贸易港。永乐二年（1404年），明廷出于海防及防止私商贸易考虑，对日本实施"勘合贸易"，规定"日本十年一贡，人止二百，船止二艘，不得携军器，违者以寇论"。永乐六年（1408年），义满去世，其继任者义持以向明称臣为耻，遂在永乐十七年（1419年）中止了与明朝的朝贡贸易。宣德七年（1432年），幕府将军义教再遣使入贡。明廷规定："人毋过三百，舟毋过三艘"，但由于朝贡贸易日本获利颇多，日船与人数超过规定的事经常发生,并且也导致日本各地诸侯纷纷争夺贸易机会。嘉靖二年(1523年),日本大内厅氏使宗设与幕府使者瑞佐在宁波发生冲突,宗设杀死瑞佐,并焚掠宁波,导致中日两国断绝关系。此时倭寇正肆虐中国东南沿海,明廷下令废市舶司,停止与日本一切贸易活动。嘉靖二十六年(1547年)足利义晴遣使来贡,"帝以先期非制,且人船越额,敕守臣勒回",禁止日本使团登岸。① 与明朝中断商贸,日本商贸利益大大受损。日本看到琉球虽为小国,却因与中国的封贡关系获利不少。幕府曾通过萨摩藩,请琉球转请中国开放对日通商,却遭到琉球三司官郑迵的拒绝。据《南聘纪考》记载:"……且明不遣商舶来者三十余年于此矣,公(藩主)承神祖旨,遣使乌原宗安等之琉球,说三司官等传谕明国,必遣商舶通市互道,谢那不从,盖欲为明张威势也。"在此,"谢那"即指三司官郑迵,其在琉官爵为谢名亲方,亦书为谢那亲方。琉球的态度,日本大为不满,日本认为,如果能够控制琉球即可直接或间接控制对明贸易,使琉球成为日本与中国之间通商的工具。

(三)琉球对幕府及萨摩所持的不合作态度

万历十五年(1587年),丰臣秀吉平定九州。翌年八月,在岛津义弘进京谒见秀吉之际,秀吉告之欲使琉球臣服之意,要求岛津义弘遣使,命琉球前来纳贡。同年年末,义弘派遣大慈寺僧龙雪,持信赴琉,信中披露丰臣秀吉企图征伐朝鲜、中国,甚至包括琉球。要求琉球"及今之时,宜其遣使谢罪,输贡修职,则国永宁矣"。② 万历十九年(1591年),丰臣秀吉决心入侵朝鲜,要求岛津氏通知琉球出兵随从。九月,岛津义久致信琉球尚宁王,称丰臣秀吉"命令两国(指萨摩与琉球)合计出兵一万五千人。此事由萨摩承担。琉球应代之以运送七千人十二个月的军粮,于来年二月之前,送到坊津"。③

---

① 张廷玉:《明史》卷322,外国3,中华书局,1974,第8350页。
② 宫城荣昌:『琉球の歴史』,吉川弘文館,1977,第98頁。
③ 宫城荣昌:『琉球の歴史』,吉川弘文館,1977,第99頁。

与此同时，丰臣秀吉也致书威胁琉球国王，宣称"吾起于卑微，入主日本六十余州。遐迩之地，无有不朝贡者。汝琉球王，据弹丸黑子之地，依仗远海，尚未入贡。吾告诸如，明年春季，吾将先伐朝鲜，汝当带兵来会。若不奉命，则先灭汝国，玉石俱焚。汝当好自为之"。①

万历二十一年（1593年），琉球国王尚宁在岛津氏遣使的逼迫下，遣使向萨摩藩运送军粮。但只有预定数额的一半，其余的萨摩藩只好代垫。同年十二月，岛津义久再次催促尚宁王运送军粮，但琉球国没有回应。朝鲜问题上的不合作态度成为萨摩入侵的一个重要口实。②

万历三十七年（1609年）二月，岛津义久在致琉球国王尚宁的最后通牒中指出："业已再三通信，龟井武藏想作琉球王，是我因旧情向太阁（即丰臣秀吉）请求而中止的，但却忘记恩情。又追惩朝鲜之时，殿下也有违尊命。前年琉船漂流之际，将军将之送还本国，但有欠回报之礼。加之将军欲使贵国为媒介，使大明国与日本通商之事，虽经遣使相告，但也疏略，实属非礼。故而，现已获得诛惩琉球国之朱印，正在急速准备兵船渡海。贵国自灭，怨恨于谁？不过，倘若努力通融日明，本人将尽心谋求琉球国之安泰，因难舍往古之好，故而投书。"③以上虽然历数萨摩入侵琉球诸因，但经济因素应该是最重要的原因。

二 主战派三司官郑迥

1. 郑迥生平

郑迥（1549～1611年），字利山，童名金松，"闽人三十六姓"郑义才之九世孙。其父郑禄。郑迥为长子，其下还有兄弟2人，即

---

① 『仲原善忠選集』上卷，沖縄タイムス社，1969年9月，第250~251頁。
② 宮城栄昌：『琉球の歴史』，吉川弘文館，1977，第101頁。
③ 大城立裕：『沖縄歴史散步』，創元社，1991，第82~83頁。

郑达与郑周。① 而另据徐葆光《中山传信录》记载，郑迥前后共育有 2 男 1 女，其女儿嫁给了尚清王第七子尚朝仲为妻。

嘉靖四十四年（1565 年），郑迥与同村梁照、蔡镰、梁焌四人以官生身份前往中国，在南京国子监学习，是年郑迥 16 岁。隆庆三年（1569 年），郑迥在国子监学习期间曾代理担任"朝贡使节"，随琉球进贡使团前往北京进贡，是年郑迥 20 岁。隆庆六年（1572 年），郑迥完成在国子监的七年学习，② 回到久米村，是年 23 岁。万历二年（1574 年），为庆贺万历皇帝登基，尚永王任命郑迥为庆贺都通事，③ 与王舅马忠叟、长史郑祐前往中国进贡，是年郑迥 25 岁。万历五年（1577 年）和万历七年（1579 年），郑迥又先后担任长史，④ 前往中国进贡谢恩，而当时郑迥不过 27 岁和 29 岁。因为这些渡华经历，万历九年（1581 年）郑迥便被尚永王任命为"总理唐荣司"，此时郑迥才 32 岁，可谓年少功成，意气风发。

在担任总理唐荣司的同时，郑迥在久米村天妃宫设学堂教书，这也是琉球王国正式学堂的开始。"万历年间，有郑迥者，尝为官生如监读书。返国后任紫金大夫，旋擢教司。每旬三、六、九日，诣讲堂，稽察诸生勤惰，以天妃宫为讲堂。"郑迥还为琉球学子留下了《三书》、《心学五伦书》、《天下国家之要录》和《三德抄》等文章⑤。

此后 20 年郑迥之事迹多已失传不见于古籍。万历三十三年（1605 年），尚宁王擢升郑迥为紫金大夫，是年郑迥 56 岁。万历三十五年（1607 年），58 岁的郑迥出任琉球国最高职位——"法司兼

---

① 久米崇聖会编『クニンダ人物志 2・郑氏（始祖郑義才）』，2009 年 12 月，第 13 页。关于郑迥的家世，清代册封使周煌在其所著《琉球国志略》中记载："郑迥字利山，祖本闽人，赐籍中山，都通事禄之次子，禄有三子，其长曰达，次曰迥，季曰週。"此处取《久米村人物志·郑氏（始祖郑义才）》记载："谢明亲方郑迥，郑禄之长子。"
② 《历代宝案》第 2 册，卷 31，"国立"台湾大学印行，1972，第 1057~1058 页。
③ 《历代宝案》第 2 册，卷 31，"国立"台湾大学印行，1972，第 1060 页。
④ 《历代宝案》第 2 册，卷 31，"国立"台湾大学印行，1972，第 1066、1071 页。
⑤ 久米崇聖会编『クニンダ人物志 2・郑氏（始祖郑義才）』，2009 年 12 月，第 53 页。

国务司"，① 俗称"三司官"，郑迥也是琉球国历史上第一位久米村出身的三司官。两年后，万历三十七年（1609年），日本萨摩藩入侵琉球，郑迥在危难时刻受命为最高军事指挥，在那霸港迎击萨摩军队。最终琉球战败，郑迥与尚宁王一同被掳，被挟持到萨摩藩。在长达两年的囚禁中，郑迥宁死不屈，展现出了崇高的气节。万历三十九年（1611年）九月二十日，郑迥被萨摩藩施以油煎之刑，身死殉国，享年63岁。

2. 郑迥在那霸港组织抵抗萨摩军队

那霸港作为琉球第一大贸易港和华人聚集地，地理位置的重要性不言而喻。作为一个开放的贸易港，萨摩藩对其熟悉程度要远远胜于琉球其他港口，因此，萨摩藩军队势必在此登陆作战。琉球王国当时有丑日、巳日、酉日三支正规编制军队，分别驻防首里城、那霸港北岸和那霸港南岸三个地区。② 面对萨摩军队的入侵，四月初一日，尚宁王下令三司官郑迥和师官毛继祖二人统领琉球丑日和酉日两支队伍，总计精锐士兵3000余人驻守那霸港，阻挡萨摩军队，而由浦添亲方率领巳日军队驻守首里城。

那霸港主要是由两座主要城池组成，分别是屋良座森城和三重城。屋良座森城和三重城修建于尚清王二十八年（1554年），屋良座森城位于那霸港的南岸，配有炮台，三重城位于那霸港的北岸，同样配有炮台，与屋良座森城并称南北炮台，形成掎角之势，共同守护着那霸港。③ 另据徐葆光《中山传信录》记载："那霸，在首里西十里那霸江，港口有南北炮台并峙。海门旁，有巨石当中流，名马加。四周皆铁板沙，沙如坚铁，其平如板，板面嵌空搓牙，沿

---

① 久米崇圣会编『クニンダ人物志2・郑氏（始祖郑義才）』，2009年12月，第19~20页。
② 上里隆史：『琉日战争一六〇九——岛津氏の琉球侵攻』，ボーダーインク，2009，第35页。
③ 上里隆史：『琉日战争一六〇九——岛津氏の琉球侵攻』，ボーダーインク，2009，第269页。

海皆是。潮涨沙没，舟误触无完者，故国人恃为金汤。"①

《历代宝案》中详细记录了郑迵在那霸港指挥琉球军民抵抗萨摩藩军队的整个过程：②

> 四月初一日，倭寇突入中山那霸港，卑职严令师官郑迵、毛继祖等统督兵三千余，披坚执铳，雄踞那霸江口力敌。彼时球兵陆居势强，蠢倭水处势弱，百出拒敌，倭其左矣。且倭船浅小势难用武，箭射难逊[逃]铳发莫避，怆忙急处，船各自携角冲礁沉毙及杀不可胜纪。讵彼倭奴藏兵继至沼陆从东北而入，无兵备御，虞喇时等地方悉被焚惨。且琉球僻在东隅绝岛，兵出有限，求助无地，孤威独支，兵使敌北则失南，敌南又失北，首尾不能相顾。
>
> 郑迵、继祖率兵退而坚防首里城王城，倭径突那霸营矣。彼时窥视核考，众寡莫辨，队成蜂蚁，势如喊虎。且彼蠢尔据地倍强，一足当十，难以力敌。卑职仰恩俯叹，于今门闾垃墟，百姓疲饥，使令进战，难忍生民肝脑涂地，呼令官民人等躲避入城。

四月初一日午后，萨摩舰队沿着海湾南下，先遣部队7艘船只突入那霸港。郑迵下令守军开炮，并从城墙上的射击孔射击敌军，不久7艘萨摩军船便遭到重创沉没，萨摩士兵无人生还。郑迵率兵在那霸打了琉球国的第一场胜战，这场胜利也极大地鼓舞了琉球军队的士气。但萨摩军队很快便放弃了正面进攻那霸港的尝试，而选择绕过那霸港，派遣陆军从东北面低洼地带登陆，意图夹击那霸、围困首里。无奈琉球国兵少将寡且无临战经验，在此处没有精兵布

---

① 徐葆光：《中山传信录》，台湾文献丛刊第306种，台湾银行经济研究室编印，1972，第142页。
② 《历代宝案》第1册，卷18，"国立"台湾大学印行，1972，第571页。

防，萨摩军队很快顺利登陆，从陆地进攻那霸港，那霸港前的天堑优势不复存在。另一方面，萨摩军队继续向首里城逼近，郑迵无奈放弃那霸港，率兵在太平桥①与萨摩军队交战，最终太平桥失守，郑迵率部退守首里城。随着太平桥战斗的失败，首里城最后一道防线失守，不久萨摩军队围困首里王城，琉球国亡在旦夕。②

据日本方面文献《入琉球之记》记载，郑迵率领"三千骑"，坚守久米村三天三夜，但难以抵挡岛津军的攻势，骑马逃向首里城。途中被岛津军中一个叫小松助四郎的十八岁年轻人追获，被带到岛津军大将桦山的面前。

久米村作为三十六姓聚居地，起初靠近那霸港择地而居，是为了方便海上贸易往来。也因为村中男子大部分随贡船赴华或驾船外出贸易，长时间不在，三十六姓在琉球又属于富裕阶层，容易成为海盗倭寇掠夺的对象，因此久米村人有必要筑土墙作为防御之用。③据夏子阳《使琉球录》记载，1576年，萧崇业、谢杰使琉球时，恰逢倭乱，"夷虑我众之不善于倭，又虑倭众之不利于我，每为危言以相恐，欲迁我众于营中"。久米村人为天使安全虑，便谏言天使移驾久米村，但萧崇业、谢杰二人坚持"岂有堂堂中国而避外夷乎？拒不移居久米村"。④ 久米村还有自己的武装力量，这些武装在战时便成为那霸港正规军之外的最大力量，郑迵作为久米村总理唐荣司，定然亲自率领久米村民，与琉球军队共同抵御外来之敌。

因此，至于《入琉球之记》所记载郑迵率领"三千骑"，坚守久米村三天三夜，难以抵挡萨摩军队的攻势，弃村逃往首里城，后

---

① 首里之地有一小川，自古设板为杠以便往来。（尚宁王九年）万机之暇，深念人民涉跋之险，特命辅臣累石建桥，刻岩成路，名之曰太平桥。见《球阳》卷4241条。
② 上里隆史：『琉日戦争一六〇九——島津氏の琉球侵攻』，ボーダーインク，2009，第277页。
③ 吕青华：《琉球久米村人的民族研究》，台湾"国立"政治大学，2008，第36页。
④ 夏子阳：《使琉球录》，台湾文献丛刊第287种，台湾银行经济研究室编印，1970，第279~280页。

被七众岛士兵捕获云云,上里隆史认为,郑迥确实率领久米村村民奋起抵抗萨摩军队,后考虑退守首里城,至于郑迥被小松助四郎捕获之事,应该是不存在的。① 笔者认为,郑迥之所以下令放弃久米村,盖因其身为人臣,得知尚宁王所在首里城将被萨摩围困,奋不顾身率领琉球兵士和久米村民众,冲破萨摩军队阵线,前往首里城勤王,是其忠勇之所在。

3. 郑迥密信明朝与慷慨就义

万历三十七年（1609 年）六月,尚宁王和郑迥等琉球一众君臣,被萨摩军队胁挟至鹿儿岛。为防止郑迥接近尚宁王,萨摩将其囚禁在桶屋折田嘉兵卫的家里。② 此处位于鱼市附近,远离尚宁王被拘禁之地。郑迥的到来带来了不小的轰动,除了郑迥是琉球国的三司官之外,郑迥的外貌也引起了不少人的"好奇",在日本人所著《喜安日记》中说郑迥是"若那身长六尺,为黛黑色男子";《守礼之光》杂志称郑迥"身高一八二公分,魁梧奇伟,面黛黑,性格豪放,意志坚强,性狷介,为正义感极强之大人物。明知其罪当死,而不畏避,诚志士风格"。郑迥魁梧奇伟的容貌确实在萨摩藩引起了不小的轰动,尤其是其一百八十二公分（厘米）的身高,这个身高在当时的萨摩乃至整个日本来说都是少有的。在身高不足的日人看来,郑迥绝非一般人物,所以当郑迥押解于此时,当地民众"争欲一窥风貌,途为之塞,数月不歇"。

郑迥在被囚禁时,常有明朝的商人慕名前去探视。有一个福建商人（姓名已不详）准备起身自长崎归国,以黄金贿赂守卫郑迥的看守,得以私下单独会见。郑迥自被俘至此后,仍然一心想着如何救国护王。见此商人,便想通过其与明朝取得联系,以便将萨摩侵

---

① 上里隆史:『琉日戦争一六〇九——島津氏の琉球侵攻』,ボーダーインク,2009,第 278~27 頁。

② 上里隆史:『琉日戦争一六〇九——島津氏の琉球侵攻』,ボーダーインク,2009,第 301 頁。

略之事向其汇报，希冀明朝出兵救援。于是郑迥作密信一封，交与商人，嘱咐其回国后代为上京转达。① 关于密信的内容，暂无古籍资料可以查证，但可以推想，郑迥肯定在信中仔细陈述了萨摩军侵略琉球的事实，以及向明朝求援。

万历三十八年（1610年），萨摩藩安排琉球遣使入明进贡，兼以探听明朝是否知晓其入侵琉球国之事。此次琉球使团从鹿儿岛出发，以王舅池城亲方毛安顿为正使。机缘巧合之下，在商人进京的途中，与琉球使团相遇。或是贪财忘义，或是遭到胁迫，这位商人最终将郑迥密信高价卖给了琉球国王舅池城亲方毛安顿等人，毛安顿等人将郑迥的密信带到萨摩藩，交给了岛津家久。郑迥冒死写下的密信，没能送到北京，② 其最后的抗争也失败了。

琉球国《俞姓家谱》中"二世重光"记载此事，详情如下。③

> 同三十八年庚戌正月二十日，为恳乞天恩恤怜遭乱赎修贡期事，王舅毛氏池城亲方安顿、长史金应魁、津波野古亲云上赴中华之时叙座敷为势头。入闽赴京时，郑迥谢明亲方在鹿儿岛密修"反间之书"，寄长崎转达中国。安顿、重光等闻闽人持此书将赴京，出公银买之。三十九年辛亥归国，即赴鹿儿岛复命。万般事竣，归国时，为御褒美，从御老中赐书。

《俞姓家谱》编撰于康熙二十九年（1690年），二世重光，汉名俞美玉，系那霸人。万历三十八年（1610年）岛津氏安排琉球王舅池城亲方毛安顿等人前往明朝朝贡并打探消息。那霸人俞美玉

---

① 上里隆史：『琉日戦争一六〇九——島津氏の琉球侵攻』，ボーダーインク，2009，第302頁。
② 上里隆史：『琉日戦争一六〇九——島津氏の琉球侵攻』，ボーダーインク，2009，第304頁。
③ 那覇市企画部市史編集室『那覇市史』資料篇，第1巻8，『那覇泊系家譜』，昭和57年版，第497頁。

跟随毛安顿等人来到福州,与郑迵托付的福建商人相遇,毛安顿和俞美玉从商人手中购买了郑迵的求救信。翌年归国后,转而交给萨摩藩。《俞姓家谱》中将郑迵密信视为"反间之书",而参与"截获"郑迵密信行动的俞美玉,也受到了萨摩藩的"褒书"奖赏,并在当年回到琉球后再赏赐擢升"行知高五十斛"。

万历三十九年(1611年)九月二十日,萨摩藩挟琉球君臣于大兴寺,强迫其签署降书。郑迵拒不签署降书,岛津家久大怒,命鼎沸油于侧。郑迵抗声辩之,神色自若。尚宁王知其心志之定,遂凄然将国事巨细询问郑迵,郑迵泰然应之,慷慨赴死。

三 琉球战败的原因

万历三十七年(1609年)三月四日的黎明时分,萨摩藩以桦山久高为大将,平田增宗为副将,率兵三千多人,从鹿儿岛出发,乘坐舰艇百余艘,由奄美岛南下,从琉球最北诸岛侵入琉球。当时琉球虽然有一支防卫部队,但是由于缺乏军事训练与作战经验,根本无力抵挡强悍的萨摩军队。琉球三司官郑迵带领琉球军民在那霸港附近展开了英勇的回击,最终仍无力抵抗萨摩的进攻。萨摩军攻陷那霸港,随后围困首里城,尚宁王携众臣子出城投降,最终这场战争以琉球战败结束。萨摩军队占据了首里王府,大掠七日。之后便挟持尚宁王、三司官郑迵以及一众官员离开了那霸,返回鹿儿岛。

究琉球战败之原因有以下几方面。首先,双方军事实力的悬殊。琉球与萨摩在军事实力方面存在巨大的差距。萨摩藩多年征战,累积了丰富的实战经验。同时萨摩藩在出兵琉球前做过精心的策划与部署,积极动员作战,征兵引粮。不论是在军队人数、武器装备规模方面还是在武器数量等各个方面,萨摩藩都大大超过琉球。加之琉球常年不修武备,其军事实力远远落后于萨摩岛津军。琉球虽然有自己的军队,也配备了装备,但不论是在数量上还是在作战能力上都同萨摩军队有很大的差距，根本无力抵抗岛津军的进攻。

其次，根据《渡海日记》的记载，当萨摩军进攻那霸时，早一步到达首里城的菊隐等人向尚宁王说明了战争情况后，国中的部分官员主张要与岛津军决一死战，然而大部分重臣，如大里按司、伊江按司、国头按司、城间亲方、摩文仁亲方等人都逃到了山里藏身。[①] 唯有三司官郑逈带领琉球军民在那霸港附近展开了英勇的回击，最终仍无力抵抗萨摩的进攻。

四　萨摩藩对琉球的控制

萨摩藩入侵之后，随之而来的便是萨摩藩对琉球源源不断地掠夺与索取。检地、定贡税、颁布裁制令十五条、设立人质制度与监管机构等，琉球逐渐成为萨摩藩严格控制下的附庸。

（一）强迫尚宁王签订降书

万历三十八年（1610年）八月十日，琉球国王一行人被俘至骏河城，十四日拜见了德川家康，至此多年来日本要求琉球遣使答谢德川家康的聘礼问题告一段落。二十八日幕府秀忠将军在江户接见了尚宁王，并设宴款待岛津家久及尚宁王，并承诺尚氏世代为琉球国王，许其回国。之后尚宁王在萨摩的逼迫下签订了一份投降书，承认琉球自古属于萨摩属地，反省了之前不服从萨摩命令与要求的行为，表达了对萨摩释放归国的谢意，表示回国之后将永远服从萨摩的命令，并表达了对萨摩藩的臣服与忠诚。萨摩藩意图通过该投降书来显示萨摩对于琉球的统治事实，间接地将琉球归入萨摩直属之下。但这份投降书是萨摩单方面逼迫尚宁王与官员签订的，是一份不平等的条约。

---

① 上原兼善：『島津氏の琉球侵略——もう一つの慶長の役』，榕樹書屋，2009年，第155頁。

（二）检地政策的实施

尚宁王君臣数十人被萨摩虏往京都与江户，萨摩藩一方面沿途夸耀其胜利果实，一方面派官员前往琉球各岛实行检地，对琉球的国土面积、物产种类和产量进行彻底地调查。"（三十八年）萨州太守又遣阿多氏等均井地、正经界，而始为赋税，从此每年纳贡于萨州，永著为例。"① 此外，萨摩藩还侵占了琉球北方五岛。《中山世谱》中记载："（万历）三十九年辛亥，家久公出赐琉球一纸目录。此时，鬼界、大岛、德岛、永良部、与论始属萨州。"② 萨摩藩通过一纸目录将琉球原有的领土鬼界岛、德岛、大岛、永良部岛、与论岛暗中纳入岛津的领地，这与萨摩出兵琉球之前，意图占领琉球北方大岛的计划相符。除了占有领地之外，萨摩藩还责令琉球每年缴纳六千石的贡米、芭蕉布三千段、琉球上等布六千段、下等布一万段、唐芋一千三百斤、绵子三贯（每贯十石）、棕榈绳一百捆、牛皮两百张、黑网一百条、席三千八百张等作为琉球应向萨摩藩纳税的额度。③ 之后每遇日本内需不足时，萨摩藩还会增加琉球的赋租。

（三）萨摩藩颁布《裁制令十五条》

在萨摩确定了要放还尚宁王归国的前夕，萨摩藩以桦山久高的名义到琉球颁布了《裁制令十五条》，内容几乎涵盖了琉球王国的所有大小事务，包括琉球一切国内外的贸易关系，对琉球国内秩序的规范，对主从关系的规定以及对琉球中央政治权力的制约。④

---

① 『中山世譜』附卷，伊波普猷等編『琉球史料叢書』，東京美術刊，昭和47年版，第5頁。
② 『中山世譜』附卷，伊波普猷等編『琉球史料叢書』，東京美術刊，昭和47年版，第5頁。
③ 上原兼善：『島津氏の琉球侵略——もう一つの慶長の役』，榕樹書屋，2009年，第213頁。
④ 上原兼善：『島津氏の琉球侵略——もう一つの慶長の役』，榕樹書屋，2009年，第213~215頁。

(四)"管理"制度的建立

除了《裁制令十五条》之外,在万历三十九年(1611年)尚宁王回到琉球首里之后,萨摩方面仍制定了一些补充的制度与规则,对琉球进行"管理"。

第一,建立了人质制度。尚宁王在归国后第二年,派遣圆觉寺僧为正使,王从弟胜连按司为副使赴萨摩答谢。之后萨摩释放了圆觉寺僧,而留下了胜连作为人质,并附书信致尚宁王,设立人质制度,以保琉球国泰安康。如万历三十九年(1611年)"为国质事,遣金氏摩文亲方安恒六月到萨州。翌年,安恒沾病回国。嫡子松金安基,代父留萨州。癸丑十二月回国","(万历)四十年壬子遣向氏伊江按司朝仲、向氏羽地按司朝安到萨,至甲寅年回国。"① 这实际都是萨摩藩通过控制人质对琉球王国的挟持。

第二,控制三司官以及琉球王位的继承。萨琉之役后,琉球的最高行政官三司官与摄政官的任免权实际上被萨摩所控制。万历四十四年(1616年)岛津氏致书指定佐敷王子朝昌作为尚宁王的继任者,泰昌元年(1620年)佐敷王子朝昌按照萨摩藩的指示继任为王,即为尚丰王。萨摩藩企图通过控制琉球官员来制约琉球王,达到控制王权的目的。

第三,颁布《教令十一条》。万历四十一年(1613年),萨摩藩又直接颁布《教令十一条》,内容如下:"(一)需每年遣使催检,改革旧俗;(二)凡春发二月、秋发九月,皆回五月,必须遣官长督各勤惰,勿敢违期;(三)调物可以折价;(四)国王府每年费用由萨摩裁定;(五)禁止扰民;(六)须千斛别赋,造营夫必出一人;(七)禁止日本商客到都岛进行贸易;(八)没有萨摩的命令,不能听取任何一个外国国家所求的任何事情;(九)没有萨摩的

---

① 『中山世譜』附卷,伊波普猷等编『琉球史料叢書』,東京美術刊,昭和47年版,第5頁。

命令,其他国家到琉的船只,需遵循古制,禁止进入;(十)不论哪一个国家的船只漂到琉球,均应给予救助;(十一)男女皆需劳动。"萨摩藩再次颁布的这十一条教令可以看作对《裁制令十五条》的补充。

第四,设置"在番奉行"与"大和横目"。琉球战败后,尚宁王被俘到萨摩之时,岛津氏留下了本田、伊贺守二人驻守琉球,被称为"在番奉行",任期一般为28个月,代表萨摩统治琉球。崇祯五年(1632年)五月,驻守琉球的萨摩官员川上又左卫门忠通与忠清商议,派日本人到琉球各地担任监察人员,称为"大和横目"。《球阳》附卷一记载:"萨州川上氏率横目一员、附众二员……奉使抵国,以为监守,俗称在番众或镇守官。此时始设旅馆数座,安插其使者。"① "崇祯年间经受德(俗叫道雪)奉太平守公命移来中山……始为大和横目,观察球人及镇守官员行事善恶,其后日本人居住中山者多授此职。至于近世。本国之人奉萨州之命而任此职也",② 目的是在政治上更深入地控制琉球。

第五,设置"仮屋"。岛津氏入侵琉球之后在琉球设置萨摩藩仮屋和在萨摩藩设置琉球仮屋。琉球仮屋的事务主要由滞留在萨摩藩的琉球使僧和官员来处理,崇祯十五年(1642年)成为常设机构。③ 萨摩藩仮屋的主要职能是:下达萨摩藩的命令;监察并汇报琉球王府内的政治决定;监督、收纳并转送琉球的年贡;检验琉球进贡船与接贡船的人员和物品;收取萨琉往来船只的赋税;处置琉球漂流船只等。琉球仮屋的主要功能为:准备和筹措琉球进贡船与接贡船的资本;负责琉球物产在萨摩藩的销售;传达萨琉之间的意见和命令;处理琉球派遣使者到萨摩藩以及入聘到幕府的各项准备

---

① 球陽研究会編『沖縄文化史料集成』5,『球陽』,角川書店,昭和53年再版,第589頁。
② 球陽研究会編『沖縄文化史料集成』5,『球陽』,角川書店,昭和53年再版,第590頁。
③ 喜舍場一隆:『近世薩琉關係史の研究』,東京国書刊行会,1993年,第225~226頁。

事宜等。① 萨摩藩通过萨摩藩仮屋代表萨摩藩主处理在琉球的一切内外事务，而在萨摩藩所设置的琉球仮屋也可相应地处理琉球在萨摩藩的相关事宜，两个仮屋之间的事务可以相互协调与沟通。

自此琉球成为萨摩藩控制下的附庸，日本史学家伊波普猷称之为"奈良河上的鹭鹚"（鹭鹚是一种水陆两栖的鸟类，善捕鱼，人畜之，用绳子系在它的颈上，使其无法吞食大鱼，只能吞食小鱼，因此鹭鹚就是一种捕鱼工具，有所获却无法享受，以此比喻琉球）。② 萨摩藩入侵琉球后，琉球与萨摩藩以往的对等关系被强行改变，但琉球王国的独立性质并未完全变质。上文提及萨摩藩试图从政治、经济、社会、文化等各个方面对琉球进行控制。但在岛津氏入侵琉球之后，依然认同琉球对中国的臣属关系，承认琉球国王对中国皇帝纳贡称臣的旧例。③ 这其中除了萨摩藩想侵占琉球朝贡贸易的利润之外，最根本的是，当时的萨摩以及幕府并没有实力去挑战明朝，也无法冲击以中国为中心的东亚朝贡体系。在萨摩藩和幕府的隐瞒政策下，琉球依旧保持着同明朝（直至清朝）之间的册封、进贡贸易关系，琉球只是成为萨摩藩控制下的附庸，经济利益被掠夺。琉球与萨摩以往对等的关系被强行改变，此后琉球进入了"两属时代"。

---

① 喜舍場一隆：『近世薩琉關係史の研究』，東京国書刊行会，1993 年，第 238～239 頁。
② 杨仲揆：《琉球古今谈——兼论钓鱼岛问题》，台湾商务印书馆，1990，第 26 页。
③ 米庆余：《琉球历史研究——兼论钓鱼岛问题》，天津人民出版社，1998，第 84 页。

第二节　久米村人与清末琉球复国运动

明万历三十七年（1609年），萨摩藩岛津氏出兵入侵琉球。萨摩军攻占首里王城后，大劫七日，一切可动财物，如典籍字画等，全部装箱运走。萨军将琉球尚宁王等百余官员俘至鹿儿岛，直至万历三十九年（1611年）尚宁王等被迫出具效忠誓文后，才得以释放归国。此后，萨摩强占琉球北方鬼界岛、大岛、德岛、永良部岛、与论岛，迫使琉球每年向萨摩纳贡，并盘剥中琉间朝贡贸易利润。崇祯五年（1632年）开始，萨摩藩在那霸设立"在番奉行"，"以监视（琉球）内政和督励进贡贸易最为重要"。① 不过，江户幕府和萨摩藩顾忌当时琉球王国与明朝的宗藩关系，更为了攫取中琉贸易的实际经济利益，对入侵琉球采取了严格的隐蔽政策。于是，琉球被迫以两属的形态维持其王国体制。

19世纪中下叶，日本实行明治维新，从而走上了近代资本主义发展的道路。国力日益强盛的日本很快产生了吞并琉球王国的企图，而1871年的"牡丹社事件"为日本进犯台湾，继而出兵占领琉球提供了最佳时机。1872年，日本突然宣布将琉球国王改封为藩王，并于1875年派遣内务大丞松田道之赴琉球，下令断绝琉球与中国的册封关系。为避免亡国命运，1876年琉球国王尚泰密遣向德

---

① 宫城荣昌：『琉球の歴史』，吉川弘文馆，1977，第108頁。

宏等人前往福州，报告日本阻贡行为，并请求救援。琉球王国在华复国运动就此展开，并持续近二十年。

一 久米村密使赴华请愿

1868 年，近代日本天皇制政权宣告成立。同年，改元明治。很快，日本新政权便相继公布了一系列旨在对外扩张的基本方针，宣称："国威之立与不立，苍生之安与不安，皆在朕之尽与不尽天职。日夜不安，寝食甚劳心思。朕虽不肖，然欲继承列圣之余业、先帝之遗志，内以安抚列藩百姓，外使国威耀于海外……外国交际，有如布告，将来处置，尤为重大。为天下万姓，朕欲凌驾万里波涛……誓将国威振张海外，以对祖宗先帝之神灵。汝等列藩，当佐朕之不逮，同心协力，各尽其分，奋为国家。"① 1870 年，日本外务省官员佐田白茅在其"征韩论"中更是露骨地指出，若以日本为一大城池，那么，虾夷、吕宋、琉球、满清、朝鲜，"皆可为皇国之藩屏也"，"满清可交，朝鲜可伐，吕宋、琉球可唾手而取矣"。②

很快，日本就开始了吞并琉球的一系列准备活动。1872 年五月三十日，就在日本政府通过鹿儿岛县向琉球国不断加压、迫使其实行所谓"施以适应因革厘正之政"的同时，时任大藏大辅的井上馨也向明治政府建议，要求采取措施变琉球王国为日本所属，"速收其版籍，明确归我所辖，扶正制度，使之国郡制度、租税调贡等，悉如内地一轨，一视同仁，以治浃皇化"。③

与此同时，在日本政府指示下，鹿儿岛县参事大山纲良派遣县吏，携带其信件劝琉球王尚泰遣使到东京庆贺明治新政权。

明治五年（1872 年）九月十四日，日本政府借不明真相的琉球正使伊江王子尚健、副使宜野湾亲方向有恒等人抵达东京拜见天

---

① 指原安三编『明治政史』一，慶応書房，1943，第 47 頁。
② 日本外務省編『日本外交文書』卷 3，第 139～140 頁。
③ 下村富士男編『明治文化資料叢書』卷 4，外交編，風間書房，1962，第 8 頁。

皇之际，突然宣布改变以往的日琉关系，册封琉球国王为藩王，并列入华族。天皇颁诏称：①

> 朕膺上天景命，绍万世一系之帝祚，奄有四海，君临八荒。今琉球近在南服，气类相同，文言无殊，世世为萨藩之附庸。而尔尚泰，能致勤诚，宜与显爵，着升为琉球藩王，叙列华族。咨尔尚泰，其任藩王之重，立于众庶之上，切体朕意，永辅王室。钦哉。
>
> 明治五年壬申九月十四日

这是日本强行改变日琉关系，为吞并琉球迈出的第一步。而在此背景下，1871年的台湾"牡丹社事件"为日本进犯台湾，继而吞并琉球提供了最佳借口。

1871年九月，琉球太平山岛人遭风漂至台湾，误入牡丹社原住民乡内，被原住民围杀54人，余12人因躲在土民杨友旺家始得保全。后被送至凤山县衙门妥当安置，并辗转护送至闽省馆驿，候船送回。之后，福建地方政府下令台湾镇府道，对牡丹社原住民见人嗜杀的陋习认真查办。②

虽然历史上台湾原住民杀害遭风漂至台湾的琉球人或其他登陆商客的事件时有发生，此次却成为日本侵台并琉的绝佳借口。1874年，日本政府通过《台湾番地处分要略》，宣称要惩治杀害"日本属国难民"的台湾"生番"并占领台湾"生番"居住地，并于1875年五月七日，在台湾琅峤社登陆，进攻台湾。清政府一方面任命沈葆桢为钦差，办理台湾等处海防兼理各国事务大臣，全权处理台湾事务，另一方面调集清兵及兵舰，加强战备。由于日本出兵后在国际外交上较为孤立和被动，同时亦顾忌清政府在台湾的军事力

---

① 指原安三编『明治政史』一，慶応書房，1943，第367頁。
② 中国第一历史档案馆：《清代中琉关系档案选编》，中华书局，1993，第1080页。

量，因此希望通过外交手段达到目的。从清廷一方看，也担心"兵连祸结"，故也希望通过谈判尽早了结此事。这样，经过中日双方十余次的谈判，最终在英国公使威妥玛的积极斡旋下，同治十三年（1874年）十月三十一日，中方恭亲王奕訢与日方大久保利通正式签订了《北京专条》。在《北京专条》中，日方故意曲解台湾原住民错杀琉球人乃是"台湾生番曾将日本国属民等妄为加害"，日本出兵台湾"原为保民义举起见，中国不指以为不是"，造成清朝在中日交涉中处于不利地位。大久保利通归国后不久，即于同治十三年（1874年）十二月十五日，向日本太政大臣三条实美提出了有关处置琉球的新建议，即强令琉球国断绝与中国的关系。

光绪元年（1875年）七月十日，在大久保利通的直接指挥下，内务大丞松田道之等抵达琉球那霸，宣布日本政府决定：今后禁止隔年向中国朝贡、派遣使节或清帝即位时派遣庆贺使之例行规定；今后藩王更替时，禁止接受中国册封；琉球应奉行明治年号，年中礼仪概当遵照布告行事；为调查实施刑法定律，当派遣二三名承担者进京；废止福州琉球馆；在琉球设置镇台分营；要求琉球王进京谢恩；按照另纸规定，实行藩制改革等。[①] 对此，琉球方面反复与松田道之交涉，不肯断绝与中国的关系，要求保持琉球国体、政体。八月五日，琉球王尚泰特意致书松田道之，内称"今后不得向中国进贡，不得派遣庆贺使节，禁止向中国请求册封，必然弃绝父子之道，忘却中国累世之厚恩，失却信义，实乃心痛。请谅察前情之实，准允向中国进贡、派遣庆贺使节，以及接受中国册封等一如既往……而谓藩制改革，则小邦人心迷乱，每事不周……请与内地有别，一如既往"。[②]

光绪二年（1876年）六月，日本政府派遣内务少丞木梨精一

---

① 下村富士男编『明治文化资料丛书』卷4，外交编，风间书房，1962，第104～107页。

② 下村富士男编『明治文化资料丛书』卷4，外交编，风间书房，1962，第118页。

郎，率领警官、巡查若干人前往琉球，宣布琉球"藩内人民相互发生民事纠纷，及藩内人民与其他府县人民之间的刑事案件和民事纠纷，皆当直接向内务省派出所申诉"，① 以此控制琉球的司法裁判权。光绪三年（1877年）十月，日本政府又将琉球的司法权，纳入大阪高等法院的管辖范围。此外，日本在琉球强制实行"海外旅行券制度"，凡是琉球人前往中国，必须向日本政府申请护照，以此控制中琉往来。

眼看亡国形势加剧，光绪二年（1876年）十二月十日，琉球王尚泰派遣姐婿幸地亲方，即紫巾官向德宏携同蔡大鼎、林世功等人（见图9-2、表9-1），秘密前往福州。

图9-2 秘密赴华请愿救国的琉球人

表9-1 光绪二年十二月十日秘密赴华人员名单

序号	姓名	中国名	族籍	官位	职业	备注
1	幸地朝常	向德宏	首里仪保村士族	亲方	物奉行	1891年四月十七日清国去世
2	嵩原朝克		首里大中村士族	亲云上	评定所笔者	

① 下村富士男编『明治文化资料丛书』卷4，外交编，风间书房，1962，第174页。

续表

序号	姓名	中国名	族籍	官位	职业	备注
3	祝岭春教		首里桃原村士族	亲云上	评定所笔者	归国
4	伊计大鼎	蔡大鼎	那霸久米村士族	亲云上	庆贺使大夫	清国去世
5	名城世功	林世功	那霸久米村士族	里之子亲云上	通事	光绪六年十一月二十日北京自尽
6	伊计锡书	蔡锡书	那霸久米村士族	里主	无役	蔡大鼎长男，归国
7	龟山某		首里山川村士族	亲云上	评定主取	光绪五年五月乘津嘉山船归国
8	神谷仁王		真和志间切真和志村士族	亲云上	无役	
9	宫城喜政		首里当藏村士族	亲云上	医师	
10	花城政喜		首里仪保村士族	亲云上	幸地与力	
11	野崎真雄		首里仪保村士族	亲云上	幸地从者	
12	宫城宽昆		那霸若狭村士族	亲云上	伊计从者	光绪七年七月福州去世
13	真荣城喜章		首里汀良次村士族		不明	光绪五年七月福州去世
14	浦崎政裕		首里崎山村士族		不明	光绪七年六月乘定宇良船归国
15	宫城太良		首里仪保村士族		祝岭从仆	
16	岸本惠福		那霸泉崎村士族		伊计从仆	
17	与仪牛		首里桃原村士族		不明	光绪五年五月乘津嘉山船归国
18	翁长某		首里崎山村士族		不明	光绪五年五月乘津嘉山船归国

第九章 琉球国难中的久米村人

续表

序号	姓名	中国名	族籍	官位	职业	备注
19	山城某		首里山川村平民	筑登上	不明	光绪五年五月乘津嘉山船归国
20	新垣ム夕（武太）		西原间切平良村平民		幸地从仆	光绪十年六月乘小桥川船归国
21	系救		西原间切小波津村平民		幸地从仆	
22	比嘉山		西原间切末吉村平民		嵩岛从仆	
23	与那岭		西原间切津花村平民		幸地从仆	
24	具志坚加那		那霸西村平民		不明	光绪五年五月乘津嘉山船归国
25	内间某		知念间切久高村平民		不明	光绪五年五月乘津嘉山船归国
26	城间子		大里间切与那原村平民		不明	光绪五年五月乘津嘉山船归国
27	中西山		那霸东村平民		船夫	光绪七年六月乘宇良船归国

资料来源：沖縄県教育委員会：『沖縄県史』卷13，1966，第274页。

  向德宏等于翌年四月抵达福州，即向闽浙总督何璟和福州巡抚丁日昌递交琉球尚泰王密咨。光绪三年（1877年）六月二十四日，何璟、丁日昌联名将此事上报总署，请求由即将出任日本公使的何如璋"于前往日本之便，将琉球向隶藩属，该国不应阻贡，与之剀切理论，并邀集泰西驻倭诸使，按照万国公法，与评曲直"。[①] 此建议得到清廷的支持。

  图9-3为琉球三司官马兼才手书。

---

① 《清光绪朝中日交涉史料》卷1，杨家骆主编《中国近代史文献汇编之一·清光绪朝文献汇编十七》第17册，鼎文书局印行，第21页。

图 9-3　琉球三司官马兼才手书

此时的琉球王国，在百般无奈的情况下，亦开始向国际社会求援。1878 年，琉球三司官毛凤来和马兼才抵达东京，向西方驻日各国公使，递交投诉，内容大致如下。①

琉球国法司官毛凤来、马兼才等，为小国危急，切请有约大国俯赐怜鉴事：窃琉球小国，自明洪武五年入贡中国，永乐二年我前王武宁受明册封为中山王，相承至今，向列外藩。遵用中国年号、历朔、文字，惟国内政令，许其自治。大清以来，定例进贡土物，二年一次。逢大清国大皇帝登基，专遣陪臣，行庆贺之礼。敝国国王嗣位，请膺封典，大清国大皇帝遣使，册封嗣王为中山王。又时召陪臣子弟，入北京国子监读书。遇有漂船遭风难民，大清国务省督抚，皆优加抚恤，给粮修船，妥遣回国。自列中国外藩以来，至今五百余年不改。此前咸丰

---

① 下村富士男编『明治文化资料丛书』卷 4，外交编，风间书房，1962，第 179~180 页。

九年，大荷兰国钦奉全权公使大臣加白良，来小国互市，会蒙许立条约七款，条约即用汉文及大清国年号。谅贵公使有案可以查考。大合众国、大法兰西国亦会与敝国立约。其在日本，则旧与萨摩藩往来。同治十一年，日本废萨摩藩，逼令敝国改隶东京，册封我国主为藩王，列入华族，事与外务省交涉。同治十二年，日本勒将敝国与大荷兰国、大合众国、大法兰西国所立条约原书，送交外务省。同治十三年九月，又强以琉球事务改附内务省。至光绪元年，日本太政官告诸琉球国曰：自今琉球进贡清国及受清国册封，即行停止。又曰：藩中宜用明治年号及日本法律，藩中职官宜行改革。敝国屡次上书，遣使泣求日本，无奈国小力弱，日本决不允从。切念敝国虽小，自为一国，遵用大清国年号，大清国天恩高厚，许其自治，今日本国逼令改革。查敝国与大荷兰立约，系用大清国年号、文字，今若大清国封贡之事，不能照旧举行，则前约几同废纸，小国无以自存，即恐得罪大国，且无以对大清国，实深惶恐。小国弹丸之地，当时大荷兰国不行拒弃，待为列国，允与立约，至今感荷厚情。今事处危急，惟有仰仗大国劝谕日本，使琉球国一切照旧。阖国臣民，戴德无极。除别备文禀，求大清国钦差大臣及大法兰西国全权公使、大合众国全权公使外，相应具禀，求请恩准施行。

上述琉球王国的投诉，引起了国际上的反应。美国公使就表示要将此事报告本国政府。[①] 日本为避免琉球问题国际化，加快了吞并琉球的步伐。

光绪五年（1879年）一月二十五日，松田第二次奉命出使琉球。他此行的任务是，督责琉球断绝与中国关系，并且向日本交接

---

① 喜舍場朝賢：『琉球見聞録』，東京至言社，1977，第142頁。

裁判事宜。①松田威逼尚泰王"对另纸通知书之答复，当限定为下月三日，过期仍不回答，则视为不予从命"。②二月三日，琉球国王仍拒不从命。二月四日，松田离开那霸返回东京。

二月十八日，日本政府决定"处分"琉球。三月八日，日本政府派遣松田第三次出使琉球。十一日，太政大臣向松田指令"处分"事项，其内容包括：让旧藩王履行向县令交接土地、人民及官方账簿等手续；旧藩王或旧藩吏若抗拒此一处分，拒不退离居城，拒不交接土地、人民及官方账簿等，本人可交付警察部拘留，若有谋反凶暴行为，则当与分营商议，使用武力处分。三月二十五日，松田等人抵达那霸。二十七日，松田在首里城向琉球王代理今归仁王子宣布废藩决定，命令交出有关土地、人民等一切文书，并且当场责令藩吏作向导，由随行人员加封、监管。此外，下令琉球王尚泰移居东京。③

同年四月四日，日本宣布琉球改为冲绳县，日人锅岛直彬为第一任县令。五月二十七日，尚泰王被迫抱病前往东京，琉球国就此灭亡。

同年九月，在琉球耳目官毛精长、通事蔡大鼎等向中国总署的告急文书中，描述了日本在琉球的种种暴行："敝国惨遭日本侵灭，已将国主世子执赴该国。屡次哀请回国，不肯允准……讵意日人于六月十四日，率领巡查兵役，突入世子宫，先将各门紧守，迫索历朝颁赐诏敕。此乃小邦镇国之宝，虔诚供奉，岂敢轻示于人。当即再三恳请，日人不听，各官与之据理论争。日人大怒，立召巡查数十名，毒打各官，直行协去，至天朝钦赐御书、匾额、宝印，亦恐被其夺掠……又近日上自法司等官，下至绅耆士庶……多被日人劫至各处衙置，严行拷审，或有固执忠义，自刎而死者。又将诸署所有簿册暨仓库所藏钱粮，一概胁取，且驰赴诸郡，迫以投纳赋税，

---

① 下村富士男编『明治文化資料丛書』卷4，外交編，風間書房，1962，第189頁。
② 下村富士男编『明治文化資料丛書』卷4，外交編，風間書房，1962，第189頁。
③ 下村富士男编『明治文化資料丛書』卷4，外交編，風間書房，1962，第219～222頁。

即行严责,复将所积米谷,擅行劫去……既吞国执主,复囚官害民,苛责掠夺,无所不至。"①

二 蔡大鼎秘密北上与请愿运动的展开

光绪二年(1876年),向德宏、蔡大鼎、林世功等人到闽请求救援,三年无果。得知琉球亡国、国王被俘东京,向德宏等人不顾清政府是否恩准他们晋京面呈,决定化装成商贩,一路潜行。蔡大鼎在其《北上杂记》中记载道:②

> 丙子年(光绪二年)国王特遣陈情使紫金官向德宏、都通事蔡大鼎、通事林世功等,捧赍咨文,旨闽告急……讵嗣后,本国官吏先后抵闽报称,日本遣派兵废藩,为其夺据王城,甚则执去国王世子,囚宫虐民,其状不忍尽述。当即叠次哀恳大宪,迅赐拯救。惟念在闽守候多年,竟致国灭主辱,若不晋京请救,难期再造邦国。因欲禀请闽宪,又恐多需时日,缓不济急,而况未必允准,不如薙发改装,密为北上。业于己卯年(光绪五年)八月十四日,率同蔡大鼎、林世功、大文李文达、茂才蔡以正,传译通事谢维垣,驱使笃实之人陈学诚,从人仲村渠等,三更时分坐驾河船,万寿桥放棹,次日黎明到马尾,转搭海定轮船,即日开洋,十七日至上海……二十七日移寓河北(天津)宏盛客店……九月初二日,河北启程……初五日四十里至都,由沙窝门进城,寓西河沿福来客栈。

光绪五年(1879年),向德宏、蔡大鼎、林世功等人离开福建,进入天津、北京。此后,琉球的救国图存活动主要在京津地区展开。

---

① 王芸生:《六十年来中国与日本》卷1,大公报社,1932,第131~132页。
② 蔡大鼎:《北上杂记》,载《琉球王国汉文文献集成》第29册,上海复旦大学出版社,2013,第223页。

长期奔走于各府衙禀呈求援书，是琉球志士在华活动的主要内容。据琉球大学西里喜行教授《琉球救国请愿书集成》统计，① 上书时间从光绪二年（1876年）十一月三十日始，至光绪十一年（1885年）七月十日止，合计31件。

1876年上书1件，请愿者为琉球中山王尚泰，请愿书呈送单位为福建等处承宣布政司，主要内容是因为日本阻贡，特派遣向德宏等赴华求援。

1878年上书1件，请愿者为琉球法司官毛凤来，请愿书呈送单位为清国驻日公使，主要内容为请求公使劝告日本取消阻贡等禁令。

1879年上书6件，请愿者为琉球紫巾官向德宏以及毛精长、蔡大鼎、林世功，请愿书呈送单位包括北洋大臣李鸿章、总理衙门恭亲王奕䜣、礼部等，主要内容述说琉球被灭亡经过，乞师救援；并且要求暂留北京，延期回福州。

1880年上书7件，请愿者为毛精长、蔡大鼎、林世功，请愿书呈送单位包括总理衙门恭亲王奕䜣等，主要内容包括恳请出兵救助琉球、反对分岛方案，要求与驻京日使交涉。尤其是1880年十一月二十日林世功呈总理衙门恭亲王奕䜣的"以死乞师以救琉球、以全臣节之誓死请愿书"，荡气回肠，令人唏嘘不已。

1881年上书4件，请愿者为毛精长、蔡大鼎，请愿者呈送单位包括驻日清国公使许景澄、大学士左宗棠、礼部、总理衙门恭亲王奕䜣等，请愿书主要内容包括请求与日本交涉、请求出兵以复国；反对琉球分岛方案；请允准着丧服向东太后致哀。

1882年上书1件，请愿者毛精长、蔡大鼎，呈送单位为总理衙门恭亲王奕䜣等，主要内容是反对分岛方案，要求琉球复国。

1883年上书2件，请愿者为向德宏、蔡德昌、蔡锡书、向文光、魏元才等，呈送单位包括福建布政司、礼部，主要内容包括请

---

① 西里喜行：『琉球救國請願書集成』，沖縄研究資料13，法政大學沖縄文化研究所，第29~146頁。

代奏八重山请愿书；禀告琉球国王密咨内容，乞求复国。

1884年上书1件，请愿者有向德宏、向有德、蔡德昌、郑辉煌、金德辉，呈送者为福建军务左宗棠，乞征讨日本以救琉球国。

1885年上书最多，合计8件，请愿者包括向德宏、向有德、蔡德昌、郑辉煌、蔡以证、向龙光、郑辉炳、魏元才、毛凤来、王大业、蔡大鼎，呈送者包括福建军务左宗棠、闽浙总督杨昌浚、北洋大臣李鸿章、总理衙门等，呈请内容包括援引朝鲜、越南例救琉球；清法战争结束，请救琉球；日本统治下琉球惨状，乞救琉球；强调琉球战略地位的重要，乞救。

三 清日分岛谈判与林世功殉国

1. 清日分岛谈判

面对日本的强行吞并及琉球国的不断呼吁，基于历史上长期存在的对琉球的保护义务，清廷朝野发表各自见解，寻求解决办法。以驻日公使何如璋为首的清廷官吏主张对日本采取强硬政策。何如璋出使日本后，经过一段时间的观察思考，于光绪四年（1878年）五月致函李鸿章，认为"日本阻贡不已，必灭琉球"，"琉球既灭，行及朝鲜……又况琉球迫近台湾，我苟弃之，日人改为郡县，练民兵，球人因我拒绝，甘心从敌，彼皆习劳苦耐风涛之人，他时日本一强，资以船炮，扰我边陲，台澎之间将求一夕之安不可得"。① 他还提出了对付日本人的上、中、下三套方案："一为先遣兵船责问琉球，征其入贡，示日本以必争；一为据理与言，明约琉球，令其夹攻，示日本以必救；一为反复辩论，徐为开导，若不听命，或援万国公法以相纠责，或约各国使臣与之评理"，② 以使日本人就范撤

---

① 《李文忠公全集》，译署函稿，卷8，沈云龙主编《近代中国史料丛刊续编》第696册，文海出版社，第3032页。

② 王亮楫：《清季外交史料（光绪朝）》卷13，民国24年北平外交史料编纂处铅印本，第30页。

出琉球。编修陆廷黻还呈上《请征日本以张国威折》，列举征讨理由：其一"岂有大一统之天下甘受小邦之侵侮之理"；其二，"不服日本何以复琉球"；其三，"若不征，东南数省遭害必同明代（倭患）"；其四，"泰西诸国自通商以来，非特给之，以恩示之，以信仰亦慑之以威耳，而彼日夜窥我动静，我强则退，我柔则进，使日本一小国而犹不能制益将轻我而启戎心，何以弭伺我者之隙"；其五，"朝鲜国小而贫，屡为敌国所觊觎，而臣服于我最久最固，实为我东隅之屏蔽。若坐视琉球之亡而不救，朝鲜必为其续矣。他箸、安南诸国惧有揣志矣。何以坚服我之心？"①

但是，以掌握清廷通商、外交、海防等大权的直隶总督兼北洋通商事务大臣李鸿章为代表的一派认为"日本近在肘腋，永为中土之患"，"笼络之或为我用，拒绝之则必为我仇"，②而"琉球以黑子弹丸之地，孤悬海外，远于中国，而迩于日本，昔春秋时卫人灭邢，莒人灭鄫，以齐晋之强大不能过问，盖虽欲恤邻救患，而地势足以阻之"，况且"中国受琉球朝贡本无大利"，"尚属可有可无"，"即使从此不贡不封，亦无关于国家之轻重，原可以大度包之"。③不过，考虑到1871年中日立约中曾规定两国所属邦土不可侵越，担心日本人得寸近尺，援例而及朝鲜，并且多少考虑到对琉球的义务及清廷的体面，琉球"徒以其恭顺二百余年，不忍弃诸化外，且此次委屈陈情，颇昭忠悃，若拒之过甚，转恐泰西各国，谓我不能庇护属邦"，④因此，李鸿章不同意何如璋的上、中二策，认为"遣兵舶，责问，及约琉球人以必救似皆小题大做，转涉张皇"，

---

① 《清光绪朝中日交涉史料》卷2，杨家骆主编《中国近代史文献汇编之一·清光绪朝文献汇编十七》第17册，鼎文书局印行，第39页。
② 《李文忠公全集》，奏稿，卷17，沈云龙主编《近代中国史料丛刊续编》第691册，文海出版社，第600页。
③ 《李文忠公全集》，译署函稿，卷8，沈云龙主编《近代中国史料丛刊续编》第696册，文海出版社，第3031页。
④ 《清光绪朝中日交涉史料》卷1，杨家骆主编《中国近代史文献汇编之一·清光绪朝文献汇编十七》，第17册，鼎文书局印行，第21页。

"以威利相角，争小国区区之贡，务虚名而勤远略，非惟不暇，亦且无谓"。①他赞同采纳何如璋之下策，"惟言之不听时复言之，日人自知理绌，或不敢遽废藩制改郡县，俾球人得保其土，亦不藉寇以兵，此虽似下策，实为今日一定办法"，"若言之不听，再由子峨（即何如璋）援公法商会各国公使，申明大义，各使虽未必助我以抑日本，而日人必虑各国生心，不至灭琉国而占其地"。②总署根据李鸿章之意见，亦认为"日本自台湾事结后，尚无别项衅端，似不宜遽思用武。再四思维，自以据理诘问为正办"，③并函示何如璋等相机审办。

何如璋根据清廷的指示，从光绪四年（1878年）九月起，与日本外务卿寺岛宗则进行了反复的谈判。十月，何如璋在向日本外务省提出的质询琉球案的照会中，严正指出："日本堂堂大国谅不肯背邻交欺弱国，为此不信不义无情无理之事。"④希望日方能待琉球以礼，俾琉球国体、政体一切率循旧章，并不准阻碍中琉双方朝贡事宜。日方对此十分不满，导致谈判陷入僵局。

光绪五年（1879年）五月，美国前总统格兰特来华游历，并拟东渡日本。奕䜣、李鸿章先后会晤格兰特，请他出面调停中日争端。李鸿章在谈话中还特别指出，日本灭琉球，不但与中国启衅，而且将搅乱美通商大局，以期引起美方之重视。实际上格兰特当时仅仅是以私人身份游历东方，并不能代表美国政府的立场，并且在其调解前，日美双方已达成协议，日方保证不损害美国在琉球所享有的权利，而美国对于中日之间关于琉球的交涉，保持中立。因此，虽然格兰特提出了"分岛方案"，即将琉球国一分为

---

① 《李文忠公全集》，译署函稿，卷8，沈云龙主编《近代中国史料丛刊续编》第696册，文海出版社，第3031~3034页。
② 《李文忠公全集》，译署函稿，卷8，沈云龙主编《近代中国史料丛刊续编》第696册，文海出版社，第3031~3034页。
③ 《清光绪朝中日交涉史料》卷1，杨家骆主编《中国近代史文献汇编之一·清光绪朝文献汇编十七》，第17册，鼎文书局印行，第12页。
④ 岩仓公旧迹保存会：《岩仓公实记》下卷，1927，第578~579页。

三,北部日本占据的五岛由日本统辖;中部诸岛让琉球立国;南部的宫古岛及八重山列岛划归中国。但是,当格兰特返回美国时,日方并未接受"分岛方案"。

光绪六年（1880年）二月,日本人竹添进一受外务省派遣,突然来华向李鸿章提出:"愿将南岛归于中国,而欲更改约章,增内地通商各款。"① 即日方愿将琉球最南端两岛宫古岛与八重山岛划归中国,以划两国疆域,但条件是修改1871年的《中日通商条约》,允许日本商民如西人入中国内地经商贸易,并且也未提及由琉球国王立国事宜。与此同时,日本公使宍户玑亦专程到北京总理衙门商议此事。1871年日本曾与中国签订了《中日通商条约》,在签约过程中,日方一直企图将"内地通商"及"利益均沾"条文列入,以取得同西方列强一致的在华权益,均遭到中方全权大臣李鸿章的拒绝。《中日通商条约》中规定日本人不准入内地通商,日本货不准入内地,日本人亦不准入内地置买中国特产。日本政府对条约深感不满,日使伊达宗城因此被免职。条约签订的次年,日方即请求改约,但始终未能如愿。现在,日方重新在"球案"谈判的条件中提出改约,可以说是经过深思熟虑的。当时中俄关系十分紧张,俄国战舰十五艘云集长崎威逼中国沿海,日本充分利用这个时机以贫瘠荒凉的两个小岛换取清政府对其吞并琉球的承认,并要求在中国取得与欧洲列强相同的地位与权益,可谓狡猾之至。李鸿章经过认真考虑,认为:第一,"事已至此,在日本已算退让,恐别无结局之法";② 第二,李鸿章希望能"割南岛以封琉王,并附益以首里王城,使得归其故宫祀其宗社";③第三,"现在事势中国若拒日本太

---

① 《清光绪朝中日交涉史料》卷2,杨家骆主编《中国近代史文献汇编之一·清光绪朝文献汇编十七》,第17册,鼎文书局印行,第20页。
② 《李文忠公全集》,译署函稿,卷10,沈云龙主编《近代中国史料丛刊续编》第696册,文海出版社,第3093~3094页。
③ 《李文忠公全集》,译署函稿,卷13,沈云龙主编《近代中国史料丛刊续编》第696册,文海出版社,第3154~3156页。

甚，日本必结俄益深"，认为"此举既以存球，并以防俄"，①所以被迫同意与日本谈判"分岛改约"。这样，八月中旬开始分岛改约谈判，十月，清廷草草拟定了《球案条约》，接受了日本人提出的条件。

应该说，八月中旬的分岛改约谈判，李鸿章的态度至关重要。八月二十八日，也就是北京谈判开始的第十天，李鸿章还提出"如准所谈，似应由中国仍将南部交还琉王驻守，籍存宗祀，庶两国体面稍得保全"，②力主总理衙门将分割后的南部恢复为琉球王国。但是，在距北京谈判结束日（光绪六年十月二十一日）的前两天，即十月十九日，李鸿章态度突变，奏上"琉案宜缓允折"，提出了几点看法。第一，1871年签订的《中日通商条约》是绝对不能修改的。"从前中国与英法两国立约，皆先兵戎而后玉帛，被其迫协，兼受朦（蒙）蔽，所定条款吃亏过巨，往往有出地球公法之外者。厥后美、德诸国及荷兰、比利时诸小国相继来华立约。斯时中国于外务利弊未甚请求，率以利益均沾一系列约内。一国所得，诸国安坐享之；一国所求，诸国群起而助之，遂使协以谋我有固结不解职之势。"对于内地通商，李鸿章认为，"西人以置买丝茶为大宗，资本较富，稍顾体面，日本密迩东隅，文字、语言略同，其人贫穷，贪利无耻，一开此例，势必纷至沓来，与吾民争利，或更包揽商税、为作奸犯科之事"，这势必会造成社会困扰，遗患无穷。③第二，李鸿章在征求琉方向德宏的意见后，意识到分岛方案实际上是行不通的。因为宫古、八重山地瘠产微，往日由住地土民自主，已有食用不足之感，再以该地为建国基地，非但与土民争利，且建国及王室需费完全落空；况且，球王及其世子日本人又不肯释还，如

---

① 《清光绪朝中日交涉史料》卷2，杨家骆主编《中国近代史文献汇编之一·清光绪朝文献汇编十七》第17册，鼎文书局印行，第23页。
② 《李文忠公全集》，译署函稿，卷11，沈云龙主编《近代中国史料丛刊续编》第696册，文海出版社，第3116~3117页。
③ 《李文忠公全集》，奏稿，卷39，沈云龙主编《近代中国史料丛刊续编》第692册，文海出版社，第1213~1215页。

宫古、八重山小岛另立王子，不止王家不愿，阖国臣民，亦断断不服。李鸿章清楚地看到，"今得南岛以封球，而球人不愿，势不能不派员管理。既蹈义始利终之嫌，不免为日人分谤。且以有用之兵饷，守此瓯脱不毛之土，劳费正自无穷，且道里辽远，音问隔绝，实觉孤危可虑。若惮其劳费而弃之不守，适堕日人狡谋，且恐西人踞之经营垦辟，扼我太平洋咽喉，亦非中国之利"。① 因此，李鸿章认为，分岛问题，琉王臣民，非但无以付出片许助力，且严峻反拒。跨海鞭长，"治""弃"后患均备为堪虑。况且日本还能借此深入中国内地经商，取得与西方列强相同的权益，李鸿章认识到此法不可取。第三，李鸿章赞同陈宝琛论日俄关系的意见，他也不相信联日可以增强抗俄的效果，判断日本助俄之说多出于当时《香港日报》的宣传及日人的恫吓，日本所能助俄的，不过以长崎借俄屯兵船，购给米煤而已，中俄问题才是急需解决的关键，"俄事之能了与否，实关全局。俄事了，而日本与各国皆戢其戎心；俄事未了，则日本与各国将萌其诡计"，即使"多让于倭而倭不能助我以拒俄"，② 李鸿章也反对向日本让步了。但是此时球案专条与改约各款的案稿已定，日使专候签约，李鸿章建议清廷声明此约须"由御笔批准，于三个月限内互换"，"用支展之法，专听俄事消息"，三个月限满俄议未成，则"或与商展限，或再交廷议"，以此拖延；若俄事于三个月内即可议结，拟请旨明示其不能批约之由，宣示该使。③

许多学者对李鸿章态度的转变进行了深入的探讨。琉球大学西里喜行教授认为，"李鸿章豹变的直接原因在于向德宏的泣诉"。④

---

① 《清光绪朝中日交涉史料》卷2，杨家骆主编《中国近代史文献汇编之一·清光绪朝文献汇编十七》第17册，鼎文书局印行，第27页。
② 《清光绪朝中日交涉史料》卷2，杨家骆主编《中国近代史文献汇编之一·清光绪朝文献汇编十七》第17册，鼎文书局印行，第27页。
③ 《李文忠公全集》，奏稿，卷39，沈云龙主编《近代中国史料丛刊续编》第692册，文海出版社，第1213~1215页。
④ 〔日〕西里喜行：《清末中琉日关系史研究》上册，胡连成等译，社会科学文献出版社，2010，第358~360页。

笔者亦认为，李鸿章变化的主要原因并不是伊犁领土问题的解决，更大程度是征求了向德宏的意见后，意识到分岛条约实际上是行不通的。有关这点，从李鸿章十月十九日向总理衙门提交的"请球案缓结"书函中可以窥见：①

抄示初一日以后与颉刚来往电信五件，并照会俄使稿谨已聆悉。宍户议论球案仅能归我南岛，仍许彼加约二条。询以球王及子嗣，坚称不能交出，乃谓球王宗族避尚姓为向姓，向之人各处皆有云云，似明指在津之向德宏而言。此外，未闻有向姓，亦无如德宏名位者属。即设法询问，查向德宏自去秋踵门求救，泣涕出血以后，鸿章即妥为安置署西大王庙内。伊屡来乞援，愧无以应，令人劝其回球，或赴他处，亦苦守不动。闻资斧告匮。日食不继，量加济助，而未忍数数接见之也。其忠贞坚忍之操视申包胥殆有过焉。顷属津海关郑道从旁以己意传询，一切笔谈问答具载十四、十五日另折。又自绘草图一纸恭呈鉴阅。向德宏确系球王族属至戚，前为紫巾官亦甚显，明白事体，忠义有守，可谓贤矣，若图另立无逾此者。然所称八重、宫古二岛，土产贫瘠无能自立，尤以割南岛另立监国，断断不能遵行。竟又伏地大哭不起，仁贤可敬，而孤忠亦可悯。尊处如尚未与宍户定议，此事似以宕缓为宜。言者虽请速结球案，究未深悉其中曲折。即使俄人开衅，似无须借助日本。而日本畏忌俄人最深，其隐衷亦难与合从中国之力实不敌俄，宁可屈志于俄，亦何必计及日本之有无扛帮耶？若照现议，球王不复，无论另立某某，南岛枯瘠不足自存，不数年必仍归日本耳。若由中国另行设官置防，徒增后累。而以内地通商均沾之实惠，易一瓯脱无用之荒岛，于义奚取。

---

① 《李文忠公全集》，译署函稿，卷11，沈云龙主编《近代中国史料丛刊续编》第696册，文海出版社，第3121页。

既承下问，敢贡其愚，伏惟裁择。应否令向德宏赴京备询之处，仍俟后命。

李鸿章的意见得到清廷许多重臣的赞许。江苏巡抚吴元炳复奏道："俄足制倭，倭不足以制俄"，并赞赏李鸿章之看法为"老谋深算，出于万全"。① 福州将军穆图善、闽浙总督何璟、福建巡抚勒方锜联奏，支持李鸿章的"支展之法"，认为"具有深意"。② 两广总督张树声和广东巡抚裕宽亦联名上奏，认为球案与改约不能并议，更不赞同缔结球案与改约。③ 因此清廷很快接纳了李鸿章的办法，决定对球案采取拖延政策。光绪七年（1881年）二月，中俄签订《伊犁条约》，中俄关系有所缓和，李鸿章不失时宜地重新提出了"延宕之法"，解释道，"今则俄事方殷，中国之力暂难兼顾，且日人多所要求，允之则大受其损，拒之则多树一敌，惟有用延宕之一法最为相宜"。④ 李鸿章还寄希望于未来，希望数年之后，清廷船械齐集，水师练成，声威既壮，则日本嚣张之气，当为之稍平。客观地说，政治腐败、经济衰竭、国力日益衰落的清政府在当时的复杂情况下是很难圆满解决"球案"问题的，因此清政府也只能采用李鸿章的"延宕之法"，宣布拒绝批准总理衙门和日本已议写的"球案草约"底稿。从光绪七年（1881年）至光绪十二年（1886年），日方多次遣使来华重提球事，但由于日本人提出的条件关键点在于决不允许琉球人复国，与清廷"存琉祀"的出发点是针锋相对的，故中日双方始终未能达成共识。

---

① 《清光绪朝中日交涉史料》卷2，杨家骆主编《中国近代史文献汇编之一·清光绪朝文献汇编十七》，第17册，鼎文书局印行，第28页。
② 《清光绪朝中日交涉史料》卷2，杨家骆主编《中国近代史文献汇编之一·清光绪朝文献汇编十七》，第17册，鼎文书局印行，第32页。
③ 《清光绪朝中日交涉史料》卷2，杨家骆主编《中国近代史文献汇编之一·清光绪朝文献汇编十七》，第17册，鼎文书局印行，第31页。
④ 《清光绪朝中日交涉史料》卷2，杨家骆主编《中国近代史文献汇编之一·清光绪朝文献汇编十七》，第17册，鼎文书局印行，第27页。

2. 林世功殉国

就在向德宏在天津不断向李鸿章陈诉、力阻琉球分岛条约谈判的同时，滞留在北京的毛精长、蔡大鼎、林世功等人亦在积极行动。光绪六年（1880年）十一月十八日，毛精长、蔡大鼎、林世功三人联名向总理衙门呈递请愿书。①

> 窃（毛精）长等入都（北京）以来，屡次冒叩辕下，禀请救援，节经奉有宪谕，有妥为办理等因。惟是仰候逾一载，然作何办法，尚未蒙谕示，实深焦急也。恻念敝国主及世子为倭所胁迫，流离播越至今已二年。仰望天朝之救（援），日日更甚，艰楚万状，惨不忍言。且至国人，亦更苦其（暴）戾（恶）虐，皆不堪命，切齿同仇，待拯孔殷。（毛精）长等夙夜忧惶，万分迫切。惟泣恳王爷及大人，洞察前由，传召驻（北）京之倭使，谕之以大义，威（压）之以声灵，俯准妥速筹办，还我君主，复我国都。

自光绪五年（1879年）始，蔡大鼎、林世功等人化装北上，入京后长跪东华门外不起，伺大臣入朝时，均痛哭求助，并且常常奔走于各府衙禀呈救援。此外，每月朔或月望，还前往正阳门内关帝庙祈祷国事。但是，在京苦苦乞求一年无结果。笃于君忧臣辱、君辱臣死之义，悲愤绝望的林世功决定在此关键时刻以死阻止琉球分岛条约的签署。十一月二十日，林世功单独写了一份誓死请愿书，寄给了总理衙门。②

---

① 西里喜行：『琉球救国請願書集成』，沖縄研究资料13，法政大学沖縄文化研究所，第76頁。
② 西里喜行：『琉球救国請願書集成』，沖縄研究资料13，法政大学沖縄文化研究所，第75~77頁。

琉球国陈情通事林世功谨禀,为以一死泣请天恩,迅赐救主存国,以全臣节事:窃功因主辱国亡,已于客岁九月。随同前进贡正使耳目官毛精长等,改装入都。叠次匍匐宪辕,号乞赐救各在案,惟是作何办法,尚未蒙谕示。昕夕焦灼,寝馈俱废。泣念奉王命抵闽告急,已历三年,敝国惨遭日人益肆鸱张。一则宗社成墟,二则国主世子见执东行,继则百姓受其暴虐。皆由功不能痛哭请救所致,已属死有余罪。然国主未返,世子拘留,犹期雪耻以图存,未敢捐躯以塞责。今晋京守候,又逾一载,仍复未克济事,何以为臣? 计惟有以死泣请王爷暨大人俯准。据情其题,传告驻京倭使,谕之以大义,威之以声灵,妥为筹办,还我君王,复我国都,以全臣节。则功虽死无憾矣。谨禀。

当天早上八点,林世功为救国大义献身。同时,林世功还为家人留下两首绝命诗。①

其一
古来忠孝几人全,忧国思家已五年。
一死犹期存社稷,高堂端赖弟兄贤。

其二
廿年定省半违规,自认乾坤一罪人。
老泪忆儿双白发,又闻噩耗更伤神。

林世功(1840~1880年),字子叙,号春傍,道光二十年(1840年)出生,久米村"闽人三十六姓"林喜之子孙。同治七年(1868年),与其兄林世忠以及琉球贵族子弟毛启祥、葛兆庆,同

---

① 转引自上里贤一『詩文から見る林世功の行動と精神』,『日本東洋文化論集』,琉球大学文学部,2000年3月発行。

为官生入北京国子监学习。五年后林世功毕业归国,随贡使向德裕、蔡大鼎离开京师,踏上归途。与他同时来华的毛启祥死于入京途中,葛兆庆与林世忠也相继去世,只有林世功一人学成归国。归国后,林世功深受尚泰王重用,不久便担任久米村诗文官话经书师匠,同年十二月转任久米村文字主取。次年六月,林世功出任国学大师匠;九月又擢升为中城王子(世子)尚典的讲解官,成为琉球国学宗师。

林世功在国子监学习经史子集及诗赋文章,学业非常出色,在中国期间他的汉诗就以《琉球诗课》与《琉球诗录》之名刊行于世。其中《琉球诗录》中的"京师得家书",深情地表达了其在北京国子监学习期间对故乡及亲人的思念之情。

辞家犹如昨,异地岁屡移。
凉风吹木叶,万里雁南飞。
飞雁去何速,游子尚未归。
故园回首望,云烟接海湄。
忆昔临别日,大母发如丝。
双亲夜深坐,对我意依依。
兄弟在我旁,小妹泪双垂。
弱女知我去,坐膝不肯离。
邻鸡声喔喔,仰观参辰稀。
舟子促行李,此际摧心脾。
拜亲不能言,去去从此辞。
梯航经山海,万里到京师。
京师与故里,各在天一涯。
天远望云处,日暮倚闾时。
欲归归未得,日夜梦魂驰。
忽接老亲书,开函跪读之。

书言一家安，别离勿复思。
今汝依璧水，多年湛露滋。
绛帐承提命，勉旃戒荒嬉，
置书翻流泪，回顾恋庭闱。
镫花何灿烂，皎月满书帏，
明年春风早，承恩出帝畿。
菽水欢有余，归着旧莱衣。

  就在这个时期，琉球也面临着来自日本的空前压力，逐渐陷入亡国的深渊。林世功还在中国留学时，日本就在1872年不顾琉球和清朝的反对，强行将琉球国改为"琉球藩"，着手吞并琉球的进程；1873年林世功在福州等待接贡船归国时，日本便借口"牡丹社事件"出兵台湾；1875年，日本派内务大丞松田道之出使琉球，强迫琉球断绝与中国的宗藩关系，震惊琉球上下，使琉球处于风雨如晦、人心惶惶的乱象之中。尽管琉球据理力争，反对日本的要求，但仍无能为力，与松田道之谈判破裂后，只好派官员直赴东京请愿。

  林世功成为反日中坚派，屈任陈情都通事，随贡使向德宏、都通事蔡大鼎等密谋入闽求救。翌年九月二十九日，林世功、蔡大鼎、毛精长等人乔装从福州北上，直赴京师求救。林世功代毛精长所撰的《由闽北上实录》对此过程记载道："业于己卯年八月十四日，率同蔡大鼎、林世功、大文李文达、茂才蔡以正、传译通事谢维垣、驱使笃实之人陈学诚、从人仲村渠等，三更时分坐驾河船，万寿桥放棹。"① 最终林世功抛下衰亲妻儿，在北京以死陈情大义殉国。蔡大鼎将其誓死请愿书上呈清朝，群臣感叹林世功之忠义，更有官员赐银三百两，作为棺衾之资。12天后，蔡大鼎等人挽其灵

---

① 蔡大鼎：《北上杂记》，载《琉球王国汉文文献集成》第29册，复旦大学出版社，2013，第232页。

柩，送葬于北京张家湾。① 蔡大鼎又在林世功自尽一周祀日，另撰文表示哀悼。②

光绪七年，岁在辛巳，十月十有八日，乃先子叙一周祀日也……其逝犹昨，哀痛迫切。兹将子叙呈遞［递］总署手书禀词……以及赠同寮（僚）、兄弟各启诗，玩索数次，不胜惭感之至。往古来今，有几人在焉，何人读之不泣。其忠至大，而兼尽孝弟［悌］，则不可得而名矣。合无广知人士，故特登载。

其禀曰：琉球国陈情通事林世功谨禀，为以一死泣请天恩，迅赐救主存国，以全臣节事：窃功因主辱国亡，已于客岁九月。随同前进贡正使耳目官毛精长等，改装入都。叠次匍叩宪辕，号乞赐救各在案，惟是作何办法，尚未蒙谕示。昕夕焦灼，寝馈俱废。泣念功奉主命，抵闽告急，已历三年。敝国惨遭日人益肆鸱张，一则宗社成墟，二则国主世子见执东行，继则百姓受其暴虐。皆由功不能痛哭请救所致，已属死有余罪。然国主未返，世子拘留，犹期雪耻以图存。未敢捐躯以塞责。今晋京守候，又逾一载，仍复未克济事，何以为臣？计惟有以死泣请王爷暨大人，俯准据情具题，传召驻京倭使，谕之以大义，威之以声灵，妥为筹办，还我君王，复我国都，以全臣节，则功虽死无憾矣！谨禀。

其启曰：此禀并无与人牵涉之语，虽递无妨，祈诸公裁夺行。如曰无补于事，不必投递，则功亦末如之何。虽然，与其事后递禀，有名无实，曷若事前以死请救，以全臣节哉？再，功谓奉主命告急，五载于兹，乃上不能救君，下不能存都，何

---

① 转引自蔡大鼎《北上杂记》，载《琉球王国汉文文献集成》第29册，复旦大学出版社，2013，第266页。
② 转引自蔡大鼎《北上杂记》，载《琉球王国汉文文献集成》第29册，复旦大学出版社，2013，第268~271页。

以覆（复）主命？何以对国人？世子如问及王，又将何以为对？此功所以捐生请救也！伏望诸公怜其愚，而宥其罪，是荷！临命痛哭，笔此谨白。

其诗曰：古来忠孝几人全，忧国思家已五年。一死犹期存社稷，高堂专赖弟兄贤。又诗曰：廿年定省半违亲，自认乾坤一罪人。老泪忆儿双白发，又闻噩耗更伤神。

其报曰：琉球国陈情都通事蔡大鼎为报明事：切陈情都通事林世功，业于十月十八日辰刻自尽，理合报明。并附呈该公亲笔禀词一道。

蔡大鼎，字汝霖，久米村"闽人三十六姓"蔡坚之十世孙，①因家谱资料残缺，生卒年月已经无法考证，但根据蔡大鼎《北上杂记》中王大业赠诗《祝寿二首》以及蔡大鼎所作《吾年六十一记》中"癸未""光绪九年正月""六旬加一"②等推测，蔡大鼎应该是尚灝王二十年（1823年）出生。清道光二十八年（1848年），为"读书习礼"事来福州学习风水地理以及王陵维修之法。同治六年（1867年），担任长史出迎前来琉球册封尚泰王的清册封正副使赵新、于光甲。同治十一年（1872年），尚泰王因其至孝母亲，特下书以褒奖其孝行。③ 也正是这一年，明治政府不顾中琉反对之声，强行设置"琉球藩"。

光绪二年（1876年），蔡大鼎携长子蔡锡书与林世功等人陪同向德宏带着尚泰王密诏，前往福建向中国求援。随后其一行人与1874年前往中国进贡并滞留在福州琉球馆的毛精长琉球进贡使团会

---

① 那霸市企画部市史編集室：『那霸市史』資料篇，第1卷6，『久米村系家譜』，昭和55年版，第932頁。
② 转引自蔡大鼎《北上杂记》，《琉球王国汉文文献集成》第29册，复旦大学出版社，2013，第219页，第274页。
③ 球陽研究会編『沖縄文化史料集成』5，『球陽』，角川書店，昭和53年再版，第561頁。

合,成为琉球国在华复国运动的主力军。光绪五年（1879年），明治政府强行"废藩置县"，同年五、六月间，向德宏等人乔装北上天津，向李鸿章上书求救。随后在九月二十九日，林世功、蔡大鼎和毛精长乘着夜色坐小船离开琉球馆秘密北上。此后一年有余，众人滞留在北京，为救国请愿事奔走。光绪六年（1880年），林世功自杀殉国之后，蔡大鼎依然在华坚持复国运动，直到5年后，蔡大鼎也因为长期忧劳，离开人世。其长子蔡锡书最后也离开福州琉球馆，返回琉球国内。

林世功死后，蔡大鼎具文呈报清朝，其呈文极短："琉球国陈情都通事蔡大鼎为报明事：切陈情都通事林世功，业于十月十八日辰刻自尽，理合报明，并附呈该公亲笔禀词一道。"蔡大鼎在其《北上杂记》中撰文"林子叙在京辞世记"以悼念之：①

> 林子叙讳世功在京辞世，记享年四十岁。记有之：死重于泰山，然林君专顾国家之存亡，乃于庚辰十月有八日，既将其手书禀词呈递列宪，以死叩恳具奏兴灭。列宪叹曰，此诚忠臣，实属可悯。乃赐白银三百两，以为棺衾之资也。及二十日，挽其灵柩，送葬于张家湾。呜呼悼哉，泪不禁流，为其忠节也。真是不让古人，百世流芳，万年传鉴者也。都邑见闻者，尚无不叹美，而况本国之人乎。兹缀片言，为之志略云尔。

《北上杂记》是蔡大鼎于光绪五年（1879年）秘密北上京城后所作，"予在京师日久，不可空过日子。由是，一切之事物，或记所见，或述所闻，聊为一集，因名曰北上杂记"。其外，林世功代作的《由闽北上实录》，另一位在华陈情久米村人王大业《祝寿二首》，蔡大鼎闽中好友谢维藩《赠诗六首》等，俱收入在其卷首自序之前。

---

① 转引自蔡大鼎《北上杂记》，《琉球王国汉文文献集成》第29册，复旦大学出版社，2013，第266页。

蔡大鼎也是一位诗人，其著作除了《北上杂记》之外，还有《程公宠文传副》等文章，以及《闽山游草》《续闽山游草》《北燕游草》等诗集。此外还有《漏刻楼集》，不幸在冲绳岛战役中被焚毁失传。咸丰十年（1860年），蔡大鼎以进贡存留通事的身份来到福建，① 正值中国爆发太平天国运动，交通受阻，蔡大鼎在福建滞留三年之久。蔡大鼎的诗集《闽山游草》正是在这个时期创作的。其中《闻浙省为逆匪窜据口占》：

狼烽屡警起烟尘，琐尾流离越地民。
不知何时神武振，凯歌一曲达枫宸。

当时身在福州的蔡大鼎，时常听闻关于太平天国运动的消息，这首诗便是其听到太平天国占领浙江省的传言后写下的。当时的清政府外有列强虎视眈眈，内有太平天国之乱，正是风雨飘摇，多事之秋。蔡大鼎在这首诗中希望"宗主国"清朝能一扫阴霾，重新振奋，其实何尝不是对琉球国的一种期望。

蔡大鼎另一本诗集《北燕游草》中有一首《逆贼煽乱焚烧民屋经过有感》：

万民迁从叹无鸠，村落萧条濑乡流。
不识主人何处去，残垣败瓦几春秋。

这是同治十一年（1872年）蔡大鼎在和琉球使团北上京城时所作，面对战乱后残破的乡村，蔡大鼎有感而发。从以上这两首诗，都能看出蔡大鼎忧国忧民的胸怀。

或许，与林世功以死乞师相比，蔡大鼎相去何止万里。诚如他

---

① 《历代宝案》第15册，卷3，"国立"台湾大学印行，1972，第8480页。

《北上杂记》自序最后一句话所说:"惟所希冀者,犹为观者之一助云尔。"作为一个文臣、诗人,他确实没有立马横刀的雄心豪情,唯有不断地向中国陈情请愿,希望清朝能帮助琉球复国。蔡大鼎的身上固然有些文人的孱畏,也的确不如林世功那般刚烈,可以以死请愿。但赴华求援之时蔡大鼎已年近花甲,为了琉球国不远万里奔赴中国,前后又曲折再三,同伴或身死异乡或放弃回国。蔡大鼎以风烛之躯,依然坚守救国之道,联想当时情形,可知其路之艰难,其志不可不谓之坚定。只是风云变幻非人力可为,蔡大鼎等人的抗争,毕竟抵不住历史的步伐。这是光绪九年(1883年)蔡大鼎所作《吾年六十一记》:①

> 癸未之年,三元之日,乃吾龄六旬加一之生辰也。竟是享高年,不堪欣之。惟是出使天朝以来,八载于兹。故思归念切。已历岁时,刻遭忘著犊鼻裩涤器之时。许多茅塞,不宜缕陈。今所疲心者,或有误失而有辱祖宗,是以晨昏勤劳之余,仰天默祷,生平寡过,而终天年,则不营遗恨毫无而已。何幸如之,特此搦管而志焉。

这一年是蔡大鼎到中国后的第六年。彼时分岛和谈之事已经陷入僵局,虽然日方多次遣使来华重提和谈之事,但中日双方始终未能达成共识。和谈无望,出兵无门,琉球复国之机会也越发渺茫。这寥寥数言中,我们不难看出一个花甲老者的困顿心酸,还有他始终没有动摇过的爱国之心。

四 琉球复国运动的失败

1. 琉球复国运动失败的原因

琉球王国在华历时近二十年的复国运动,对清廷朝野产生了相

---

① 蔡大鼎《北上杂记》,《琉球王国汉文文献集成》第29册,复旦大学出版社,2013,第274页。

当的影响，尤其是向德宏向李鸿章力陈反对分岛方案及林世功以死殉国，对中日外交交涉产生了影响，导致李鸿章在分岛改约谈判中态度转变，最终提出"延宕之法"。"延宕之法"既拒绝了日本企图达到与西方国家在华既得利益均沾的目的，又粉碎了日本因中国分占部分琉球岛而不再反对其对琉球吞并的图谋。同时，它也反映出到了近代，国力日衰的清廷在后起的日本帝国主义及西方列强的凌厉攻势下是难以维持其历史上与周边国家的传统关系的。分岛改约方案搁置后，琉球志士唯恐此方案再提，不断地进行反对分岛案的请愿。光绪七年（1881年）二月二十二日，毛精长、蔡大鼎对即将出任驻日公使的许景澄上呈请愿书，重申"俾敝国全土可复，主君可归，贡职永修，世守勿替"。①

导致琉球复国运动失败的因素很多，其中既有中日两国间的军事、外交角力，也有琉球王国的内部因素。

首先，1894年甲午战争中方失败是直接造成琉球救国运动解体最重要的原因。当时中国正遭受西方列强的"外压"。鸦片战争之败被迫签订的一系列不平等条约，导致环中国一系列"朝贡国"及"属国"逐渐丧失。中法战争后，在1886年签订的《天津条约》中，中国被迫承认法国对越南的保护权。而朝鲜是清宗藩体系的最后一块基石，关系琉球复国运动的命运。只要中国能继续维持对朝鲜的宗主权，琉球在清宗藩体制下的复国亦有实现的可能。光绪二十年（1894年）八月二十二日，中国《申报》发表社论《天诛篇》，评论琉球问题应介入军事力量以求速战速决。而琉球社会更是遍传大清"黄色舰队"即将光复琉球。琉球本土复国运动的团体更是每朔望之日必赴寺庙参拜，祈求中国获胜。但甲午战争最终日本取胜。光绪二十一年（1895年）四月十七日，在下关港签订了《马关条约》。在其第一条，日本政府即要求中国放弃对朝

---

① 西里喜行：『琉球救国請願書集成』，沖縄研究資料13，法政大学沖縄文化研究所，第79頁。

鲜的宗主权。① 至此，中国的宗藩体制全面崩溃已成事实。琉球复国运动也因此遭受毁灭性打击。

信夫清三郎在《日本外交史》中评价道，"《马关条约》第一打破了中国对朝鲜之宗主权，日本打开了进出朝鲜之通道；第二决定了琉球最后之归属，确定了日本固有之领域"。② 但事实上《马关条约》中并未针对琉球之归属做任何协定。而中国政府即使在甲午战争失败后，也不承认琉球归属问题已经结束，不承认日本对琉球的吞并。光绪二十四年（1898 年）三月十七日，琉球人与世田等 18 人因遭风漂流至浙江省，浙江巡抚廖寿丰还于同年五月三十日在其奏折中报告，"十八人均琉球国首里府人"，应照"琉球国遭风难民之例抚恤"。③ 不过，1895 年清廷的落败确实给了在华琉球志士的救国图存运动最致命的打击。据统计，1884 年在华琉球复国运动志士为 124 人，④ 但至 1896 年四月，仅存 24 人。⑤ 此时琉球复国运动中心人物向德宏、毛凤来、毛精长、蔡大鼎已客死中国。在琉球志士陆续被迫归国时，另一重要人物向有德亦于 1896 年离开了复国运动的重要据点——福州琉球馆。

围绕琉球复国运动，中日双方也展开了外交博弈。当时清朝外患频繁，除了琉球问题外，伊犁问题、朝鲜的壬午政变与甲申政变、越南问题等，接踵而至，使清廷无暇仅顾及琉球。加之清廷对日本武力过分高估，又顾虑台湾受侵，故对琉球问题一开始就极为消极，定位于"自以据理诘问为正办"。⑥ 对在华琉球人的复国运

---

① 日本外务省编『日本外交文書』卷 28，第 363 页。
② 信夫清三郎：『日本外交史』，每日新闻社，第 183 页。
③ 中国第一历史档案馆编：《清代中琉关系档案选编》，中华书局，1993，第 1177 页。
④ 冲绳县教育委员会：『沖縄県史』卷 13，1966，第 274~282 页。
⑤ 日本外交史料館：『本邦人海外―密航関系雑件』卷 3，外務省記録分類三八八四，转引自赤岭守《琉球归属问题交涉与脱清人》，《第九届中琉历史关系国际学术会议论文集》，海洋出版社，2005，第 344 页。
⑥ 《清光绪朝中日交涉史料》卷 1，第 12 页。见杨家骆主编《中国近代史文献汇编之一·清光绪朝文献汇编十七》，第 17 册，鼎文书局印行。

动，清廷除极力安抚及庇护外，并未采取任何具体援琉活动。反之日本方面，处心积虑，步步紧逼。日本对琉球本土的抵抗运动及在华琉球人的复国运动，采取了血腥镇压及怀柔拉拢两手策略。光绪十五年（1889年）十二月二十日，时任冲绳县令的西村舍三就曾上书外务卿井上馨及内务卿山县有朋、司法卿山田显义，建议对"脱清分子"① 严加惩治。"本县顽民'脱清'行动，实为颠覆政府之举。如任由彼等出入他国政府衙门诬告本国政府，一旦清廷采信其言而重开琉球案之谈判，则无论是战是和，其祸害之大与内地叛乱犯并无不同。如此不化顽民，任其胡作非为必致无政府状态，内地虽无相当之刑律可为约束，但可参照本地原有之'他领渡海'（偷渡他国）刑法，于适用范围以内予以裁处。"② 该建议随即获得山县有朋首肯。山县有朋还指出，琉球复国运动中不乏旧藩政时代的政要，影响殊大、不可轻视。③ 其后数年，日本在琉球大肆搜捕抗日分子，并施以酷刑，"每当夜深人静，时闻惨嚎之声"。④

与此同时，日本人也极力拉拢琉球王族、旧官吏及士族，采用所谓的旧惯温存与抚慰政策。日本政府除交付给国王尚家20万元的金禄公债外，每年再支付2万元的金禄，并将中城御殿、大美御殿等尚家的府邸别墅六所、寺院七座以及墓地五处指定为尚家的私有财产。根据1880年的《冲绳县统计概表》，冲绳县当时共有74626户，355179人。当时，有禄士族大约370户。为拉拢这一部分旧王府统治基础，明治政府宣布自1885年始，每年支付这部分士族金禄年额16万元。通过上述手段，日本不仅抚慰了王族与有禄士族，而且达到了将有禄士族与民众分开的目的。此外，日本还实行同化政策及皇民化教育，大力推广日文，提出"日琉同祖论"，

---

① "脱清"是明治政府警察用语，意为逃脱至清国。"脱清分子"专指逃亡至清从事琉球复国运动的琉球人。
② 沖繩県教育委員会：『沖繩県史』卷13，1966，第271~272頁。
③ 沖繩県教育委員会：『沖繩県史』卷13，1966，第269~270頁。
④ 蔡璋：《琉球亡国史谭》，台北正中书店，1951，第11页。

强调冲绳人自古以来就是日本的一部分。

琉球亡国后，琉球国内各种抗议活动处于日本军警高压控制之下，琉球志士认为复国唯一希望在于宗主国武力介入，因此纷纷密航而至。日本外务省担心由此造成中日交涉加剧，所以大规模展开搜查琉球志士的活动。日方对向德宏等人的动向极为关注，竹添进一曾借口探问中方对琉球问题的处置意见，打听向德宏的消息，并向外务省报告。此外，日本外务卿还派遣美国人约翰·彼得曼（John Pltaman），并雇用其他公使馆之外国雇员收集北京方面有关琉球复国运动的相关情报。日本公使馆支那人总监督乔文彬还曾装扮成商人居住在北京庆隆客栈以收集琉球志士的情报。① 在此形势下，如书函所书，李鸿章为保护向德宏，曾命天津海关郑操如等将向德宏安置于总理衙门西侧之大王庙内。上海租界委员陈丞福还奉命呼吁德国总领事勿协助日本领事馆搜捕琉球志士。② 虽然这些亦仅为保护措施，并不能从根本上解决问题，但从中可见清廷朝野对琉球志士的同情。

其次，从琉球王国方面看，琉球官员和士族面对明治政府颁布的"废藩置县"令，普遍表现出不合作的态度。许多官吏称病不出，"各役所悉闭户，无一人应其布告"。③ 日本处分官松田道之要求浦添亲方、富川亲方、与那原亲方三位三司官交出各种政府文件，三位三司官与众官吏商议后决定拒绝日本命令，以待清国援兵。众士族群情激昂，立下生死誓约，连署按印。这种誓死抵抗的协议书，称为"血判书"。其誓约："如尊奉日本命令，接受官禄，惟斩首不赦。若遭日本迫害，因义而死，以共有金抚恤救助妻儿。"④

不过，琉球王国在甲午战争前，亦出现了所谓的"开化党"，

---

① 西里喜行：『琉球救国運動と日本．清国』，『沖縄文化研究』十三，政法大学沖縄文化研究所，1987，第74页。
② 台湾中央研究院近代史研究所：《清季外交校集》，《琉球馆》，分类号码九·九·一。
③ 喜舍場朝賢：『琉球見聞録』，東京至言社，1977，第118页。
④ 喜舍場朝賢：『琉球見聞録』，東京至言社，1977，第132页。

即主张归属日本的新体制派,其中担任重要角色之一的是尚泰国王的第四个儿子尚顺。"开化党"发行报刊《琉球新报》,对琉球复国运动展开批判。由于尚顺的特殊地位,新体制派对琉球复国运动产生了消极影响。此外,光绪十年(1884年)七月二十三日,一直不准返乡的琉球尚泰王首次获准回琉球休假百日。明治政府此番目的是借助琉球国王的影响力告诫琉球士民停止反日复国行动。十一月一日,琉球被废黜的国王尚泰被迫诏告琉球民众,"本县士民当守本分各务其业,不应有为害县制之举,本王曾于八月谕达中剀切训谕。近日脱琉渡清者甚众,为警署提调询问者不乏其人,此举实属愚昧之至。尔等所思偏差,行动乖张,致使本王受累,忧心不已。望汝等谨遵所谕各项,万勿执迷不悟,此旨"。① 尽管许多反日人士坚信尚泰王此番告谕是被迫的,但无论如何,王室的屈服给了琉球复国运动不小的打击,从内部瓦解了琉球王国的复国运动。

2. 久米村最后的总理唐荣司阮宣诏

光绪五年(日本明治十二年,1879年)五月十八日,明治政府第一任"冲绳县长"锅岛直彬就任,明治政府着手"冲绳宪政"的建设。但琉球国王府官员以及首里、那霸、久米村等士族阶层在三司官毛凤来、毛允良的领导下采取了不合作态度进行抗争。

首里、那霸、久米、泊及其他各"间切"(琉球地方行政单位)、村落的官员对于松田道之以及锅岛直彬等人的命令,采取了不服从的态度,尤其是王府官吏更是一概不出勤,并拒绝提出租税征收等文书,迫使各政府机关因无法运作而关闭。

琉球王府官员虽未能用武力与明治政府对抗,但纷纷立下血印誓约书,以表示抗拒与不服从。抵抗运动在各地逐次展开。此外,王府统治阶层各官员自动结集于中城御殿,照旧对地方官吏征收租税,维持琉球国日常管理,无视"冲绳县厅"的存在和命令,以不

---

① 沖縄県教育委員会:『沖縄県史』卷13,1966,第318頁。

合作的方式与明治政府对抗。

八月以后，锅岛直彬开始武力镇压琉球王府官员等的不合作运动，先后逮捕王府官员，各间切以及宫古、八重山等地方官员，共计一百多人，被逮捕官员惨遭严刑拷打。在无力抗拒之下，琉球王府官员最后终于妥协。同年九月十四日，法司官毛凤来等人以"释放遭逮捕之王府及地方官员"为交换条件，向锅岛直彬提交了服从明治政府县政的请愿书。九月二十四日，毛凤来等旧法司官出任"冲绳县顾问官"，在锅岛直彬等人的镇压下，王府官员的抵抗运动失败。

当时领导久米村人与琉球王府一起进行抵抗的，正是最后一任总理唐荣司阮宣诏。

阮宣诏是阮国的九世子孙，出生于嘉庆十六年（1811年）。① 道光十六年（1836年）阮氏大宗家主阮忠去世，因其没有后裔，阮宣诏遂过继为大宗继承人。此后阮宣诏作为官生前往中国国子监学习，道光二十七年（1847年）归国后得到尚泰王重用，先后担任过著作总师、进贡副使、讲谈师等职位。咸丰九年（1859年）晋升为紫金大夫，两年后担任总理唐荣司，也是久米村历史上最后一位总理唐荣司。明治政府吞并琉球后，强行废除了久米村明伦堂役所，如久米村总役、长史、笔者、汉字主取等行政职位都被强行废除，久米村行政事务转由"那霸役所"管理。不仅如此，原琉球王国给予久米村的经济特权优待也被剥夺。阮宣诏领导着久米村人与明治政府抗争，因其强硬的反抗作风，被松田称为"性情刚毅，反对派之魁首"。②

在日本强制吞并发生后，阮宣诏果断地将原来存放在久米村天妃宫的琉球国外交文书《历代宝案》转移到自己家中藏匿起来，此

---

① 那霸市企画部市史編集室：『那覇市史』資料篇，第 1 巻 6，『久米村系家譜』，昭和 55 年版，第 171 頁。
② 『始祖阮国公来琉四百年紀念志』，阮氏我華会発行，1998，第 23 頁。

后不管日本方面怎样威胁恐吓，阮宣诏都不为所动，妥善地保存着《历代宝案》。1933年，阮氏门中会将保存了约半个世纪的《历代宝案》移交由当时的冲绳县立中央图书馆保管，使其得以流传至今。光绪十一年（1885年）阮宣诏去世，享年75岁。

第 十 章

琉球家谱的编撰与闽人三十六姓姓氏源流考

第一节　琉球家谱的编撰
第二节　闽人三十六姓姓氏源流考

第一节　琉球家谱的编撰

编撰家谱是维系宗族制度、巩固宗族团结、扩大宗族活动的一种重要手段。清朝康熙年间，由于康熙皇帝的提倡，修谱之风在中国掀起高潮。琉球国王尚贞受之影响，并出于政治目的，亦开始在琉球国内公开提倡修撰家谱。据《球阳》记载："（尚贞）王命尚弘德始授御系图奉行职，而始令群臣各修家谱，已誊写二部以备□上览，其一部藏御系图座，一部押御朱印以为颁赐，各为传家之至宝"。[①] 至此琉球国掀起了修谱的热潮，逐步形成了《久米村系家谱》、《首里系家谱》和《那霸泊系家谱》三个系列的家谱。图10－1为毛氏家谱封面。

一　《久米村系家谱》

据史料记载，早在明初洪武年间，就有"闽人三十六姓"移居琉球。"王大喜，即令三十六姓择土以居之，号其地曰唐营，亦称营中"。[②] 居住在久米村的"闽人三十六姓"，把中国先进的科学技术、文化艺术以及汉族的生产、生活习俗带到了琉球，为当时琉球

---

① 球阳研究会编『沖縄文化史料集成』5,『球陽』，角川書店，昭和53年再版，第245頁。
② 那霸市企画部市史编集室：『那霸市史』资料篇，第1卷6,『久米村系家谱』，昭和55年版，第295頁。

普久岭家家谱（伊佐博夫氏藏） 　　　　　　　吉川家家谱（吉川ウシ氏藏）

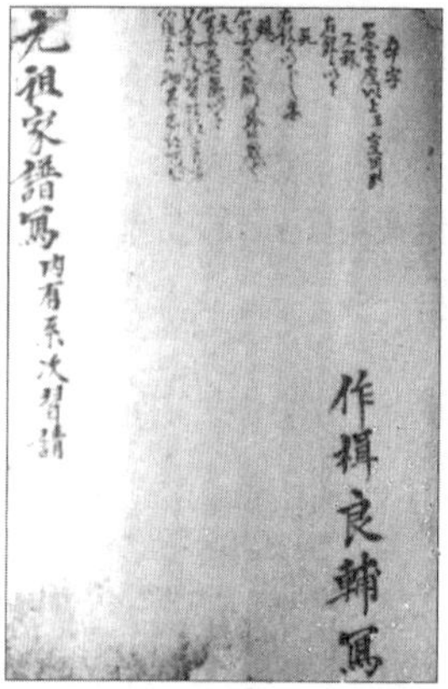

奥间家家谱（奥间文雄氏藏）  　　宗家家谱（与世山门氏藏） 　　吉川家家谱（吉川学氏藏）

南风家谱（南风原均子氏藏） 　　　　　　　吉川家家谱（吉川英次郎氏藏）

图 10-1　毛氏家谱封面（扫描自《久米毛氏四百年纪念志》）

社会的开化和文明做出了很大的贡献，因此得到了琉球国王的优待和重视，"知书者授大夫、长史，以为朝贡之司；习海者授通事，总为指南之备"。

随着"闽人三十六姓"人口的增长，久米村的规模亦不断扩大。到了明景泰、成化年间，久米村福建式的房屋已鳞次栉比，聚居了很多"闽人三十六姓"后裔，成为琉球的四大邑之一。当时聚居在久米村的"闽人三十六姓"，是否已有部分家族开始修纂家谱或保留着从祖籍带来的牒谱资料，文献尚不足证。但从现存《久米村系家谱》的一些旧谱来考察，尚可推知一二。明成化八年（1472年），蔡姓家族"卜地于唐营东北之间，自行捐资，创建祠堂，以奉蔡家神主，著为规定"。陈捷先先生就此推论："中国家族'祠'与'谱'向来是有关联的，当时的久米村华人是否建祠又修谱我们不得而知；不过祠堂中既供奉神主，祖先世系资料显然是存在的。"①

从现存的久米村家谱资料来看，金、红、蔡（四本堂支本）、周、郑、林等姓的家谱，皆属于这个时期编撰的，各家修谱序文中，均记载家谱创修于"康熙二十九年庚午"。②此外据《久米村系家谱》中记载，《孙氏家谱》（孙有执）以及《阮氏家谱》（阮国）的纂修时间更早，分别为康熙二十六年和康熙二十八年（见表10-1）。

表10-1 久米村部分家谱编撰时间

序号	家谱名	纂修时间	宗族分支	备注
1	《孙氏家谱》	康熙二十六年（1687年）	四世·孙有执	《久米村系家谱》第435页

---

① 陈捷先：《琉球久米系家谱研究》，载《第三届中琉历史关系国际学术会议论文集》，台北：中琉文化经济协会，1991，第963页。
② 那霸市企画部市史编集室：『那霸市史』资料篇，第1卷6，『久米村系家谱』，昭和55年版，第52、196、236、378、571、917页。

续表

序号	家谱名	纂修时间	宗族分支	备注
2	《阮氏家谱》	康熙二十八年（1689年）	一世·阮国	《久米村系家谱》第152页
3	《程氏家谱》	康熙二十八年（1689年）	六世·程泰祚	《久米村系家谱》第541页
4	《金氏家谱》	康熙二十九年（1690年）	一世·金瑛	《久米村系家谱》第52页
5	《红氏家谱》	康熙二十九年（1690年）	一世·红英	《久米村系家谱》第196页
6	《蔡氏家谱》	康熙二十九年（1690年）	一世·蔡崇	《久米村系家谱》第236页
7	《周氏家谱》	康熙二十九年（1690年）	一世·周文郁	《久米村系家谱》第378页
8	《郑氏家谱》	康熙二十九年（1690年）	十世·郑子廉	《久米村系家谱》第571页
9	《林氏家谱》	康熙二十九年（1690年）	一世·林喜	《久米村系家谱》第917页
10	《阮氏家谱》	康熙二十九年（1690年）	一世·阮明	《久米村系家谱》第175页
11	《蔡氏家谱》四本堂支本	康熙二十九年（1690年）	七世·蔡朝用	《久米村系家谱》第293页
12	《郑氏家谱》	康熙二十九年（1690年）	一世·郑肇祚	《久米村系家谱》第664页
13	《郑氏家谱》	雍正七年（1729年）	十二世·郑明良	《久米村系家谱》第603页
14	《蔡氏家谱抄》	雍正七年（1729年）	十一世·蔡温	《久米村系家谱》第362页
15	《魏氏家谱》	雍正八年（1730年）	三世·魏瑞麟	《久米村系家谱》第23页

续表

序号	家谱名	纂修时间	宗族分支	备注
16	《毛氏家谱》	乾隆十二年（1747年）	一世·毛国鼎	《久米村系家谱》第705页
17	《毛氏家谱》	乾隆三十一年（1766年）	三世·毛文英	《久米村系家谱》第732页
18	《林氏家谱》	乾隆五十一年（1786年）	一世·林胤芾	《久米村系家谱》第855页
19	《蔡氏家谱》	嘉庆二十一年（1816年）	小宗·十一世·蔡燿	《久米村系家谱》第336页
20	《梁氏家谱》	道光元年（1821年）	十世·梁成楫	《久米村系家谱》第788页

《久米村系家谱》在记录的形式上，一般按照官爵、勋庸等项目进行编年体记录，而首里、那霸系家谱则是按照王代进行编年体记录。相对于首里系和那霸系家谱而言，《久米村系家谱》分册较少，家谱中常有官生或勤学记载。除记录形式和数量上的差异外，《久米村系家谱》很大程度上受到了中国宗谱的影响，特别是福建家谱的影响，家谱按照大小宗分支分册的做法，也体现了中国的宗族制思想。

《久米村系家谱》作为同时代的一手资料，收录的内容涵盖了琉球对中国的进贡来往、福建至北京之间的往返路程、上江户、官生以及著作、文艺等文化方面的记载。加之久米村人多以副使身份朝贡中国，其中所记载朝贡事，多有转引《历代宝案》，其真实性、可靠性毋庸置疑。

二 《首里系家谱》

根据《琉球藩杂录》中的记载，1879年明治政府强制"废藩置县"吞并琉球国之前，首里士族约为37000人，而那霸、泊村和久米村三地士族约为22000人。首里士族的人数约是其他三大村士族的1.5倍。20世纪60年代那霸市收集琉球国时期的家谱资料，总计收集各士族家谱550册，而《首里系家谱》独占240册。最终选定其中58册，整理成《首里系家谱》，收录在1982年出版发行的《那霸市史》资料篇中。《那霸市史》资料卷中收录的《首里系家谱》，数量亦是各系家谱之最。①

从《那霸市史》资料篇中可知，《首里系家谱》修撰均始于康熙二十九年（1690年），其中苏、马、和、毛等四姓家谱均是康熙二十九年编撰，②其他首里系家谱，如数量最多的《向氏家谱》，根据各家家谱序文记录，有三本都在康熙年间编撰，③余下的首里系家谱均是康熙四十七年之后编撰。

《那霸市史》资料篇中所收入的58册首里系家谱，有以下三个特征。

第一，家谱记录内容丰富；

第二，包含了王族、首里上层士族、中层士族、下层士族以及新兴士族等各个阶层的士族家谱；

第三，尽可能多地收录不同姓氏的家谱。

相比于《久米村系家谱》，《首里系家谱》分册与姓氏更多，但各家谱中所记载的各家修谱序文更少。综观《那霸市史》资料篇中的58册首里系家谱，只有12册家谱有修谱序文。在这12册家谱中，包括王族向氏家谱5册，以及薛、苏、马、傅、毛、杨、和等7家家谱。

在家谱记录形式方面，《首里系家谱》有别于《久米村系家谱》按照官爵等项目编年体记事的方式，采用以王代为准编年体记

---

① 那霸市企画部市史编集室：『那霸市史』资料篇，第1卷7，『首里系家谱』，昭和57年版，第7頁。
② 那霸市企画部市史编集室：『那霸市史』资料篇，第1卷7，『首里系家谱』，昭和57年版，第422頁、第515頁、第739頁、第883頁。
③ 那霸市企画部市史编集室：『那霸市史』资料篇，第1卷7，『首里系家谱』，昭和57年版，第199頁、第310頁、第364頁。

事。以首里王族尚魏储之家谱为例:①

一世朝理（越来王子）

唐名魏储，号嵺岩行一。其生年月不传，嘉靖十三年甲午正月二十二日卒。

父尚宣威王，母不传，室亦不传。长男朝孟。

尚真王世代

成化十三年丁酉岁拜授越来间切总地头。

首里系部分家谱编撰时间如表10-2所示。

表10-2　首里系部分家谱编撰时间

序号	家谱名	纂修时间	宗族分支	备注
1	《苏姓家谱》	康熙二十九年（1690年）	一世·苏长平	《首里系家谱》第422页
2	《马姓家谱》	康熙二十九年（1690年）	一世·马良诠	《首里系家谱》第515页
3	《毛姓家谱》	康熙二十九年（1690年）	七世·毛泰永	《首里系家谱》第739页
4	《和姓家谱》	康熙二十九年（1690年）	一世·和为美	《首里系家谱》第883页
5	《向姓家谱》	康熙三十年（1691年）	一世·尚维衡	《首里系家谱》第199页
6	《向姓家谱》	康熙三十年（1691年）	一世·浦添翁主	《首里系家谱》第364页
7	《向姓家谱》	康熙三十一年（1692年）	一世·尚龙德	《首里系家谱》第310页

① 那霸市企画部市史编集室:『那霸市史』资料篇，第1卷7，『首里系家谱』，昭和57年版，第175页。

续表

序号	家谱名	纂修时间	宗族分支	备注
8	《薛姓家谱》	康熙四十七年（1708年）	一世·薛利元	《首里系家谱》第411页
9	《向姓家谱》	雍正八年（1730年）	大宗·尚韶威	《首里系家谱》第258页
10	《傅姓家谱》	雍正九年（1731年）	一世·傅公佐	《首里系家谱》第548页
11	《向姓家谱》	乾隆二十八年（1763年）	一世·尚魏储	《首里系家谱》第173页
12	《新参杨姓家谱》	乾隆四十三年（1778年）	一世·杨显烈	《首里系家谱》第877页

首里系各家谱中有许多琉球王族尚氏和首里贵族的家谱，比如尚真王长子浦添王子朝满、尚丰王长子浦添翁主朝良等。琉球王子作为上江户正使，其家谱资料中则记载有上江户的事迹，涉及萨摩藩主、幕府将军甚至日本天皇在内的事情，比如宴请、赏赐等，同时也会记载日本的文化活动，如蹴鞠、伊势神乐等。而其他首里贵族，在琉球国历史上人才辈出，长期垄断了三司官、国师等琉球国王府中枢要职。这些人常常作为朝贡中国的耳目官、谢恩王舅、上江户副使等，出使中国或者日本，其家谱记载对于研究琉球对外关系，特别是琉球对中国和日本关系，具有重大的参考价值。

三 《那霸泊系家谱》

康熙二十九年（1690年）尚贞王仿效康熙皇帝，下令琉球各家修撰家谱，于是有琉球国家谱存于近世。除上文提及的《久米村系家谱》和《首里系家谱》外，《那霸市史》资料篇中还收入了66册《那霸泊系家谱》。其中除《薛姓家谱》和《俞姓家谱》两家谱在修谱序文中确切注明康熙二十九年（1690年）编撰外，① 其余那霸泊系家谱据推测应是康熙五十一年之后，甚至乾隆、嘉庆年间编撰的，如《新参启姓家谱》为康熙五十一年编撰，②《宇姓家谱》为乾隆五十四年编撰，③《惠姓家谱》则是嘉庆十四年编撰。④

《那霸泊系家谱》总体上可分为两部分，第一部分是康熙二十九年（1690年）尚贞王下令全国编撰家谱时，那霸、泊村士族所修编的家谱；第二部分是康熙二十九年（1690年）之后，那霸、泊村两地因各种原因受到国王褒奖恩赐获准收入的各士族家谱，被称为"谱代家"和"新参家"。

《那霸市史》资料编中收录的"谱代家"家谱，共计48册。其中一部分是康熙二十九年（1690年）之前已经存在的那霸、泊村士族的家谱，计有：卫、郭、金、吴、沙、蔡、岑、薛、祖、杜、梅、柏、平、牧、俞、养、兰、咸、幸、詹、明、荣、叶、雍、柳等。另一部分是康熙二十九年（1690年）后琉球国新晋士族之家谱，此类家谱通常由于对琉球国做出特殊贡献，或者通过"献金"等方式，获得国王褒奖，并被恩赐编撰家谱的资格。这些新晋姓氏有：宇、袁、吉、鱼、惠、工、昂、朝、陈、贝等。

《那霸市史》资料篇中收入了琉球国"新参家"家谱18册。这些"新参家家谱"大致可分为两种，其一是康熙二十九年（1690年）修编但因各种理由未能收入"御系图座"之家谱，而后重新收入，如《新参启姓家谱》《新参阮姓家谱》《新参辈姓家谱》《新参姜姓家谱》等。其二是因为对琉球国做出特殊贡献，而受到国王

---

① 那霸市企画部市史编集室：『那霸市史』资料篇，第1卷8，『那霸泊系家谱』，昭和57年版，第308页、第493页。
② 那霸市企画部市史编集室：『那霸市史』资料篇，第1卷8，『那霸泊系家谱』，昭和57年版，第149页。
③ 那霸市企画部市史编集室：『那霸市史』资料篇，第1卷8，『那霸泊系家谱』，昭和57年版，第1页。
④ 那霸市企画部市史编集室：『那霸市史』资料篇，第1卷8，『那霸泊系家谱』，昭和57年版，第125页。

褒奖晋升成为士族，赏赐其编撰家谱。具体如下。

第一，"献金"。《新参厚姓家谱》记载，其一世厚完纪，因乾隆二十八年（1763年）琉球国"甚缺国用"之际，"奉有宪令，奉贷银两，遵即发出四千两"以资国库，受到尚穆王褒奖，而"登新参士"。①

第二，航海功绩。《新参林姓家谱》记载，林维新多次前往中国和日本，在航行中屡有功绩，尚穆王于乾隆十八年（1753年）下令，因其"有旅之功，顶戴新家谱"。②

第三，手工艺技术。《工姓家谱》记载，工喜长（工善事）"先年以来被仰付候诸细工于唐出精致稽嘏"，因为技术精湛，尚穆王于乾隆五十七年赐褒书，"升为谱代家"。③

第四，医术。《新参林姓家谱》记载，林泰乡（林开祖）因为医术高超，屡有医功，"（琉球）国医及唐荣那霸官长等共相具由叩请朝廷"，于是尚穆王于乾隆五十一年（1786年），"赏赐新家谱，永升仕籍"。④

第五，制糖。《詹姓家谱》记载，四世詹承美因为"始制大白砂糖等事"，⑤蒙褒赏入士籍。

《那霸泊系家谱》收录之琉球国新参家谱有以下几个特征。

第一，新参家谱都在尚贞王设置"御系图座"之后，也就是康熙二十九年（1690年）之后编撰。而最早的新参家谱，根据《球阳》中的记载是在康熙三十三年（1694年），泉崎邑廖征"始晒干

---

① 那霸市企画部市史编集室：『那霸市史』资料篇，第1卷8，『那霸泊系家谱』，昭和57年版，第203页。
② 那霸市企画部市史编集室：『那霸市史』资料篇，第1卷8，『那霸泊系家谱』，昭和57年版，第554页。
③ 那霸市企画部市史编集室：『那霸市史』资料篇，第1卷8，『那霸泊系家谱』，昭和57年版，第195页。
④ 那霸市企画部市史编集室：『那霸市史』资料篇，第1卷8，『那霸泊系家谱』，昭和57年版，第542页。
⑤ 那霸市企画部市史编集室：『那霸市史』资料篇，第1卷8，『那霸泊系家谱』，昭和57年版，第657页。

沙土注水取汁烧以成盐，大达国用"，尚贞王"褒嘉恩赐家谱以登士籍"，① 是为《新参廖姓家谱》。

第二，新参家谱记录内容较少，因为编撰家谱年代较晚，有些家谱世系图只有五世。如乾隆五十八年（1793年）编撰的日本后裔吉久志的《谱代吉姓家谱》，从元祖吉久志往下只记载到五世子孙。② 从《那霸市史》中所载琉球家谱资料分析，所载家谱的平均页数：久米村系家谱为18页，首里系家谱为15页，那霸泊系家谱为13页，而新参家谱只有9页。③

第三，新参家谱的分册较少，相比于久米村系和首里系各系家谱，《那霸泊系家谱》中的新参家谱几乎都是一姓一册，且世系较少。

第四，新参家谱中女性为元祖的家谱数量更多。原来以女性为元祖的琉球家谱，均是琉球国王之女出嫁，后编撰家谱遂以王女为尊。新参家谱中此类家谱增多，最早且较为典型的是《宇姓家谱》。乾隆四十七年（1782年），因宇氏思嘉那"献金青铜十六万贯"以资国用萨州之行，尚穆王"特赐新录以表其功，而子孙亦永入士籍也"。而《宇姓家谱》中明确记载："又有养母名思嘉那，住局（居）那霸，余在襁褓时乞为义女，故不得豁簚入谱。近幸蒙登士籍，因附义母于我谱，以使子孙知其恩义焉"。④

第五，新参家谱中出现日本后裔家谱，如前文提及《谱代吉姓家谱》元祖吉久志，其生父为日本萨摩藩久志人，名为吉见喜左卫门。"国例他邦商人娶妻生子则子入民籍，故予编在那霸西村之民籍"，"曩做商于闽，稍获利息"，"以家财十三万贯奉借于官填补

---

① 球陽研究会编『沖縄文化史料集成』5，『球陽』，角川書店，昭和53年再版，第598页。
② 那霸市企画部市史编集室：『那霸市史』资料篇，第1卷8，『那霸泊系家谱』，昭和57年版，第88页。
③ 那霸市企画部市史编集室：『那霸市史』资料篇，第1卷8，『那霸泊系家谱』解说，昭和57年版，第4页。
④ 那霸市企画部市史编集室：『那霸市史』资料篇，第1卷8，『那霸泊系家谱』，昭和57年版，第6~7页。

国用,王恩褒嘉厥志,赐以新家谱","因以父姓之吉字为姓,又用其地名名之曰久志"。①

那霸泊系部分家谱编撰时间如表 10-3 所示。

表 10-3 那霸泊系部分家谱编撰时间

序号	家谱名	纂修时间	宗族分支	备注
1	《薛姓家谱》	康熙二十九年(1690年)	一世·薛明道	《那霸泊系家谱》第308页
2	《俞姓家谱》	康熙二十九年(1690年)	一世·俞良金	《那霸泊系家谱》第493页
3	《新参启姓家谱》	康熙五十一年(1712年)	新参一世·启隆基	《那霸泊系家谱》第149页
4	《新参姜姓家谱》	康熙五十一年(1712年)	新参一世·姜显达	《那霸泊系家谱》第607页
5	《新参阮姓家谱》	乾隆二十七年(1762年)	新参一世·阮开基	《那霸泊系家谱》第162页
6	《新参阮姓家谱》	乾隆二十七年(1762年)	新参一世·阮开后	《那霸泊系家谱》第169页
7	《朝姓家谱》	乾隆二十八年(1763年)	一世·朝承基	《那霸泊系家谱》第349页
8	《新参林姓家谱》	乾隆五十一年(1786年)	一世·林开祖	《那霸泊系家谱》第539页
9	《宇姓家谱》	乾隆五十四年(1789年)	一世·思嘉那(女)	《那霸泊系家谱》第1页
10	《昂姓家谱》	乾隆五十七年(1792年)	新参一世·昂显亲	《那霸泊系家谱》第210页
11	《工姓家谱》	乾隆五十七年(1792年)	一世·工善事	《那霸泊系家谱》第193页

① 那霸市企画部市史编集室:『那霸市史』资料篇,第1卷8,『那霸泊系家谱』,昭和57年版,第88页。

续表

序号	家谱名	纂修时间	宗族分支	备注
12	《谱代吉姓家谱》	乾隆五十八年（1793年）	新参一世·吉久志	《那霸泊系家谱》第88页
13	《陈姓家谱》	乾隆五十八年（1793年）	新参一世·陈开基	《那霸泊系家谱》第363页
14	《新参平姓家谱》	嘉庆五年（1800年）	新参一世·平开基	《那霸泊系家谱》第454页
15	《柳姓家谱》	嘉庆十一年（1806年）	一世·柳存泽	《那霸泊系家谱》第766页
16	《惠姓家谱》	嘉庆十四年（1809年）	一世·真鹤（女）	《那霸泊系家谱》第125页

琉球国历史上亦有严格的士民等级制度，首里系士族为上层士族，出任琉球王府中央官职，为琉球国权力核心中枢；久米村系士族专职从事与中国的外交事务，并负责琉球国汉学教育和传播；那霸泊村系士族则主要出任琉球王府的下级官职；而新参士族则通常是商人、医师以及手工业者，他们只有通过"献金"以及"技艺"等途径，才能获得国王褒奖晋升士族行列。故此，有别于《久米村系家谱》和《首里系家谱》，《那霸泊系家谱》中记载了更多的琉球国有关制造业、手工业、医学、商业、航海等方面的重要资料。

总之，自康熙二十九年（1690年）尚贞王下令琉球国各士族编撰家谱后，按照居住区域逐渐形成《久米村系家谱》、《首里系家谱》和《那霸泊系家谱》三大琉球家谱系。琉球国家谱特征如下。

第一，从家谱编撰时间上看，三大系家谱，除少数久米村系家谱外，其他均是康熙二十九年后编撰的。

第二，从记录内容上看，琉球国家谱都记载了丰富的事迹。虽然三大系家谱记载内容各有不同，但将其结合起来，正好形成一个涵盖了从琉球国上层阶级到下层百姓的立体的丰富多彩的琉球国历史画卷，再现了琉球国士民工商各阶层的生活状态。

第三，综观琉球国家谱，其均受到中国家谱文化的影响，家谱格式通常包含：谱序、谱例、世系图、宠荣、官爵、功勋、采地、婚嫁、墓地等内容，并讲究字辈、避讳，分大小宗，更有家训、家法、家规等内容。以上这些方面和中国家谱很相近，特别是《久米村系家谱》，受到福建家谱的影响颇深。同时琉球国家谱均以汉字编撰，并采用清朝纪年，尊清朝年号。只是在家谱中偶载琉球国王褒书，其中有少数日文，可见汉文化在琉球的传播之广，影响之深。

第二节　闽人三十六姓姓氏源流考

有关闽人三十六姓姓氏源流的考证问题，目前非常困难。近30年来，福建、冲绳、台湾学者均做了许多相关研究，但从福建家谱资料中找到的与久米村各姓源流相呼应的明确史料记载非常有限。

根据《久米村系家谱》的相关记载，有关闽人三十六姓来琉球明确记载的家谱资料如下。

金瑛，浙江人士，元末迁至福建，1392年赴琉球。其家谱记载："吾始祖讳瑛，号庭光，原系浙江之人也，元末南游闽山，竟于闽省居住，未几正逢鼎至洪武二十五年壬申，瑛公膺敕选同三十六姓抵中山，子孙绵延满于唐荣，遂为球阳之乔木也。"①

梁崇，福建福州府长乐县人，明代永乐年间赴琉球。其家谱记载："元祖长史，讳崇，号于江，福州长乐县人，系宋朝相国状元梁克家三十世之孙，而至明永乐间，奉圣旨同闽人三十六姓到球阳而广敷文教，因此吾先王选其宅土居之唐荣。"②

林喜，福州府闽县林浦人，1392年作为闽人三十六姓赴琉球。其家谱记载："我始迁祖讳喜公者，生于邑，至洪武二十五年壬申

---

① 那霸市企画部市史编集室：『那霸市史』资料篇，第1卷6，『久米村系家谱』，昭和55年版，第52页。
② 那霸市企画部市史编集室：『那霸市史』资料篇，第1卷6，『久米村系家谱』，昭和55年版，第761页。

春命初抵中山,则所谓三十六姓之一姓也。"①

阮明,福建漳州府龙溪县人士,1591年与王立思一同赴琉球,补三十六姓姓氏入住久米村。家谱记载:"于中国洪武年间敕赐三十六姓,使抵中山,悉聚族于唐荣,卜宅给俸焉。唯是世久远,其裔微,不如往古。是以先王上奏于神宗皇帝请补三十六姓,臣元祖讳明,号文菴,原是福建漳州龙溪县人,于万历十九年同王立思奉圣旨始至中山,即补三十六姓凋残裔,赐宅于唐荣,复给年俸,是阮氏入中山之始也。"②

阮国,福建漳州府龙溪县人,1607年与同乡毛国鼎共赴琉球,补三十六姓姓氏。家谱载道:"元祖讳国,号我莘,原是福建漳州府龙溪县人,万历三十五年九月二十八日奉旨为三十六姓补抵中山,赐宅唐荣,食采地俸禄,是唐荣有阮氏自国始矣"。③

毛国鼎,福建省漳州府龙溪县人士,1607年与阮国一道赴琉球,补三十六姓姓氏,入住久米村。家谱载道:"吾元祖擎台,讳国鼎,乃福建障(漳)州龙溪之人,聚族唐荣,良有以矣,恭按兹国当洪武年间遣使入贡时,赐闽人三十六姓,专掌贡典兼辅政务,奈历代已久,其裔仅余六姓,殆缺贡使员役,先王尚宁深虑贡典非轻,遵洪武恩例,奏请闽人,由是万历年间毛阮二氏奉敕入球,王赐第宅于唐荣。"④

王立思,福建省漳州府龙溪县人士,1591年因补闽人三十六姓之缺,赴琉球。其家谱载道:"立思原是福建漳州府龙溪县人也,于万历十九年奉旨始迁中山,以补三十六姓,因此先王赐宅于唐荣

---

① 那霸市企画部市史编集室:『那霸市史』資料篇,第1卷6,『久米村系家譜』,昭和55年版,第917頁。
② 那霸市企画部市史编集室:『那霸市史』資料篇,第1卷6,『久米村系家譜』,昭和55年版,第175頁。
③ 那霸市企画部市史编集室:『那霸市史』資料篇,第1卷6,『久米村系家譜』,昭和55年版,第155頁。
④ 那霸市企画部市史编集室:『那霸市史』資料篇,第1卷6,『久米村系家譜』,昭和55年版,第705頁。

以居之"。①

郑义才，福建福州府长乐县人，明洪武年间作为闽人三十六姓迁入琉球。其家谱记载曰："元祖讳义才，号元桥本，福州长乐人，洪武年间奉敕始抵琉球，受仕于中山，所谓唐荣三十六姓之一也。"②

蔡崇，1392年作为闽人三十六姓从泉州府南安县赴琉球。宋代泉州知府蔡襄（1012~1067年）的第六代子孙。其家谱对此记载曰："考始迁祖升亭公讳崇，年二十七，丰腮额，广风雅，福建泉郡人，鼎甲端明公六世孙，以太祖赐姓三十六居首，洪武二十五壬申年授御奉敕而往。数传，奕叶益蕃，公真能开国传家也。"③

此外，成书于1864年的《嘉德堂规模账》内有关闽人三十六姓以及久米村的记载，是琉球王国末期时久米村姓氏考证的重要资料。④

> 洪武年间所赐三十六姓遗裔郑、金、林、梁、蔡五家也。今湖城、具志坚，名嘉山、龟鸠、仪间也。红姓，洪武年间迁中山，今和宇庆也。郑、蔡二姓，倭人起兵一至中国，俘二姓以还，嘉靖年间移中山，今与仪、平川也。林姓，万历三年，自当地入唐荣，今石原也。王、阮二姓，万历十九年，自唐渡来，今国场、浜比嘉也。毛、阮二姓，万历三十五年，奉命迁中山，今与世山、神村也。蔡姓，万历三十八年，自当地入唐荣，今伊计也。梁姓，万历年间，自当地入唐荣，今兼段也。陈姓，万历四十五年，自唐飘（漂）荡到中山，今幸喜也。周

---

① 那霸市企画部市史编集室：『那霸市史』资料篇，第1卷6，『久米村系家谱』，昭和55年版，第942页。
② 那霸市企画部市史编集室：『那霸市史』资料篇，第1卷6，『久米村系家谱』，昭和55年版，第603页。
③ 那霸市企画部市史编集室：『那霸市史』资料篇，第1卷6，『久米村系家谱』，昭和55年版，第235页。
④ 池宫正治编『嘉德堂规模账』，『冲绳研究资料7』，日本法政大学冲绳文化研究所，昭和61年10月版，第1页。

姓，崇祯年间，自当地入唐荣，今阿嘉领也。孙姓，顺治二年，自倭人子孙入唐荣，今安座间也。杨姓，顺治五年，自唐飘（漂）荡到中山，今古坚也。程、曾二姓，顺治十三年，自当地入唐荣，今名护、砂边也。魏姓，康熙八年，自当地入唐荣，今庆佐次也。林姓，康熙九年，自当地入唐荣，今松本也。

上述资料，考证了久米村闽人三十六姓姓氏的变迁，但证明了郑、金、林、梁、蔡五姓为洪武年间所赐闽人三十六姓之姓氏。

长乐《梁氏家谱》之"家训"中曾对该家谱的编撰方式有规定，"凡迁居者，则注迁某处；某支系某祖者则注属某祖，过房则注某子与某人为嗣"。① 既然编修家谱有注明迁徙事项，但为什么难以找到有关明初闽人三十六姓迁居琉球记载呢？究其原因，大致有以下几方面可能。

第一，"闽人三十六姓"大多身份低微。

由于闽人三十六姓多为"善操舟者""舟工"，是无官无仕、受教育程度不高、从事较为底层劳动的人，这种社会阶层估计编修家谱的并不很多，即使有家谱，然民间修撰族谱的最终目的除了"敬祖收宗"外，更为光宗耀祖，标榜本家族的荣耀历史，增强族人的自豪感，提升本家族的社会地位。闽人三十六姓迁往琉球的事迹不足以光耀门楣，因而不屑于收入族谱。

第二，族谱大多明显体现了长子继承制。

宋明清以来，族谱中所记载之子嗣谱系，大都以记载主系谱为主线，体现长子继承家业，故对其他子嗣记载不详。宗族中长子继承宗业，迁徙之子孙多为旁系侧房。而闽人三十六姓各姓始祖均为旁系之子嗣，故福建宗谱上应该并无详载。

第三，客观上亦与年代久远及家谱散失有关。

---

① 长乐金峰：《梁氏宗谱》，福建师范大学图书馆1992年据长乐梁氏清修本复印。

明嘉靖年间，福建倭寇横行。明末清初，福建成为南明反清的根据地之一。清初为对抗郑成功父子，清廷在福建沿海实行迁界禁海政策。无数战乱，社会动荡，许多宗族被迫迁徙流离，致使民间家谱资料大量流失。此外，家谱的编撰与保存与家族的兴旺与否亦有直接关系。一个家族若子嗣不旺，或无做官出仕之人，也会被其他族人所排斥，最终或迁徙或与其他家族合姓合谱，而先前的家谱资料亦会随着家族的迁徙或合姓而散失。

第十一章

琉球赴京贡道的调查与研究

第一节 中琉交往的唯一口岸和贡道起点——福建
第二节 赴京贡道沿途四省中琉历史交往遗存
第三节 贡道的终点——北京

从 2008 年 8 月至 2011 年 8 月，琉球大学与福建师范大学合作，在国内连续进行了四年的大规模实地调查活动，称为"中琉关系历史遗迹调查"。调查以琉球使臣入京贡道为主要线索，依据中琉关系各种历史文献及家谱资料、地方志史料，对琉球使臣贡道沿途主要活动地点及相关情况进行了全面的实地调查和研究，共完成《中国福建省与琉球关系历史遗迹调查报告书》《中国浙江、江苏省与琉球关系历史遗迹调查报告书》《中国山东、河北省与琉球关系历史遗迹调查报告书》《中国北京与琉球关系历史遗迹调查报告书》四册调查资料与研究报告汇编。每年 7~8 月调查活动实施前，调查小组成员都查阅大量文献资料，拟定调查项目，安排调查行程。在实地调查期间，调查小组每到一处都与当地文史研究人员沟通交流，搜集相关文献资料，结识了贡道沿线诸多有学术造诣的地方史研究人员，并获得许多珍贵的相关方志资料。所有这些都将对中琉关系史的进一步深入研究产生深远的意义。

笔者有幸全程参加了这四年的调查活动，现将各地有关中琉关系历史遗迹调查、保存及研究的相关情况做简要介绍。

第一节　中琉交往的唯一口岸和贡道起点——福建

由于琉球西隔东海，与福建相望，特殊的地理位置决定了福建在中琉长达五百年的友好关系中发挥了重要的桥梁作用。明清时期，福建是官方指定的中琉交往的唯一口岸。历届册封使团在福建造船、租船并招募使团人员，福建是册封使团启程及返程的唯一地点。明清时期43位正副册封使中有6位祖籍在福建。琉球来华使团均在福建上岸，福建官府派官员全程护送琉球官员赴京并返回福建。琉球使团其余大部分人员都在福建从事贸易活动。琉球漂风难民在中国沿海各省或台湾被救助后，都必须送往福建等待遣送回国。琉球政府曾派遣大批勤学生到福建研究中国政治制度及儒家思想文化，学习各种生产工艺和技术。为了加强中琉之间密切的朝贡关系，明代福建移民"闽人三十六姓"还移居琉球古国。这些都表明福建在中琉之间政治交往、文化交流、贸易交通及民间交流互动方面起到了重要的作用。而福建东南沿海自然成为研究中琉关系遗存最主要的区域之一。目前，福建中琉关系的重要历史遗迹情况如表11-1、表11-2、表11-3、表11-4、表11-5所示。①

---

① 遗迹调查表主要依据2009年琉球大学特别教育研究经费《人口移动与二十一世纪的全球化社会》（中国）、《中国福建省与琉球关系历史遗迹调查报告书》（2009年3月）以及《历代宝案》、《久米村系家谱》、《球阳》等资料制作。

表 11–1　福州市城内历史遗迹情况

序号	史迹名称	与琉球关系	目前保存情况	保护情况
1	闽浙总督衙门	总督是福建与琉球外交事务的最高决断者。琉球使臣和官生登陆及返回问题、朝贡贸易、勤学、漂风难民、进京使臣往返护送与琉球国王往来文书及上奏朝廷公文等，都是闽浙总督衙门的公务	遗址无存	-
2	盐法道	-	遗址无存	-
3	粮驿道	-	遗址无存	-
4	福州府治	①知府内的海防同知主要负责处理与琉球相关的朝贡及琉球馆事务；②知府候补官有时会担任琉球伴送官赴京	遗址基本无存	-
5	城隍庙	-	遗址尚存	-
6	都司巷	琉使进贡贡物，都司与布政司、按察司共同检查验收之处	遗址基本无存	-
7	福建市政使司衙门	负责中国与琉球之间各种事务的处理，包括中琉之间各类文书往来、琉球进贡物的验收与保管、琉球使臣上京往返、琉球使臣与官生死亡的抚恤等	遗址无存	-
8	福建按察使司衙门	主要负责处理中琉交往中的违法事件	遗址基本无存	-
9	福建将军衙门	主要处理琉球进贡物贸易中的免税问题，包括漂风难民护送船的免税等	遗址基本无存	-
10	福建巡抚衙门	①进京使臣勘合火牌的发放；②琉球馆贸易的管理；③琉球进贡物品的检查验收	遗址基本无存	-
11	福建城守衙门	与海防同知监督琉球人在福州的贸易活动	遗迹已无，仅有"城守前路"街名	-

续表

序号	史迹名称	与琉球关系	目前保存情况	保护情况
12	水部衙门	主要负责琉球使臣在福州贸易中所用水道的管理	部分遗址尚存	—
13	福建文庙	嘉庆三年、道光二十九年，因清帝去世或先帝遗诏到闽，琉使到福州文庙明伦堂参拜	遗迹保护较好	1961年福州市第一批市级文物保护单位；1996年福建省级文物保护单位
14	正谊书院	—	遗址尚存，保护较好	—
15	福州市舶司	负责琉球进贡事宜。包括闽安镇进贡船的护送、贡物的盘验及封印、琉使上京问题等	遗址无存	—

表11-2 福州市城外历史遗迹情况

序号	史迹名称	与琉球关系	目前保存情况	保护情况
1	福州琉球馆（柔远驿）	琉球使臣在福州的居住地	现建筑为1992年重建	1983年福州市第二批市级文物保护单位
2	球商会馆	琉球人在福州贸易的主要场所	遗址无存	—
3	进贡厂	琉球人进贡物品保管场所	遗址无存	—
4	河口万寿桥	万寿桥附近有万寿庵，万寿庵石碑的碑文上有土通事谢必振捐钱记录。康熙六十一年福建布政司奉命在此谕祭琉球耳目官毛弘健等	部分遗址尚存	1983年福州市第二批市级文物保护单位
5	路通桥	琉使可在此乘船，利用水路直接到南台大桥（大万寿桥）	部分遗址尚存	—

续表

序号	史迹名称	与琉球关系	目前保存情况	保护情况
6	河口天后宫	现入口处石碑上记载,天后宫在修时,有十余名冲绳人捐资	部分遗址尚存	-
7	凤洋将军庙	传说金将军为久米村人,时任琉球国将军。嘉靖三十九年护送请封使及抗倭有功,嘉靖四十一年奉命护送进贡船入闽时不幸落水身亡,村民建庙奉祀	少数遗址尚存,主要为新建筑	1992年福州市郊区人民政府第二批区级文物保护单位;2005年省级文物保护单位
8	福州府海防厅衙门	负责琉球进贡船贡物的检查、馆驿安排、开馆贸易等事宜	旧遗址基本无存,但目前附近已有古迹初期复原	-
9	大庙山	明代外夷各国的山川祭祀由各省担当,福建在此祭祀琉球、日本、渤泥之神	少数遗址尚存	-
10	万寿尚书庙	①嘉庆皇帝赐康熙五十八年册封正使海宝、副使徐葆光的匾额"朝宗利济";②该庙目前藏有琉球人、球商、册封使捐银建庙的石碑四块;③嘉庆三年齐鲲出使册封琉球国王时,其二号船供奉尚书神像	部分重要石碑尚存	1990年福州市台江区文物保护单位
11	大万寿桥（解放大桥）、万寿头佛寺	福州旧城区与南台岛相连的重要通道。南台是琉球贡船停泊地,琉球人墓也集中于此	少数遗址尚存	-
12	闽海关福州衙署	负责处理琉球进贡船的税收及开馆贸易问题	遗址无存	-
13	福州琉球人墓园	目前尚存琉球人墓10处,另有6块墓碑	遗址保存较好	1980年福州市第二批文物保护单位

续表

序号	史迹名称	与琉球关系	目前保存情况	保护情况
14	林浦	久米村林氏宗家祖居地	清代后期琉球贡船曾在此停泊	林尚书家庙是1986年福州市第一批文物保护单位
15	蔡襄祠堂	久米村蔡氏宗家祖祠	—	1988年福州市仓山区文物的保护单位；1992年11月福州市第二批市级文物保护单位
16	齐鲲墓	嘉庆十三年齐鲲任册封正使，赴琉球册封尚灏国王	主要遗迹尚存	1986年第一批区级文物保护单位
17	赵新墓	同治五年任册封正使，赴琉球册封尚泰王	部分遗迹尚存	1983年第二批市级文物保护单位
18	彭城金氏宗祠	久米村金氏始祖金瑛的祖祠	部分遗址尚存	1999年闽侯县级文物保护单位
19	鼓山	蔡襄在此有石刻书法"忘归石"；册封使陈时中、陈侃、郭汝霖，册封副使李际春、林麟焻、徐葆光，在此均有题刻	部分遗址尚存	1961年福建省第一批文物保护单位

表11–3 福建沿海及闽江沿岸等历史遗迹情况

序号	史迹名称	与琉球关系	目前保存情况	保护情况
1	罗星塔	琉球遭日本处分时，琉人蔡大鼎到中国请愿，从马尾乘蒸汽船去北京	遗址尚存	—
2	船政建筑群	—	部分遗址尚存	—
3	船政天后宫	—	部分遗址尚存	—
4	谢杰墓	明万历七年任册封副使，赴琉球册封尚永王	少数遗址尚存	—

续表

序号	史迹名称	与琉球关系	目前保存情况	保护情况
5	闽安镇（闽安巡检司衙门）	琉球进贡船到后，负责与福州布政使检查验收、封印，并运送福州	部分遗址尚存	1992年第三批市级文物保护单位
6	迥龙桥	琉使贡船必须先到此查验封印后，才能进入福州	部分遗址尚存	-
7	北岸炮台	-	部分遗址尚存	-
8	南岸炮台	-	少数遗址尚存	-
9	怡山院天后宫	①清代册封正副使汪楫、林麟焻、海宝、徐葆光、全魁、周煌、赵文楷、李鼎元、齐鲲、费锡章、林鸿年、高人鉴、赵新、于光甲赴琉球前均在此谕祭；②同治五年册封副使于光甲献金建天后三氏祠，并勒碑	少数遗址尚存	1983年福州市第二批市级文物保护单位
10	广石天妃庙	明代及清初册封正副使董旻、张祥、高澄、郭汝霖、李际春、萧崇业、谢杰、夏子阳、王士祯、杜三策、杨抡、张学礼、王垓赴琉球前均在此谕祭	少数遗址尚存	-
11	琉球蔡仙府	传说中的琉球蔡夫人住处旧址	少数遗址尚存	-
12	蔡夫人庙	据《蔡氏家谱》记载，琉球贡物内有花布，美丽绝伦，蔡夫人所织。嗣后，夫人奉命入京，舟至长乐夫人亡，皇上敕建庙于长乐	少数遗址尚存	1986年长乐市文物保护单位
13	长门炮台	-	遗址尚存	-

续表

序号	史迹名称	与琉球关系	目前保存情况	保护情况
14	五虎门	闽江出海口，琉球进贡船大多在此进出	遗址基本尚存	—
15	定海琉球人墓	乾隆四十八年琉球人墓一座	遗址尚存，保护较好	1984年连江县人民政府文物保护单位
16	琉球驸马墓	嘉庆十二年，琉球船在钟门洋面触礁，溺死者63名	少数遗址尚存。墓石残碑目前在平潭县文化馆的文物室保管	—
17	湄州岛	妈祖诞生地，妈祖信仰发祥地	遗址保存较好	—

表11-4 福建境内琉球贡使赴京贡道沿途重点历史遗迹情况

序号	史迹名称	与琉球关系	目前保存情况	保护情况
1	渔梁	乾隆四十五年、乾隆四十七年进贡使蔡焕；进贡副使毛景昌在浦城驿道病故并被埋葬。嘉庆五年册封副使李鼎元亦在此留宿。道光十八年朝京都通事魏学源在此投宿	遗迹基本无存	—
2	观前	康熙三十六年琉使程顺则赴京途中在此宿泊。张氏族谱内有程顺则诗作及插图	张氏族谱尚存，保护较好	—

表11-5 泉州、漳州及周边历史遗迹情况

序号	史迹名称	与琉球关系	目前保存情况	保护情况
1	泉州市舶司	负责中琉贸易及税收相关问题	部分遗址尚存	—
2	泉州天后宫	现存嘉庆二十一年重建石碑，上面记录了琉球情况	部分遗址尚存	—

续表

序号	史迹名称	与琉球关系	目前保存情况	保护情况
3	泉州来远驿	琉球使臣居住地	部分遗址尚存	-
4	冠带土通事林易庵墓	林易庵及长子林琛任土通事，协助处理琉球人入贡事宜及琉球使臣与当地官员交流活动	仅存墓碑	-
5	李贽故居	李贽与林易庵土通事有密切的联姻关系	保存较好	1985年福建省第二批省级文物保护单位
6	阮氏宗祠	久米村阮氏的祖籍地	原址已无，现在的建筑由1987年以后，冲绳的阮氏我华会援助再建的	-

调查从 2008 年 8 月 11 日开始，9 月 7 日结束。行程涉及福州、连江、长乐、莆田、泉州、漳州、厦门、南平、浦城以及上述各地周边郊县相关地区。重点调查中琉关系相关史迹 59 处，其中福州城内遗址 15 处，福州城外遗址 19 处，福建沿海及闽江沿岸、河口周边遗迹 17 处，琉球贡使赴京贡道沿途重点历史遗迹 2 处，泉州、漳州及周边历史遗迹 6 处。上述 59 处重点调查遗迹中被省、市、县或区级各级政府机构指定为各类文物保护单位的共 17 处，占 28.8%。由于福建在中琉关系史中的主要地位，福建诸多重要的史迹得以较好地保存或重建，包括福州琉球馆、齐鲲墓、闽安巡检司衙门、定海琉球人墓等。值得一提的是，在此次调查中，我们在浦城观前村看到张氏族谱收录的程顺则汉诗以及诗中所提风景插图。在福建调查期间，调查小组走访了福建师范大学谢必震教授、徐恭生教授，福建文史研究馆馆长卢美松先生，泉州海外交通史博物馆名誉馆长王连茂先生，他们都为调查提供了诸多直接帮助。

福建地区中琉历史遗迹大致可分为几类。其一，中琉官方交往的历史遗迹，包括柔远驿、泉州来远驿（见图11-1）、进贡厂、球商会馆、闽安巡检司衙门等。其二，中琉交往中的宗教崇拜遗迹，包括河口天后宫、广石天妃庙、怡山院天后宫、万寿尚书庙、蔡夫人庙等。其三，册封琉球使臣及从客所留碑刻以及部分册封使臣墓。其中包括册封使陈侃、郭汝霖、徐葆光题刻，从客寄尘和尚题刻，册封使谢杰、赵新、齐鲲的墓。其四，琉球人墓与墓碑，包括福州琉球人墓园、定海琉球人墓、琉球驸马墓。其五，闽人三十六姓始祖居地与家谱资料，包括南安蔡崇，闽侯金瑛，长乐郑义才、郑肇祚，林浦林喜，江田梁嵩，福州西门蔡崇贵，漳州龙溪毛国鼎、王立思、阮国、阮明等。其六，琉球进贡使节进京贡道及周边史迹，包括进京路程及明清驿站等。

图11-1 泉州来远驿遗址

目前，福建方面有关中琉关系历史遗迹调查与研究的主要成果有高良仓吉的《中国调查略报——有关翻越仙霞岭驿道的特别报告》（《浦添市立图书馆纪要》第3期，1991年12月）；徐恭生、谢必震、傅朗的《明清时期福州中琉关系史迹考》（《琉球中国交流史研究》，2002年3月）；福建师范大学孙清玲的博士学位论文

《明清时期中琉友好关系存考》(2005年)等。

图 11-2 为泉州市舶司遗址。

图 11-2　泉州市舶司遗址

第二节　赴京贡道沿途四省中琉历史交往遗存

一　浙江、江苏

浙江、江苏是琉球使臣上京贡道所经省份，留下了不少琉球人墓及琉球使臣和官生所作的汉诗。琉球人墓主要有淮安市淮阳区图书馆内的琉球朝京都通事郑文英墓、苏州市第三十三中学校内的进贡都通事程泰祚墓等。我们有幸拜会了1952年发现郑文英墓并对其进行保护和研究的江苏省淮阴区图书馆原馆长马牧英先生，并同他进行了交流。浙江地区沿途秀丽的自然风景，尤其是杭州西子湖畔，历来是文人墨客吟诗泼墨的重要场所，琉球贡使及官生在此创作了大量的汉诗。此外，在连云港博物馆，还看到该馆珍藏的琉球漂风难民赠予当地地方官吏的"琉球炉"。

目前，在浙江省、江苏省地区与中琉关系相关的重要历史遗迹见表11-6至表11-11。①

---

① 遗迹调查表主要依据2009年琉球大学特别教育研究经费《人口移动与二十一世纪的全球化社会》（中国）、《中国浙江、江苏省省与琉球关系历史遗迹调查报告书》（2011年3月）以及《历代宝案》、《久米村系家谱》、《球阳》等资料制作。

表 11-6 杭州市及周边历史遗迹情况

序号	史迹名称	与琉球关系	目前保存情况	保护情况
1	浙江巡抚衙门	①琉球漂风难民的抚恤救助并护送至福建；②琉球进贡使节上京往返其境内的护送；③琉球使臣在杭州与各衙门长官的拜谒礼仪活动	遗迹已无存	-
2	杭州将军衙门	琉使到杭州按惯例必会拜谒杭州将军	仅存"将军路"路名	-
3	浙江布政使司衙门	①漂风难民的救助抚恤与护送；②琉球入贡使上京往返其境内的护送和招待；③对客死琉球使节的抚恤	现仅存"旧藩署"街名	-
4	杭州知府衙门 钱塘县衙门 仁和县衙门	负责各自境内琉球进京使臣往来迎送及宿泊	现仅存"旧仁和署"街名	-
5	吴山	道光二十年官生向克秀，同治七年官生林世忠以及乾隆二十二年册封副使周煌，均在此地作诗	遗址尚存	-
6	西湖	琉球使节或官生在此游玩或作诗。如康熙年间的琉球使臣曾益、蔡铎、程顺则；道光年间的官生阮宣诏、向克秀；同治年间的琉使蔡大鼎均在此地赋诗	遗址尚存	-
7	孤山	康熙二十九年琉使蔡铎、康熙六年琉使程顺则、同治十二年琉使蔡大鼎，均在此作诗	遗址尚存	-
8	林和靖墓 放鹤亭	康熙二十八年蔡铎、康熙三十六年程顺则，在此作诗	遗址尚存	-
9	白苏二公祠	康熙三十六年北京回程途中，琉使程顺则在此作诗	遗址尚存	-

续表

序号	史迹名称	与琉球关系	目前保存情况	保护情况
10	湖心亭	康熙三十六年琉使程顺则、同治十二年蔡大鼎均在此作诗	遗址尚存	-
11	三潭印月	同治十二年，北京回福州的途中，蔡大鼎在此作诗	遗址尚存	-
12	岳王庙	康熙二十八年蔡铎、康熙三十六年程顺则、同治十二年蔡大鼎、均在此作诗；乾隆二十二年册封副使周煌赴任前亦为岳坟作诗四首	遗址尚存	-
13	玉泉	乾隆二十二年，册封副使周煌在此作诗	遗址尚存	-
14	天竺寺	康熙二十三年或二十六年琉使曾益、康熙二十八年琉使蔡铎、康熙三十六年琉使程顺则、乾隆二十二年册封副使周煌均在此作诗	遗址尚存	-
15	灵隐寺	康熙二十三年或二十六年琉使曾益、康熙三十六年琉使程顺则均在此作诗；道光二十年官生郑学楷在钱塘江停泊作诗，言及此地	遗址尚存	-
16	韬光庵	康熙五十八年册封使徐葆光、乾隆二十二年册封副使周煌在此留诗	遗址尚存	-
17	六和塔	道光二十年官生郑学楷、向克秀，同治十二年琉使蔡大鼎，康熙五十九年册封副使徐葆光，在此作诗	遗址尚存	-
18	北新关	康熙二十八年琉使蔡铎，同治十二年琉使蔡大鼎在此作诗	遗址已无，目前正在恢复部分旧迹	-

表 11-7 嘉兴有关历史遗迹情况

序号	史迹名称	与琉球关系	遗址保存情况	保护情况
1	烟雨楼	雍正九年，琉使向光济、蔡文河、蔡其栋被兵丁护送至此观景。乾隆二十一年，王文治在此赋诗赠予赴琉球途中的册封使全魁	遗址尚存	—
2	落帆亭	同治十二年，进京途中，琉使蔡大鼎在此赋诗	遗址尚存	—

表 11-8 苏州有关历史遗迹情况

序号	史迹名称	与琉球关系	遗址保留情况	保护情况
1	江苏巡抚衙门	①漂风难民救助抚恤及护送至闽；②琉球进京使臣往返其境内的护送及供给；③对病故使臣的处置与抚恤；④与在当地宿泊的琉使之间交流宴请	遗址尚存	1982年苏州市文物保护单位；2006年江苏省文物保护单位
2	江苏布政使司衙门	①漂风难民救助抚恤及护送至闽；②琉球进京使臣往返其境内的护送及供给；③对病故使臣的处置与抚恤；④与在当地宿泊的琉使之间交流宴请	无遗址，仅存"天官坊"牌坊	—
3	苏州知府衙门	乾隆五十五年、乾隆五十七年、嘉庆二十三年、道光二年、道光四年，苏州知府同知等5次担任护送官，在其境内护送琉球使臣。康熙十四年琉使程泰祚病故，苏州知府各官吏捐付银两安葬	无遗址，仅存"道前街"地名	—
4	吴县衙门	康熙十四年琉使程泰祚病故，吴县知县捐付银两安葬	无遗址，仅存"古吴路"地点	—
5	苏州织造署	清代皇帝赏赐琉球国王缎疋[匹]的生产，与苏州织造署有关	遗址尚存	1980年苏州市文物保护单位

续表

序号	史迹名称	与琉球关系	遗址保留情况	保护情况
6	沧浪亭	嘉庆十三年，册封正使齐鲲赴琉球途中在此作诗	遗址尚存	-
7	宝带桥	同治十二年赴京途中琉使蔡大鼎在此作诗	遗址尚存	-
8	寒山寺	康熙三十六年自北京回归福州途中的程顺则、道光二十年赴京官生郑学楷均在此作诗	遗址尚存	-
9	枫桥	康熙二十三年或二十六年赴京途中的琉使曾益、同治十二年赴京途中的琉使蔡大鼎均在此作诗	遗址尚存	-
10	虎丘	康熙二十三年或康熙二十六年琉球使者曾益在此作诗。康熙二十八年琉球使者蔡铎在此作诗	遗址尚存	-
11	胥门	清代琉球使节进京，在胥门外姑苏驿留宿	遗址尚存	2006年江苏省文物保护单位
12	三山会馆	康熙十四年，因耿精忠叛乱，琉球使节程泰祚滞留在此，不幸病故	少数遗址尚存	-
13	程泰祚墓	-	遗址无存，目前为新建筑	-

表11-9 南京有关历史遗迹情况

序号	史迹名称	与琉球关系	遗址保留情况	保护情况
1	明故宫遗址	明代琉球使节入贡及官生入国子监均到此	明古城墙遗址尚存	-
2	南京国子监	明代琉球官生在此学习	仅存部分遗址	-

表 11-10 扬州有关历史遗迹情况

序号	史迹名称	与琉球关系	遗址保留情况	保护情况
1	天宁寺	康熙五十八年册封副使徐葆光赴琉球途中曾在此作诗	遗址尚存	-
2	大明寺平山堂	乾隆二十一年册封副使周煌、康熙五十八年册封副使徐葆光、嘉庆五年册封副使李鼎元、嘉庆十一年册封正使齐鲲均在此作诗	遗址尚存	-
3	广陵驿	嘉庆五年册封使赵文楷、李鼎元曾在此住宿。道光十八年琉球使节上京，江都县知县在此迎送	旧遗址已无存，正在复原	-
4	露筋娘娘庙	康熙三十六年琉球使节程顺则，道光二十年官生郑学偕、向克秀，同治七年官生林世功，嘉庆五年册封使赵文楷，同治十二年琉球使臣蔡大鼎均在此作诗	仅存少数残碑，建筑后建	-
5	孟城驿	同治十二年朝京都通事蔡大鼎在此留宿并作诗	保存良好	1996年国家重点文物保护单位

表 11-11 淮安有关历史遗迹情况

序号	史迹名称	与琉球关系	遗址保留情况	保护情况
1	淮安府署	琉球进京使节在此停留	遗址尚存	-
2	清口驿	嘉庆五年，册封副使李鼎元在此留宿。道光十八年，琉球使臣魏学源对此处也有记载。同治十一年琉使蔡大鼎在此作诗	仅少数遗存	2006年京杭大运河、江苏段（清江闸）被指定为国家重点文物保护单位
3	郑文英墓	乾隆五十八年朝京都通事郑文英在清口驿病逝，安葬于此地	遗址保存良好	1980年淮阴县重点文物保护单位

续表

序号	史迹名称	与琉球关系	遗址保留情况	保护情况
				1987年淮阳市重点文物保护单位；1995年江苏省重点文物保护单位
4	漂母墓	康熙五十八年册封副使徐葆光在此作诗	遗址尚存	1982年淮安市重点文物保护单位。目前是江苏省重点文物保护单位
5	韩侯祠	康熙三十六年程顺则北京回福州途中，同治十二年琉使蔡大鼎均在此作诗	遗址尚存	淮安市重点文物保护单位

对浙江和江苏的调查从2010年8月12日开始，8月29日结束。行程遍及连云港、淮安市、扬州市、高邮市、镇江市、南京市、无锡市、苏州市、常熟市、嘉兴市、杭州市及其郊县相关地区，共调查中琉关系相关历史遗迹45处。其中杭州相关史迹18处，嘉兴市相关史迹2处，苏州相关史迹13处，南京相关史迹2处，扬州相关史迹5处，淮安相关史迹5处。上述45处重点调查史迹中，被国家、省、市、区、县各级政府指定为各类文物保护单位的共计8处，占17.8%。由于杭州西湖是国家重点风景名胜区，所以西湖周边许多遗迹虽未明文列入文物保护单位，但实际上近年来还是得到了较为妥善的保护。特别值得一提的是，江苏省淮安市5处重点遗迹中，有4处被列为文物保护单位，其中清口驿所处的京杭大运河江苏段清江闸一带被指定为国家重点文物保护单位，琉球使臣郑文英墓和漂母墓两处是省级重点文物保护单位，韩侯祠是市级重点文物保护单位。这说明当地政府对淮安这座历史文化名城价值的了解。

江浙两省中琉关系历史遗迹大致可分为几类。其一，有关册封使臣、琉球使臣、琉球官生沿途赋诗的地点，尤其在杭州西湖及苏州一带。其二，沿途琉球人墓遗迹，如淮阴郑文英墓、苏州程泰祚墓等。其三，有关琉球漂风难民的研究。目前，这方面内容仅有史料记载，鲜有实物遗存，因此，连云港博物馆的"琉球炉"尤为珍贵。其四，有关浙江、江苏两省进京贡道及沿途驿站的调查与研究。如杭州府仁和县武林驿，苏州三山会馆，扬州的广陵驿、孟城驿，淮安的清口驿等。

迄今为止，有关上述历史遗迹调查与研究的主要成果有岛尻胜太郎选、上里贤一注译的《琉球汉诗选》（ひるぎ社，1990年）；徐恭生著，西里喜行、上里贤一共译的《琉球人墓群与中琉文化交流》（ひるぎ社，1991年）；比嘉实的《〔唐旅〕记行——琉球进贡使节的路程与遗迹、文书的调查》（《冲绳研究资料》15，政法大学冲绳文化研究所，1996年）；马牧英的《淮阴王菅的"琉球国使臣郑文英墓"》（《东南文化》1991年第5期）；松浦章的《清乾隆五十七年贡期的琉球进贡与郑文英客死》（《南岛史学》第51号，1998年）等。

二 山东、河北

山东、河北两省也是琉使进京沿途所经过的重要省份。有关山东、河北与中琉关系相关的重要历史遗迹如表11-12所示。

表11-12 山东、河北中琉关系历史遗迹情况

序号	史迹名称	与琉球关系	目前保存情况	保护情况
1	红花埠驿	道光十八年朝京都通事魏学源在此投宿。嘉庆五年册封副使李鼎元亦在此留宿	遗址已无，仅存红花埠村	-
2	倾盖亭	道光十八年魏学源进京在此留宿。同治十二年，琉球蔡大鼎赴京途中在此作诗	旧址已无，建筑新建	-

续表

序号	史迹名称	与琉球关系	目前保存情况	保护情况
3	孟姜女庙	道光十八年琉球魏学源进京在此经过。同治十二年琉使蔡大鼎在此作诗	仅存少数遗址	-
4	山东巡抚衙门	清代曾有琉球漂风难民漂至山东沿岸，山东巡抚照例送至福建。乾隆五十三年琉球进贡副使阮延宝在山东平原县病故，山东巡抚给银500两，让携其柩回国。后葬福建	遗址尚存	-
5	济宁码头济宁州南城驿	道光十八年琉球魏学源在此留宿；同治六年册封谢恩使节亦在此停留	遗址已无存	-
6	柳林闸	同治六年册封谢恩使团在此停留，紫金通事阮成熏在此病故	少数遗址	-
7	开河驿	同治六年册封谢恩使由京返福建，在此停留	遗址无存	-
8	安山码头安山镇驿	同治六年册封谢恩使由北京返回时，在此停留	遗址已无存	-
9	戴庙码头	同治六年七月册封谢恩使臣在此停留一夜	遗址已无存	-
10	张秋镇［上闸（荆门闸）、下闸］、张秋镇码头	同治六年册封谢恩使上京往返均在此停留	上闸、下闸遗址部分保留；但张秋镇码头地点不详	上闸、下闸目前是聊城市重点文物保护单位
11	挂剑台	康熙三十六年，北京归福建途中，琉使程顺则在此作诗	少部分遗址尚存。与挂剑台相关的"五体十三碑"在缸市街一民家保管	-
12	阿城（上闸、下闸）	同治六年册封谢恩使上京往返均经过此地	仅有部分遗址	-

续表

序号	史迹名称	与琉球关系	目前保存情况	保护情况
13	梁家闸主簿官衙门	同治六年册封谢恩使进京在此留宿	已无遗迹	-
14	三元阁码头、钞关遗迹	同治六年册封谢恩使进京途中曾在临清码头停留	三元阁码头仅有少部分遗址。钞关遗址尚存	钞关遗址目前为国家文物保护单位
15	德州码头、安德水驿、安德马驿	同治六年册封谢恩使进京往返，道光十八年魏学源进京往返以及嘉庆五年册封副使李鼎元到琉球，均经过此地	遗址全无	-
16	董子祠	道光十八年魏学源进京经过此地。道光二十年官生向克秀在此作诗。同治十二年蔡大鼎因为黄河决堤，线路变更，未过此地，但亦赋诗提及	遗址已无	-
17	通运桥、张家湾镇城	雍正七年朝京都通事程允升赴京途中客死临清州，棺柩移至张家湾。乾隆二十二年册封谢恩使由张家湾进入北京。大多琉球使臣在北京事务结束后，会到张家湾参拜琉球人墓地	遗址部分尚存	1995年运通桥及张家湾镇城遗迹被指定为北京市文物保护单位；2006年京杭大运河（张家湾周边部分）被指定为国家文物保护单位
18	王大业墓碑	光绪十四年冬陈情都通官王大业葬于琉球人墓地	仅存	-
19	潞河驿	康熙三十四年废止	河北现存唯一的驿站遗址。2011年8月调查时已破坏严	-

序号	史迹名称	与琉球关系	目前保存情况	保护情况
			重，杂草丛生。2012年2月随着城市开发，已完全破坏，不复存在	

资料来源：遗迹调查表主要依据2009年琉球大学特别教育研究经费《人口移动与二十一世纪的全球化社会》（中国）、《中国山东、河北省与琉球关系历史遗迹调查报告书》（2012年3月）以及《历代宝案》、《久米村系家谱》、《球阳》等资料制作。

调查从2011年8月14日开始，8月26日结束。主要行程涉及北京通州、卢沟桥，河北省枣强县，山东德州市、临清市、阳谷县、聊城市、济南市、临沂市以及相关郊区，重点调查与中琉关系相关的历史遗迹19处。其中，山东省相关遗迹15处，河北省相关遗迹4处。上述19处遗迹中有3处被指定为国家级或市级文物保护单位，占15.8%。

在此次调查的前期准备中，调查小组成员认真研究了道光十八（1838年）琉球册封谢恩使臣从福州进入北京的线路及魏学源《福建进京水陆路程》对沿线的记载，尤其是同治五年（1866年）册封谢恩使臣赴京的日记《册封谢恩使渡唐日记》，对上述资料所涉及的沿途重要地点均做了细致的调查。通过实地考察，调查小组成员对山东、河北贡道，尤其是运河段的行程有了进一步的了解。此外，对张家湾立禅庵村东南琉球人墓地进行了实地调查，在通州博物馆看到了原保存在张家湾琉球人墓地的光绪十四年（1888年）陈情都通事王大业的墓碑。调查中，我们还拜访了通州博物馆原馆长、通州区文物管理所原所长周良先生。周良先生亦是1992年"中国大陆3000公里行"活动的参与者。周良先生为我们介绍了琉球使臣从通州进京线路的变迁及张家湾琉球人墓地原址情况，我们受益匪浅。

从调查情况看，山东、河北两省中琉关系重要的史迹主要有以下几个方面。其一，进京贡道及沿途相关驿站，尤其是清后期山东至北京贡道的变更线路。其二，张家湾琉球人墓地及沿途客死的琉球使臣情况。清代仅在山东客死的琉使就达6位。

目前对于上述遗址调查及研究的主要成果有"中国大陆3000公里行"执行委员会的《中国大陆3000公里调查报告书》（1993年）、平和彦的《近世琉球国的朝京使节——有关贡道与琉球人墓地》（载《南岛——有关历史文化5》，第一书房，1985）、陈硕炫的《清代琉球使节的进贡日程及其相关研究》（博士学位论文，琉球大学，2009年）、朱淑媛的《清代琉球国进贡使·官生的病死及其墓葬考》（《第二届琉球·中国交涉史研讨会论文集》（冲绳县立图书馆，1995年）、松浦章的《清朝琉球国朝贡副使阮廷宝的客死》和《第七届中琉历史关系国际学术会议论文集》（中琉文化经济协会，1999年）等。

第三节 贡道的终点——北京

北京是清代中国的政治、经济和文化中心，琉球使臣入贡必到之处，有关中琉交往的相关史迹自然很多。遗憾的是，随着城市建设的加速进行，北京的古迹破坏得非常严重，许多地方已面目全非，给调查带来许多困难。北京民俗学会秘书长高巍先生对北京地区的历史和文化非常熟悉，在调查中亲自为我们做向导，为调查顺利完成提供了重要帮助。目前，北京地区与中琉关系相关的重要历史遗迹如表 11-13 至表 11-17 所示。

表 11-13　内城门、外城门、皇城、紫禁城门有关遗迹调查

序号	史迹名城	与琉球关系	目前保存情况	保护情况
1	广宁门（广安门）	琉球使节陆路进北京必须通过的城门。乾隆四十九年琉球正副使在此送驾南巡	1957 年已毁	-
2	崇文门	琉球使节入京所带贡物及物品需在崇文门检查	1968 年已毁	-
3	安定门	安定门内有国子监及文庙，琉球官生在国子监学习，文庙是琉使参拜之地	1969 年因修建地铁被毁坏	-
4	阜成门	琉球使节在京期间曾在此迎送皇帝到西陵参诣	1969 年因修建地铁被毁坏	-

续表

序号	史迹名城	与琉球关系	目前保存情况	保护情况
5	朝阳门	琉球使节水路进京,在张家湾上陆后,走陆路由此门进京。琉球使节亦在此门迎送皇帝到东陵参诣	仅存部分遗址	-
6	宣武门	琉使馆舍即在宣武门附近,到紫禁城参加礼仪活动时,应从宣武门通过	尚有部分遗址	-
7	正阳门	正阳门外横街会同馆是琉使在京常用馆舍	部分遗址保存	-
8	西安门	通元六年,琉球使者曾在西安门外旧驿馆留宿。乾隆五十一年,琉球使臣在西安门迎送皇帝行幸圆明园	遗址已基本消失	-
9	天安门	通常琉球使节在紫禁城内参加各种礼仪活动时,都从天安门经过	遗址保存较好	-
10	神武门	神武门是琉球使节迎送皇帝的场所。如皇帝行幸圆明园、北海、雍和宫、大高殿、寿皇殿等	遗址保存较好	-
11	东华门	皇帝到东陵参诣,琉使在此迎送	遗址保存较好	-
12	西华门	乾隆五十六年和乾隆五十八年,琉进贡使在西华门外会同公馆宿泊。年末皇帝在瀛台举行传统活动"水嬉",琉使在西华门迎送	遗址保存较好	-
13	午门	琉使经常在此迎送皇帝,琉使参与的许多礼仪活动在此举行,皇帝对琉使谢恩引见也在此举行;皇帝对琉使颁赏的举行地	遗址保存较好	-

资料来源:遗迹调查表主要依据 2009 年琉球大学特别教育研究经费《人口移动与二十一世纪的全球化社会》(中国)、《中国北京与琉球关系历史遗迹调查报告书》(2012 年 3 月)以及《历代宝案》、《久米村系家谱》和《球阳》等资料制作。

表 11-14 紫禁城及周边历史遗迹调查

序号	史迹名称	与琉球关系	目前保存情况	保护情况
1	太和门	琉球使节冬至朝贡礼通常在此举行	光绪十四年十二月烧毁。翌年再建迄今	国家重点文物保护单位

续表

序号	史迹名称	与琉球关系	目前保存情况	保护情况
2	太和殿	琉球使节参加元旦、冬至、万寿节朝贡礼通常在此举行	遗址保存良好	国家重点文物保护单位
3	保和殿	琉球使节在此参加皇帝每年为外藩和外国贡使举办的保和殿宴	乾隆年间重新修缮	国家重点文物保护单位
4	乾清宫	若不遇朝期,由部奏请或奉旨召见,皇帝也会在此召见琉球使节	嘉庆二年再建至今	国家重点文物保护单位
5	中正殿	皇帝在此宴请外藩王公及外国贡使,琉球使节也参加。乾隆四十九年,琉球使节在此连续2日观赏灯展	遗址尚存,不开放	国家重点文物保护单位
6	重华宫	琉球使节在此参加皇帝举办的茶宴	遗址尚存,不开放	国家重点文物保护单位
7	寿皇殿	琉使在此向先帝参拜进香	遗址保存良好	国家重点文物保护单位
8	紫光阁	皇帝在此招待外藩王公及外国贡使宴会"紫光阁宴"。琉使多次参加	遗址保存良好,不开放	国家重点文物保护单位

表 11-15　各衙门有关历史遗迹调查

序号	史迹名称	与琉球关系	目前保存情况	保护情况
1	内务府	琉球使臣贡物、午门赏物、宿泊管理事务均由内务府管辖与处理	遗址基本无存	-
2	光禄寺	琉使在京上马宴、下马宴、日常食物供给,由光禄寺负责。官生在国子监的日常食物,也由光禄寺支给	遗址基本无存	-
3	鸿胪寺	琉使与官生演礼以及官生每月学习用具的购入费,均由鸿胪寺负责	部分遗址尚存	-

续表

序号	史迹名称	与琉球关系	目前保存情况	保护情况
4	吏部	琉使伴送官延期抵京的处罚由吏部负责	遗址已无	-
5	户部	福州琉球馆的食科、宴会等项支出由户部负责		
6	礼部	琉使表文和贡物献上仪式、上下马宴等宴会仪式，均由礼部负责		
7	兵部	琉使进京及回福州时勘合火牌的配发以及北京会同馆的保护		
8	工部	琉使进贡的硫黄归工部保管及使用		
9	军机处	皇帝对琉正副使臣的加赏以及皇帝给琉球国王的书法匾额均由军机处发给	遗址保存良好	-
10	内阁	琉使在华病故后清皇帝的谕祭文以及清皇帝给琉球国王赏赐物品的敕书，由内阁负责完成	遗址尚存	-
11	顺天府	琉使赴京往返直隶省内的护送以及到张家湾参拜琉球人墓地，均由顺天府护送	遗址大多尚存	北京东城区文物保护单位
12	翰林院	清皇帝从翰林院挑选册封使	遗址基本无存	-
13	钦天监	每年送琉球国王的时宪书及琉球官生、使臣活动时吉日的选定，均由钦天监负责	遗址已无存	-
14	四译馆	既是翻译机构，也是琉使宿泊地	遗址无存	-

表 11-16 琉使在京居住馆驿历史遗迹调查

序号	史迹名称	与琉球关系	目前保存情况	保护情况
1	会同北馆		遗址已无	
2	会同南馆		1900年八国联军进京烧毁，少数遗迹尚存	

续表

序号	史迹名称	与琉球关系	目前保存情况	保护情况
3	干鱼胡同会同馆		清时称"乾（干）鱼胡同"，现为"甘雨胡同"，谐音	
4	玉河桥会同馆	乾隆六年琉球贡使可能在此宿泊	遗迹无存	
5	安定门大街内会同馆	乾隆六年琉球贡使可能在此宿泊	遗迹无存	
6	石大人胡同会同馆		现存部分遗址	
7	正阳门外横街会同馆	乾隆二十年、乾隆二十四年、乾隆五十年，琉使进贡使节在此宿泊	2008年中信城小区住宅建设时遭破坏	
8	正一真人公馆		遗址无存	
9	宣武门内瞻云坊会同馆	乾隆四十年、乾隆五十年、乾隆五十二年，推测琉球贡使在此宿泊	遗址无存	
10	公议胡同会同馆	乾隆八年之前，琉球进贡使常在此宿泊	遗址无存	
11	正阳门内（东城根）会同馆	道光八年之后，琉球使臣大多居住于此	遗址已无	
12	智化寺	康熙三十二年、康熙五十一年朝鲜使臣在此居住	遗址尚存	国家重点文物保护单位
13	大佛寺	康熙二十三年琉球进贡使在大佛寺宿泊。但无法断定是城北大佛寺或是城东大佛寺	城北大佛寺遗址无存。城东大佛寺有少数遗址	
14	会计司·都虞司衙门	乾隆五十五年以后，琉球进贡使曾在此两处宿泊	部分遗址尚存	

表 11-17　国子监与圆明园历史遗迹调查

序号	史迹名称	与琉球关系	目前保存情况	保护情况
1	北京国子监	琉球官生学习与生活之地	大多遗迹保存。琉球学馆现为孔子祭祀堂	
2	圆明园	①上元节（元宵节）庆祝后动，多为正大光明宴和山高水长阁灯宴；②参加万寿节，皇帝赐茶果等赏赐品；③庆丰园、同乐园活动；④皇帝行幸圆明园，参加迎送活动	少数遗址尚存	1988年被指定为国家重点文物保护单位

北京市中琉关系历史遗迹中有13个城门，即广宁门（广安门）、崇文门、安定门、阜成门、朝阳门、宣武门、正阳门、西安门、天安门、神武门、东华门、西华门及午门。其中，广宁门（广安门）通常是琉球使节陆路进北京必须通过的城门。但琉球使者若从水路进京，在张家湾上岸后，则由朝阳门进入北京。此外，琉球使节入京所带贡物及物品须在崇文门接受检查。天安门、宣武门是琉球使臣到紫禁城参加各式礼仪活动时必须经过的。所有城门中，午门最为重要，琉球使节参与的活动大多在此举行。皇帝对琉球使节的颁赏亦在此进行。正阳门与西安门也是琉球使节经常出入的城门，因为附近有琉使在北京常住馆舍。由于安定门内有国子监及文庙，琉球官生经常在此进出。此外，琉球使节亦时常在广宁门（广安门）、阜成门、朝阳门、宣武门、西安门、神武门、东华门、西华门及午门等处迎送皇帝参诣东陵、西陵或行幸圆明园、北海、雍和宫等地。

北京调查始于2009年8月23日，9月1日结束。重点调查中琉关系历史相关史迹51处，其中有关内外城门的相关史迹13处，有关紫禁城及周边史迹8处，有关各衙门的相关史迹14处，有关琉使在京居住馆舍的相关史迹14处。此外，还对北京国子监、圆明园中与中琉关系相关的史迹进行了调查。上述重点调查史迹51处，有10处是国家重点文物保护单位，1处是区级重点文物保护单位，占21.6%。由于北京是中国的首都，因此相对而言，紫禁城、国子监等部分遗址还是得到了较好的保护。

北京地区中琉关系历史遗迹大致可分为以下几类。其一，紫禁城内与中琉关系相关的各衙门遗址，如内务府、光禄寺、鸿胪寺、户部、吏部、军机处、内阁、顺天府、翰林院、钦天监、四驿馆等。其二，圆明园中与中琉关系相关的遗迹，如正大光明殿、山高水长阁、庆丰园、同乐园等。其三，琉球使臣在京居住馆舍及其相关遗迹，如会同北馆、会同南馆、干鱼胡同会同馆、公议胡同会同馆、正阳门内（东城根）会同馆等。但目前馆舍方面遗存破坏严重，史料收集的也很零散。其四，北京国子监遗迹以及琉球官生相关遗迹，如国子监、文庙及陶然亭等。

北京地区有关中琉关系历史遗迹调查与研究的主要成果有纸尾敦之的《北京琉球使节》（《月刊历史手帖》（第23卷第6期，1995年）；上里贤一的《琉球官生的汉诗》（《第二届琉球·中国交涉史研讨会论文集》，冲绳县立图书馆，1995年）；前田舟子的《清代的琉球官生与北京国子监》（《琉球亚洲社会文化研究》第10号，琉球亚洲社会文化研究会，2007年）；松浦章的《明清时代北京的会同馆》（神田信夫先生古稀纪念论集《清朝和东亚》，山川出版社，1992年）；戈斌的《清代琉球贡使居京馆舍研究》（《第二届琉球·中国交涉史研讨会论文集》，冲绳县立图书馆，1995年）；刘耿生的《明清国子监的琉球留学生》（《第四届中琉历史关系国际学术会议论文集》，1993年）等。

综上所述，在此次中琉关系历史遗迹调查中，共计重点调查中琉关系历史遗迹174处，其中被各级政府机构指定为各类文物保护单位的遗迹有39处，占22.4%。有14处是国家重点文物保护单位，占8.1%。

在调查中我们看到，虽然近年来对历史遗迹的保护问题日益受到关注，然而随着经济高速发展及城市化建设的加速进行，许多珍贵的历史遗迹仍然快速消失。如位于北京通州区的潞河驿是北京地区保存下来的唯一古驿站，为中国古代少见的水陆两用驿站，有"京杭大运河第一驿"和"京门首驿"的美称。通州地区第三次文物调查时发现该驿站，为独立建筑物，包括正门、马厩、正厅、东厢房等。2011年8月我们实地调查时已处于荒芜状态，杂草丛生。2012年2月下旬，该遗址已在城市建设中被完全破坏，不复存在，令人惋惜。

四年的实地调查使我们对中琉关系历史遗迹在中国现存情况有了较为全面的了解和把握，对琉球使臣和官生当年在中国的行迹及主要活动空间有了比较立体的感性认识。调查中我们结识了许多有很高学术造诣的地方文史研究人员，他们为我们提供了大量珍贵的地方志资料，大大拓展了我们的学术眼界。目前，有关中琉关系历史遗迹的调查研究还有许多课题可以进行，但与此同时，岁月的侵蚀及城市现代化的进程正导致这些珍贵历史遗迹不断消失，所以我们要抓紧时机，整合各地各方面的学术资源和力量，加强国内外合作，资讯共享，不断挖掘新遗迹和新史料，把中琉历史关系的研究提升到一个更高的层次。

第十二章

福州地区中琉交往历史遗存的开发与利用

第一节　福州及周边中琉交往历史遗存
第二节　中琉友好交往文化遗产的开发与利用

由于琉球西隔东海,与福建相望,特殊的地理位置使福建在中琉长达五百余年的友好关系中起到了极其重要的窗口与桥梁作用。明清时期,福建是中国与琉球交往的唯一口岸。中国册封琉球使团在福建造船、招募使团人员,福建是中国册封琉球使团起程和返航的地点;琉球来华进贡使团均在福建上岸,进京人员均由福建当地政府派人全程护送,其余人员在福建休整并从事贸易活动或其他学习活动;琉球政府曾派遣大批留学生在福建学习各种生产技术;为了发展中琉友好关系,明政府颁令让闽人三十六姓移居琉球。由此可见,福建在中琉之间政治交往、文化交流、贸易交通等方面起了极其重要的作用。而福州地区自然成为研究中琉关系历史遗存最为重要的地方。

有关福州地区中琉关系历史遗存的考察与研究,早在 1947 年,傅衣凌先生就曾对福州琉球通商史迹做过调查,并著有《福州琉球通商史迹调查记》;1963 年初,刘蕙孙、徐恭生等先生又对福州南郊白泉庵琉球人墓做了详细的调查,并著有《福州南郊白泉庵琉球人墓群遗址调查初记》;此后,徐恭生、郑国珍等学者均有所著述。1996 年谢必震教授在其专著《中国与琉球》、2004 年笔者在拙作《康熙时期的中琉关系》中也都有专门章节讨论此问题。

日本学者也注意到中琉交往历史遗存的考察研究。近年来,日本琉球大学的高良仓吉教授、日本冲绳那霸市史编辑室的田名真之教授以及曾任日本法政大学冲绳文化研究所所长的比嘉实教授,都对此进行了研究,并发表著述。日本琉球大学法学部教授上里贤一,集多年在福州地区考察的成果,著有《闽江流域闻见录》,介绍了他在福州地区调查有关中琉关系历史的所见所闻。2008 年 8

月，日本琉球大学与福建师范大学中琉关系研究所合作，对福建省中琉关系历史遗存进行了一次较为深入的考察，并召开了学术研讨会，取得了一些成果。

虽然多年来中日学者都曾对福建中琉友好关系遗存做过许多十分有价值的调查与研究，但迄今仍缺乏系统全面的研究，同时以往的调查与研究中也存在许多尚未解决的问题，还需要进一步调查与考证。

1981年5月21日，福州市与冲绳那霸市结为友好城市，使中琉友好关系得以发展并延续至今。当我们追溯中国与琉球延绵数百年的友好关系时，加强对中琉友好关系历史遗存的调查与研究，不仅可以印证明清两代中国与琉球国之间的友好往来，而且为后人研究中琉关系史乃至中外关系史提供了宝贵的史料，同时对我们目前正在进行的海西文化遗产开发与利用建设，亦具有重要的现实意义。

第一节 福州及周边中琉交往历史遗存

一 中琉官方交往的遗存

1. 柔远驿（见图12-1）

图 12-1 福州柔远驿

位于今福州市台江琯后街21号的"柔远驿"，始建于明代，附属于福建市舶司，主要用于招待和安排琉球贡使团住宿。因寓宿者全是琉球人，所以民间俗称其为"琉球馆"。

嘉靖年间高岐《福建市舶提举司志》中记载了"柔远驿"的规模。①

---

① 高岐：《福建市舶提举司志》，"署舍"，1930年铅印本，方宝川、谢必震：《琉球文献史料汇编·明代卷》，海洋出版社，2014，第638页。

>前厅三间，两边卧房共六间；后厅五间，两边夷梢卧房共二十七间；贰门三间，两边夷梢卧房共六间……守把千户房两边共十间，军士房二间，大门一间。

清代，福州琉球馆由于战火、自然灾害及建筑设施的老化，曾多次进行再建或改修。自清康熙至光绪年间（1662～1908年），共进行了规模不等的16次重修。清光绪五年（1879年），日本侵占琉球，废琉球藩置冲绳县，琉球和清朝政府间的朝贡关系从此中断，朝贡停止，为琉球贡使设立的琉球馆遂失去其存在的意义。这一期间，尽管中琉双方的朝贡贸易已经停止，但双方的民间贸易活动仍在进行，琉球馆成为双方贸易的据点。到了近代，由于战乱频繁，无人管理，当时的琉球馆建筑先后遭到拆毁或自然倒塌。

新中国成立后，1950年在这里兴办了工读学校，教育孤儿。1953年福建孤儿院工艺传习所迁入，让学生学习精巧木器的制作，以后便转成木器厂。1970年木器厂又发展成为开关厂。

1981年福州市与那霸市结成友好城市，旧馆也因此被列为市级文物保护单位。1992在原址基础上重新修建的"琉球馆"，面积约500平方米，不及明清时期的十分之一，并改称"福州市对外友好关系馆"，是市级文物保护单位。馆内陈列了丰富的文物、史料、图片、制表和墓碑拓片。琉球馆成为宣传福建与冲绳友好历史交往和展现福州对外关系历史状况的窗口。

2. 进贡厂

与柔远驿建于同时的进贡厂也是属于市舶提举司的附属机构，规模比驿馆还要大，是贮存和加工、处理贡物及三司会客宴宾的场所，按高岐《福建市舶提举司志》所载，进贡厂内设施如下。①

---

① 高岐：《福建市舶提举司志》，"署舍"，1930年铅印本，方宝川、谢必震：《琉球文献史料汇编·明代卷》，海洋出版社，2014，第635～636页。

锡贡堂三间，会盘方物于此；承恩堂三间，察院三司会宴于此；控海楼一座三间；厨房一所；尚公桥一座；碑亭一座；仪门三间；运府提举司会宴堂三间；待夷使宴堂三间；更楼一间；守宿房五间，库内香料库三间，椒锡库一间，苏木库三间，硫磺［黄］库一间，共八间；拣、筛、煎、销硫磺［黄］两廊房共二十间；库亭一座三间，库门三间，外参门一座，贰门一座，大门一座，门外坊牌一座，各小角门三座。

每当琉球船到闽江口一带，闽安镇等处巡司即申报各衙门。都、布、按三司各派一官员会同市舶司掌印官员，带领土通事前去琉球船停泊处查验符文执照，并将船舱货物封钉固密，令其驾往进贡厂河下，听候会盘。

会盘之日，验封开舱后，将贡物依次搬运进厂贮库。琉球贡使一行到柔远驿安歇。随后，福州方面将原装草包生硫黄拆开，验看成色，舂筛如法，煮销成饼，以备解送进京。同时，护送贡使和贡物，经延平、浦城，转浙江直达北京。其余随贡人员则留在福州学习或贸易。

3. 球商会馆

明清海禁未开之前，随贡贸易是中琉在华贸易的主要形式。明清年间，福州河口地区为琉球商人集居之地，当琉球贡舶来闽时，其地的繁华殷盛，曾为全城之冠。由此可见，中琉间的贸易通商，直接促进了河口地区的繁华鼎盛，球商会馆是由原来的牙行发展起来的。牙人就是当时中琉商人进行贸易的中间商人，他们均要经过市舶司挑选，服务于市舶司。入清以后随着中琉贸易的发展，牙行实力也得到恢复，并建立了专门的球商会馆。

该会馆因内祀湄州妈祖，故又名琼水球商天后宫，旧址在河口太保境内，初建于清道光三年（1823年），道光十九年（1839年）在旧基上拓宽修建。这一会馆是由从事这一经营的"闽人三十六姓"的十家后代（因从事中琉牙行贸易，被称为球商）联合修建的，故福州民间称之为"十家排"。此外，该会馆先后添置田产、店屋、园地以供应本宫香灯，并于道光二十二年（1842年）取得地方政府的公证。①

球商会馆的房屋于1947年卖于李天悌开设酒库，后来改建为小学校舍。1981年改为红色小学，现为福州市台江区第五中心小学校舍。

4. 舍人庙船坞

明清政府在福州南台设立船厂，专门负责营造册封舟，"造船厂坞地在南台江边，中有天妃舍人庙在焉。旧为林尚书业，额十亩。官府以雪峰寺田十亩五分易之为造舟之所"。该船坞"中深而下，为坞以顿舟"。该庙左侧"为科司院道驻临地，而坞之两旁，则以堆置木料诸物与工匠人等居之。左有小沟为界，旧时铁锚尚没其处，右则抵路为界，前则临江，而后有墙脚，界限甚明"②。一个以船坞为中心，旁有仓库、工房、官衙等设置的官办造船厂的基本轮廓相当分明。如今，该遗址仅保留了舍人庙。

5. 闽安镇巡检司

闽安镇处在闽江下游北岸，距福州约35公里，现属于马尾区亭江镇下的一个行政村。自洪武二年（1369年）在此设巡检司后，闽安镇在中琉贸易过程中发挥了重要作用。闽安镇巡检司的主要职责是待琉球贡船到达福州时，由巡检司申报各衙门，总指挥派遣千百户一名前去接应琉球进贡船只到指定地点停泊，以等候检查。待次日检查完毕，验明批照，封钉船舱后，由巡检司派出官员充作向导，引贡船驶达福州番船浦停泊，在市舶官员的监督下，将贡物存

---

① 傅衣凌：《福州琉球通商史迹调查记》，载《傅衣凌治史五十年文编》，厦门大学出版社，1989，第237～238页。
② 夏子阳：《使琉球录》，台湾文献丛刊第287种，台湾银行经济研究室编印，1970，第238页。

入进贡厂。如今，闽安镇巡检司衙门犹存，位于今闽安镇小街靠近江边的地方，衙署内仍保存着清代建筑风格的大厅。1992年被列为福州市级文物保护单位，现为该镇小学和幼儿园所在地。

二 中琉交往中的宗教崇拜遗存

福建地处东南沿海地区，航海交通发达，沿海居民通过各种活动祭祀天妃、临水夫人、龙神、拿公、陈文龙、苏臣等水神。由于历代册封琉球使视海为危道，这些信仰和祭祀活动自始至终贯穿于册封活动中。至今，在福建省东南沿海地区仍有不少中琉双方的海神崇拜遗迹。下面对这些遗迹做一叙述。

1. 天后宫（天妃庙）

天妃林默娘，本是福建莆田的地方神。明初，闽人航海者无不奉祀天妃，并因此建了许多供奉天妃的天妃庙。这种信仰也表现在中琉的友好交往中。明清两代，中琉相互派遣的使节在开航之前必往天后宫致祭，登舟时奉请"天妃"行像上船，抵达目的地后安奉天妃像于当地天妃宫内。"朔、望日行香。"[①] 归国前再恭请上舟，回国后再奉安回原处。

（1）河口天后宫

河口天后宫现位于河口尾湾里（南公园背面）。这所天后宫是专门为琉球贡使来华的需要而设的。琉球人信奉天妃，琉球贡使团来华时，必定请天妃随船同行以求航海安全。使者在福建登岸后即将天妃行像安放在天妃庙里。河口天后宫便承担了这一历史使命。

河口天后宫在成化年间曾由镇守主监陈道重修，光绪年间又扩建，由戏台、戏坪堂、大殿和后宫组成。1949年后改作竹器社及福州市第三皮鞋厂仓库，内部结构被拆毁殆尽。2001年由海内外乡亲

---

① 徐葆光：《中山传信录》，台湾文献丛刊第306种，台湾银行经济研究室编印，1972，第44页。

集资重新修复。庙前原有一口"月丬池",现在被填平为老人休息处。

由于这座庙宇设在内江,无法完成开航之前谕祭海神的活动,所以明代谕祭仪式主要在长乐广石天妃庙进行。

(2) 广石天妃庙

广石天妃庙又称文石天妃庙,位于长乐市潭头镇广石村(遗址见图12-2)。据《长乐文石志》记载:"天妃庙建于明永乐七年(1409年),太监郑和往西域取宝,后朝廷遣天使封琉球中山王,俱在此处设祭开船。"①

图12-2　长乐文石天妃庙(广石天妃庙遗址)

由于它的显赫地位,明代琉球册封使和地方政府对它进行了保护与修缮。郭汝霖所撰《广石庙碑记》对此曾有记载。嘉靖四十年(1561年)郭汝霖和万历七年(1579年)萧崇业出使琉球时都对其进行了重修,并留下两块石碑。广石天妃旧庙为二进间式木构宫殿,外墙用泥拌碎瓦片夯筑而成。岁月沧桑年久失修,于1956年倒塌,仅剩下两堵残垣。2000年由当地民间百姓自发集资重修,庙貌焕然一新。

---

① 《长乐文石志》手抄本,福建师范大学图书馆馆藏。

(3) 怡山院天后宫

《闽县乡土志》载："怡山，在上合里亭头村滨江，上有怡山禅寺。又有天后宫在怡山院旁。前册封琉球使舟开行，俱于此致祭。"因入清以来，梅花港道淤塞，亭江以独特的港湾优势取代了长乐梅花港的地位。从此，自康熙五十八年（1719年）册封琉球使臣海宝、徐葆光起到同治五年（1866年）赵新、于光甲任册封使赴琉球止，历届册封使臣出海和返航时均在此举行谕祭仪式。目前，该庙中藻井、前殿（供奉天后）、后殿（供奉观音）尚完整地保存下来，为清代建筑。但前殿"搭井"及两厢酒楼在"文革"中被毁，改作亭江中学之校舍。1983年，亭江怡山院（旧照见图12-3）天后宫被列为市级文物保护单位，整体结构完好如初。庙中仍保存"天后宫"石匾（见图12-4），以及同治五年（1866年）册封琉球副使于光甲捐款鼎新的碑石。此碑高265厘米、宽67厘米、厚18厘米，楷书直下，字直径6厘米，碑文曰："新建天后三氏祠，册封琉球副使内阁中书舍人于宫篆光甲捐洋银五百两，时大清同治五年，岁次丙寅仲夏勒石。"

图12-3 怡山院旧照

2. 尚书庙

陈文龙（1032~1277年），福建莆田人，因其在南宋末年抗元

图 12-4 怡山院"天后宫"石匾

斗争中的英勇表现,被后世奉为掌管水域的水神,福州人民尊称陈文龙为"尚书公",庙为"尚书庙"。从明洪武至清光绪年间,福建先后建有阳岐、万寿、新亭、龙潭、竹林等五座尚书庙。在清嘉庆、道光、同治年间,册封琉球使臣把陈文龙看作同妈祖一样重要的海上保护神,请上封舟护航,从而扩大了陈文龙在福州及琉球的影响。

(1) 阳岐尚书庙

阳岐是福州最早祭祀陈文龙的地区,它是闽江分支乌龙江之北的一个村庄,古时在此有一个繁华的商业码头。莆仙一带的商贾,要进入省城的船只多停泊于此,然后再弃舟陆运。为祈佑生意兴隆,平安往返,莆仙一带的商贾,于明洪武年间在兴化道旁大松树的浓荫下,建一小庙坛,奉礼海上女神林默娘和抗元英烈陈文龙的造像,面积约 30 平方米,遗址至今犹存。这就是陈文龙庙宇在福州的最早起源。明天启七年(1627 年),当地村民和水上居民以及莆仙一带的商贾,将原建在兴化道旁的小庙宇,移至阳岐村凤鸣山之阳新建,并成为福州地区的"尚书祖庙",以后修建的其他四座皆由此分炉。该庙建成后,几度毁损,几度重修。今庙门前大埕竖的 7 方石碑,就是该庙历史的见证。阳岐庙内残存有清代状元、翰林院修撰、福州人林鸿年题刻的石柱联："神风吹久米，荫曜跃维桑"，印证了他作为册封正使前往琉球前，曾在此祭祀，并将陈文龙造像随同使团迎往琉球，以作为海上庇护神祈保使团平安往返中琉之间。

阳岐的尚书祖庙自1919年严复开始主持修建后，面积由原来的800多平方米扩大到3805平方米，总体布局为三殿堂并列，前后计四进，四面围有灰色砖墙。中轴祀守土尊王与水部尚书，合二为一；左为"毓麟宫"，祀临水太后陈靖姑；右为"忠肃祠"，俗称"行乐厅"，供奉陈文龙造像。大殿庙门额嵌有青石四方，乃严复所书"尚书祖庙"四个大字，稳健浑厚，遒劲有力；其上青石一方，直书"历代旨奉祀典"。由于该建筑在"文革"中及以后历次遭到破坏，1991年，在当地民众及企业界的支持下，捐资修复主殿，并于1995年竣工。

（2）万寿尚书庙（见图12-5）

图12-5 福州万寿尚书庙

万寿尚书庙位于福州市台江区坞尾街9号。该庙庙址原为陈文龙在福州的官邸，元代毁，明时改建为庙。虽经清道光和民国初两次重修，但仍保持明代的建筑程式和艺术风格。占地约1000平方米，坐北朝南，原由戏台、酒楼和前后殿组成。前殿供奉抗元民族英雄陈文龙，后殿供奉妈祖和观音，是五座尚书庙中气势最为恢宏、建筑最为精美的一座。"文革"前，台江万寿尚书庙大殿左右两旁供奉有一身琉球服饰的两尊"番将"。这"番将"就是在完成"册封礼"后琉球国王派遣护送中国册封使团回国时的侍者。此外，庙门额的青石贴金匾额两块犹存，字体刚劲有力。一块在上，直书"旨奉重修"；一块在下，横书"敕封水部尚书"。大殿回廊正上方和中心亭处，前后悬有两块烫金木质横匾，乃清嘉庆、道光帝题赐，上书分别为"朝宗利济"和"保国佑民"。大殿 22 根方、圆柱上，留下不少名臣、文人的石刻对联，其中包括清道光年间福州与琉球之间关系的内容，具有重要的历史价值。

3. 拿公楼

在古代福建沿海居民信仰的海神中，还有一位神叫拿公，一般居天妃的从祀地位。在汪楫的使录中载："拿公者，福建拿口人。常行贾，卧舟中，夜闻神语曰：某日某时将行毒于某处。公谨伺之，至期果见一人抛毒物水中。公投水收取，尽食之，遂卒。以是面作靛色，后为土神"。以后在明师入闽过程中，拿公为免福建人民免遭兵燹之灾再显灵异，同时导引明师顺利攻克福州城。可见，福建对拿公的信仰，一方面来源于传说中他的保护水源的功能，另一方面则来源于传说中他的海上导航功能。除此之外，拿公还作为库神、财神而受到崇拜。1980 年在福州屏山南麓基建工地发现《敕封库王碑记》，碑文详细叙述了福建关于拿公作为库神信仰的由来。由于其多功能神职，拿公也成为历届册封使及琉球使臣往来中琉航道间，祈求庇护的重要神灵。福州地区祭祀拿公的庙宇现仅存闽江畔大庙前的拿公楼以及福州北门外新店官路旁和竹屿村的拿公庙。

4. 蔡夫人庙（见图 12-6）

关于琉球蔡夫人事迹与传说，《长乐梅花志》卷二《建置·古迹》所载如下。

蔡夫人宫，在沙下西隅。旧庙嘉庆十年灾，十一年重建。

图 12-6　长乐蔡夫人庙

蔡夫人进京，忽抱病数日，旋卒，遗命将生平桃绡玩女子随殉，卜葬于马鞍山。柩至田螺洞，忽飞沙走石，风雷大作，人咸走避。越次日，但土邱岿然，失棺所在。时显英灵者，琉球入贡之女也。生时，有文在掌云："东湧（涌）起风沙，得道在梅花。罗白与金舍，相逢总一家。"万历间，织女（龙）袍入贡，巧夺天孙，册封精巧明懿德夫人。旋召入京，舟次梅花，遇风停搁，因登岸游寓宋直。适朝命至，免，宋家私匿夫人物者，咸遭谴责。竟有改为黄以避之。康熙间，乡人立庙祀焉。

蔡夫人庙今在梅西村 818 中路振海兴巷 19 号，始建于明万历年间，清重建，硬山顶，穿斗式木构架，面阔一间，前后两进，门额上嵌有"懿德夫人庙"石匾，俗称"姑婆宫"。"文革"前改作小学，后又作为仓库使用。迄今在民间，对蔡夫人的信仰依然盛行。

三　册封琉球使臣所留碑刻等遗迹

1. 陈侃题名

已佚，原在鼓山灵源庵塔下，楷书。文：

> 嘉靖癸巳季夏，左给事中陈侃、按察使胡岳、左参政黄宗明、副使陆铨同游鼓山寺，至灵源洞，见泉石奇异，为之开觞……遂登鼓山绝顶。宗明书。

陈侃，官吏科给事中，为嘉靖十三年（1534年）册封琉球国正使。著有《使琉球录》。

2. 郭汝霖诗刻

在石门，北向。摩崖高103厘米，宽58厘米。楷书，直下7行，字直径6厘米。文：

> 灵　泉
>
> 禅迹久磨灭，灵泉独莹然。
> 玉虬时下饮，珠洒海云边。
>
> 嘉靖庚申二月十九日吉，永丰郭汝霖游赋，闽县知县周舜岳刻石。

郭汝霖，字时望，官吏科左给事中。为嘉靖四十年（1561年）册封琉球国正使，著有《使琉球录》。《鼓山志》在落款的"嘉靖……刻石"一段二十六字中，仅录"吉水郭汝霖"五字，少录二十一字，且把"永丰"误作"吉水"。

3. 徐葆光题名

在灵源洞，西向。摩崖高170厘米，宽160厘米。楷书，纵7行，字直径15厘米。文：

> 康熙己亥，长洲徐葆光亮直，以使事至闽，四月之望偕弟尊光日暄、昆山黄子云士龙、晋江王观涛溶卿、僧常荣载月得人同游。

徐葆光，字亮直，康熙进士，官编修，赐一品，康熙五十八年（1719年）为册封琉球国副使。雍正初以御史记名。著有《中山传信录》、《三友斋集》和《海舶集》。

4．寄尘榜书

已佚，在乌石山南崖。文：

寿山福海
寄尘

寄尘，长沙僧人，云游之间，寓居乌石山，好吟咏，工书善画。嘉庆五年（1800年），随赵文楷、李鼎元册封使团赴琉球。

四　琉球人墓与墓碑

自琉球与中国建立友好关系以来，许多琉球人来到中国从事各种活动，有些琉球人或因海难，或因疾病不幸亡故，因当时的航海条件所限，他们的遗体无法运回祖国，便随遇而安，埋在中国，久而久之形成了在中国的琉球人墓群。这些长眠于中国的琉球人大致由三部分人组成：一类是来华的琉球使团成员；一类是来华的琉球留学生；还有一类是中国沿海的琉球漂风难民。

自顺治十一年（1654年）琉球国首次正式朝贡于清廷始，至同治十三年（1874年）琉球国最后一次遣使朝贡止的二百余年间，琉球国共遣进例贡、谢恩贡、请册封使臣等百余次，使臣达二百多位。其中，仅就已查找到的中琉关系档案中记载的病故于贡使任上的人就有23名之多，约是已知总数的10%。在国子监学习期间病故的7名官生，约是官生总数的20%。而所谓的漂风难民数量更多，据日本学者赤岭诚纪所著《大航海时代之琉球》一书统计，仅1390~1876年约五百年间，中琉航路上各类船只罹难的，有案可稽者达645起，其中死亡人数3300余人。有琉球人墓的四个分布区域分别是福州、北京通州张家湾、福建进京贡途和中国东南沿海地区，其中又以福州和张家湾最为集中。

福州仓山区白泉庵、鳌头凤岭、陈坑山、张坑山为清代琉球人在福州的丛葬之一，福建师范大学历史系徐恭生教授等人于1963年曾对这些地区进行考察，发现了68块琉球人墓碑；1980年进行第二次考察时，又有一些新的发现，两次考察共抄录了83块琉球人墓碑文。从这些碑文中可以看出琉球人墓的以下特点。

第一，由于琉球人墓群呈插花状散布在中国人坟墓当中，或周边与菜园田地相邻，为防止外人侵占和破损，往往在墓碑上刻明基地长阔尺寸，形状大体和福建民间墓形相同。有的墓碑上还注明墓守姓名，如"墓守林氏"，估计是守墓的墓佃（守墓人）。

第二，从墓碑上可以看出琉球人墓大小规制不一，与职别身份有一定关系。一般身份较高者，墓园占地面积较大，反之较小。凡是琉球进贡正副使臣因长途跋涉劳累死于中国者都有中国皇帝谕祭碑文，"建于墓左，永为荣光"。

第三，几乎所有的墓碑上方都横刻"琉球国"三个大字，并用中国年号竖刻葬者辞世时间，这一方面反映了中国文化对琉球的影响，另一方面也反映了琉球人对自己国家的深厚感情。但随着时间的推移，也出现了日本年号，最后连"琉球国"三字也不刻了。

第四，从碑文中可以看出合葬的情况，葬者大多是父子或兄弟。

由于"文革"和城市建设的缘故，徐恭生教授于1963年所看到的琉球人墓大都遭到破坏。有的迁移他处，有的仅存墓碑，多数的琉球人墓和碑荡然无存。后于1980年对这个地区的琉球人墓群旧址重新考察时，尚有八座墓较完好地保存下来。琉球人墓的形状与福州民间的坟墓相同，有宝顶、碑牌、供案、墓埕，其外围还圈有山墙（亦称圹山），左右有扶臂，下面两边为如意摆手，碑牌前面有一小块长方形供案，以供后人祭祀时置放香烛祭品之用。这一墓型俗称"龟甲墓"，并传到琉球，影响了琉球的丧葬风俗。

现在，白泉庵地区琉球人墓为中国保留下来的一个最多最完整的琉球人墓群之一，1980年被列为福州市文物保护单位，1986年正式围墙建成陵园，占地面积约3200平方米。园内由9座琉球人墓、一座长方形墓亭和一个祭台组成。20多年来，不断有日本冲绳县的各界人士前来参拜，植树留念。图12-7、图12-8为福州仓山区琉球人墓。

图 12-7　福州仓山区琉球人墓（一）

图 12-8　福州仓山区琉球人墓（二）

第二节　中琉友好交往文化遗产的开发与利用

图 12-9 为现今一年一度的"琉球国册封仪式"活动现场。

图 12-9　现今一年一度的"琉球国册封仪式"活动现场

海峡西岸经济区建设是福建省委、省政府富民强省的第一要务，是明确福建的发展定位、凸显区位特点和对台优势的战略构想。党的十七大报告提出支持海峡西岸经济发展，这是党中央对海峡西岸经济区建设的充分肯定、大力支持和殷切希望。建设海峡西岸经济区需要强大的、竞争力强的产业体系来支撑，而旅游业是极具发展潜力的新兴产业和朝阳产业，更是一个关联性强的产业，它能直接或间接带动交通、通信、建筑、商业、文化等多个产业的发展。在福建要创建有特色的旅游资源，笔者认为除了要在传统的自然旅游景点推陈出新之外，要重点在人文旅游资源方面入手，因为人文旅游资源是一种文化资源，具有不可重复性，它的时间界限是从古至今，既包括过去，又包括现在。某些有形的文化资源，今天的旅游者虽然不能看见，如历史活动与事件、过去的礼仪活动等，但是历史遗迹、古建筑、古战场、留存至今的文物还是可见的。丰富的人文旅游资源可以满足游客多种文化需求，使他们徜徉于山水之间，不仅感受到自然之美，而且体会到人情之乐，求得新知，增进人民、民族、国家之间的了解和友谊。人文旅游不仅是旅游发展的必然，而且是现阶段福州乃至福建旅游开发打破沉闷僵局的突破口。

福州是一座有着2200多年历史的文化名城，拥有数量众多、极富特色和品位较高的文化旅游资源，其中古迹旅游资源蕴涵着古代的灿烂文化和先民的无穷智慧，在旅游资源中有其独特的魅力和不可替代的地位。文化是旅游的灵魂，旅游是文化的重要载体。以历史文化为核心的文化旅游资源具有强烈的民族性、地域性和时代性，是城市旅游资源中最富于内涵的资源，能使城市旅游的内容更为丰富、更具深度，所以这些中琉交往遗存，不仅给学者的研究提供了可靠的、珍贵的历史信息，而且在对它们进行保护的同时也可以进行开发和利用，打造有特色的人文历史文化旅游资源。开发和利用现存的中琉交往的遗存，不仅可以促进福建旅游业的发展，而且可以促进海峡西岸经济的腾飞，促进和加强福建和冲绳之间友好关系的发展。

中华民族是特别重视乡情祖谊的民族。时至今日，闽人三十六姓在琉球的后裔已有多次到福建的寻根拜祖之旅。一批批回大陆祭祖的同胞之中，有的手持族谱来寻根，有的寻找祖墓来祭祖，有的凭籍贯来寻源，有的组成社团组织来谒祖，还有不少通过来函来电的方式来寻找自己的祖籍。不少海外华人通过寻根祭祖活动增加了对祖国大陆和家乡的了解，积极为家乡捐献校舍、筹建医院、修建桥梁公路、修建名胜风景、投资祖籍地的经济建设等，促进了家乡的经济文化教育事业的发展。为满足海外华人寻根祭祖的需要，我们可以组织有关学者开展海外华人的祖居地研究、姓氏研究。我们还可以定期举办海外华人的"恳亲大会"，或者同姓的联谊活动，有利于两地民间交流交往，增进亲情乡谊。我们应该以此为契机，吸引更多的海外侨胞前来观光旅游，投资兴业，使之服务于海峡西岸经济区建设，服务于构建和谐社会。

明清两代，中琉之间数百年的密切友好交往，结下了深刻的友谊，留下了许多弥足珍贵的历史遗迹，这些遗迹是中琉之间友好交往的见证，也将对中琉继承和发展传统友谊起到了巨大的作用。

琉球馆在中琉交往的过程当中发挥过重要的作用，是当时琉球贡使及随员的食宿之所、中琉贸易的枢纽，是当时漂风难民安置和遣返的中心，是中琉人文文化交流的场所。虽然现在在原址上重新修建的"琉球馆"面积不到原来的1/10，但是馆内陈列的丰富的文物、史料、图片、制表和墓碑拓片，都是中琉两国人民友好交往的历史见证。只要科学地加以宣传和利用，一定会在旅游方面有所突破。

在中琉交往中，尤其不能忘记那些为促进中琉友好交往而献身的贡使、通事、水手、商人、留学生。在白泉庵地区保留下来的琉球人墓群，是中国目前仅存最完整的琉球人墓群。20多年来，不断有日本冲绳县的各界人士前来参拜，植树留念。只要加以开发，做好人文旅游，不仅会有人来参拜，而且还会投资，带动旅游经济的发展。此外，中琉交往中的琉球会馆、闽安镇巡检司、河口天后宫、广石天妃庙、怡山院天后宫、阳岐尚书庙、万寿尚书庙、拿公楼、蔡夫人庙以及册封使臣陈侃、徐葆光、寄尘和尚等的诗刻、题名等，都是可开发的重要历史遗存。

共同的文化是人际交流、经贸往来的融合剂。中琉交往的这些遗存可以为中琉合作提供深厚的人文基础，随着中琉遗存留下的文化潜力的进一步挖掘,随着海西建设的不断推进,文化对经济的促进作用将更大。中琉交往遗存蕴涵着丰富的物质文化,是古代社会经济、文化、艺术、民俗、海外交往及贸易等情况的物质载体,深厚的文化底蕴充实了福建的旅游内容,大大推动了福建与冲绳之间的友好往来和经济互动,为福建旅游业的发展奠定了坚实的物质基础,必将促进海峡西岸文化经济的进一步快速发展。

结语　建立宗亲会　不忘故土情

明洪武年间，闽人三十六姓来到琉球，定居于久米村。在久米村人的帮助下，琉球国成为当时的"万国津梁"。琉球的海上贸易以明朝为中心，北至日本、朝鲜，南下东南亚各国，海上贸易盛极一时，琉球的"大航海时代"自此而始。虽然在16世纪末久米村也经历过衰败，但经过琉球王国积极的"补缺"政策，久米村得以复兴。清朝之后，久米村继续承担着琉球国朝贡中国的重任。光绪元年（1875年）明治政府强行介入中琉关系，企图断绝琉球与中国的一切关联；光绪五年（1879年）更是直接派遣官员和军队前往琉球进行"废藩置县处分"，将尚泰王软禁于东京，琉球王国就此灭亡。光绪二十年（1894年）中日甲午战争中，清朝战败，琉球复国的希望彻底破灭，此后琉球国复国运动也逐渐解体。

600多年过去了，昔日的久米村人也早已彻底融入冲绳社会。而今久米村后裔通过门中会等组织将家族成员紧紧地团结在一起，共患难、同风雨，他们在为冲绳社会做出巨大贡献的同时，也不忘记祖先，积极地与福建的宗亲联系，寻根问祖。这种血浓于水的亲情，是历史、地域和战争所无法隔绝的。

一　事业有成　热心公益

（一）阮氏后裔

久米村人阮国后裔。阮国，字我莘，祖籍中国福建省漳州市龙溪县，万历三十五年（1607年）入籍久米村。近代阮氏家族中代表人物是琉球王国时代最后一任总理唐荣司阮宣诏。1879年，明治政府派遣松田道之前往琉球执行"吞并处分"。作为久米村最高行政官员，阮宣诏坚决地领导久米村人民与明治政府进行抗争。松田道之评价他："性情刚毅，反对派之魁首。"[①]

如今，阮氏家族作为久米村的代表家族之一，依然活跃在冲绳社会。1998年，阮氏我华会举办了"始祖阮国公来琉四百年纪念活动，暨阮氏我华会成立十周年纪念活动"，并发行了《久米阮氏纪念志》。根据阮氏我华会当年刊印的《久米阮氏纪念志》统计，如今在冲绳的阮氏一门总计有神村（大宗）、與古田、与古田、横田、吉元、真容田、我谢·我喜屋、真玉桥、小渡、山田等大小分支，仅登记在册的阮氏我华会会员就有317人。[②] 阮氏我华会成员的身影遍及冲绳各行各业，有电气、医学、保险、餐饮、法律甚至空手道等，比如與古田永宏的"丸永不動産商事"、小渡玠的"沖縄コンピュータ販売株式会社"、山田勝的"純沖縄家庭料理店"、横田永仁的"沖縄硬软流空手古武道"、我华会会长吉元康雄的"吉元税理士事务所"等。

（二）毛氏后裔

久米村毛国鼎后裔。毛国鼎，字擎台，祖籍中国福建省漳州市龙溪县，久米村毛氏家族元祖，万历三十五年（1607年）入籍久米村。如今在冲绳，毛氏后裔共有大小宗十几个分支，其中大宗为"与是山"，小宗：普久岭、阿贺岭·许田·喜濑·田里、与仪·奥间①·奥间②·南风原、奥间、垣花·桑江、吉川、安福祖·喜友名、首里毛氏。平成19年（2007年），冲绳久米国鼎会，即毛氏宗亲会，举办了隆重的毛氏家族四百年纪念活动，并于平成20年

---

① 『始祖阮国公来琉四百年紀念志』，阮氏我華会発行，1998，第23頁。
② 『始祖阮国公来琉四百年紀念志』，阮氏我華会発行，1998，第385~396頁。

(2008年)出版了毛氏家族的纪念志《久米毛氏四百年纪念志·鼎》,纪念志中登记在册的国鼎会会员有370人。① 在国鼎会举办的毛氏四百年纪念活动中,不仅有隆重的纪念仪式,而且有许多冲绳的历史学者应邀出席了活动,如高良仓吉、田名真之、赤岭守、渡边美季、上里隆史等均为其纪念活动撰文。

(三) 王氏后裔

久米村王立思后裔。王立思,字肖国,祖籍中国福建省漳州市龙溪县,"万历十九年奉旨始迁中山以补三十六姓,先王赐宅于唐荣以居之",② 其大宗家谱毁于二战战火。战后王氏重新组织了门中会,并积极联系散居各处的家族成员,相互护持,共渡难关。1988年王氏门中会开始整理修复家族图谱,并举办了盛大的王氏四百年纪念活动。此外,在1988年至2001年间,王氏门中会还先后整理发行了4册《王氏门中会资料》。王氏家族现在有大宗国场,小宗:小渡、新崎、知名、上运天、仲宗根、宫城、久高等分支,家族成员活跃在冲绳各个领域,如小渡克达的"小渡建筑設計事務所"、国场八郎的"冲縄医疗机株式会社"、大田征夫的"大田整形外科医院"等。

(四) 陈氏后裔

久米村陈华之后裔。陈华,祖籍中国福建省漳州市龙溪县沙洲村。万历四十五年(1617年)陈华在沿海航行中遭遇风难,随风漂流至琉球国。当时久米村人口凋零,尚宁王请奏明朝赐陈华入籍久米村,这便是久米村陈氏家族的由来。如今在冲绳,陈氏后裔改姓为"幸喜",以陈华本宗子孙以及四世陈以棠子孙为主。2000年前后,他们统计了陈氏后裔幸喜一姓的人数,多达209人,并制作

---

① 『久米毛氏四百年纪念志·鼎』,久米国鼎会发行,平成20年,第122页。
② 那霸市企画部市史编集室:『那霸市史』资料篇,第1卷6,『久米村系家谱』,昭和55年版,第942页。

了陈氏玉树村幸喜门中世系图（一世到十四世），[①] 其门中纪念志《明浯》也在 2004 年刊行。

"二战"后，久米村后代们不仅在冲绳重新开枝散叶，而且还热心于冲绳社会的公益事业，为当地公益事业贡献了自己的力量。

以毛氏家族为例。1972 年，国鼎会资助建设了那霸松川子儿童活动场，该儿童活动场位于那霸市松川 384 号地，占地约 123.6 平方米。多年来国鼎会坚持将场所收入用于资助社会公益活动。2000 年前后，由于活动场设施老化，加上附近社区儿童人数减少，该场所逐渐荒废成为垃圾堆放地，野狗频繁出没，也给周边住户带来了困扰。国鼎会征求附近住户的意见，在松川自治会的协同合作下，于 2002 年正式关闭了该活动场地，撤出原来老旧的设施。同时出于安全考虑，在松川自治会的帮助下，国鼎会松川儿童活动场封闭。此外，松川附近的 29 号县道二支路坂下，位于偏远角落，特别是晚上，行人路过非常不方便，为此国鼎会特意无偿设置了"防犯灯"，对当地的道路安全做出了贡献。除了这些场地设施和设备外，国鼎会还向附近居民开放其会馆停车场，居民可以申请使用。[②] 同时，国鼎会还无偿向那霸当地学校、孤儿院以及老人院等开放其会馆二楼展览大厅和三楼会议厅，用于学校或者学生开办个人画展、组织展览毕业创作作品以及举办演讲活动等。国鼎会会馆二楼展览大厅总使用面积约为 141 平方米，配置有空调、舞台，以及音响设施。

除了以上公益活动，国鼎会还热心资助教育、养老等事业，并不定期地与冲绳县图书馆等事业单位合作举办公益讲座。从 1972 年开始，国鼎会就一直资助冲绳"人才育成财团"（现为冲绳县"国际交流·人才育成财团"），1982~1994 年，共计资助了 28 名学生，共计资助贷款 500 万日元。同时从 2005 年开始，国鼎会还

---

① 『明浯——陈氏玉樹幸喜門中志』，那霸陈氏玉樹幸喜門中会发行，2004，第 28~34 页。
② 『久米毛氏四百年纪念志·鼎,』久米国鼎会发行，平成 20 年，第 254 页。

资助"那霸市育英会",资助县内高校大学生奖学金。2015 年久米国鼎会总计资助冲绳地区高校生 90 人。① 除了资助教育基金处,国鼎会还参与资助其他社会公益基金。"冲绳共同幕金会"是一个旨在资助冲绳社会公益社团、县内离岛町村孤寡老人,以及交通事故遗孤的公益基金会。从 1976 年到 2006 年,国鼎会先后捐款资助该组织 643 万日元。②

身为久米村后裔社团,国鼎会还前后多次捐款用于"久米村"相关的社会公益事业。1987 年,参与了"谢明亲方郑迵纪念碑"的捐款建造;1991 年 4 月,捐款参与了"首里城复原期成会";1992 年捐款参与了"久米村 600 年纪念事业";2004 年 8 月捐款参与了那霸市主办的"琉球王国秘宝展"等。③

二 建立宗亲会 携手共发展

1. 阮氏我华会

1903 年,久米村被一分为二,东为久米町,西为天妃町,久米村后裔也逐渐迁出原来的久米村区域。虽然明治政府极力同化他们,但他们并没有忘记自己的血脉和历史。久米村各家族先后成立了门中会来维持宗族间的联系。阮氏家族的门中会——"我华会"就是比较典型的一个。

阮宣诏,是阮氏门中会的创始人,也是久米村最后一位总理唐荣司。④ 阮宣诏是久米村阮国的九世孙,出生于嘉庆十六年(1811 年)。道光十六年(1836 年),阮氏大宗家主阮忠逝世,因其未有后裔,阮宣诏遂过继为大宗继承人。此后阮宣诏作为官生前往中国国子监学习;道光二十七年(1847 年)归国后得到尚泰王重用,

---

① 参阅国鼎会网站:http://kumekokuteikai.or.jp/activity/scholarship.html。
② 『久米毛氏四百年纪念志・鼎』,久米国鼎会发行,平成 20 年,第 255 页。
③ 『久米毛氏四百年纪念志・鼎』,久米国鼎会发行,平成 20 年,第 213 页。
④ 『始祖阮国公来琉四百年纪念志』,阮氏我華会发行,1998,第 44 页。

先后担任过著作总师、进贡副使、讲谈师等职位；咸丰九年（1859年）晋升为紫金大夫，两年后担任总理唐荣司，也是久米村历史上最后一位总理唐荣司。

同治十一年（1872年），明治政府强行将琉球国设置为"琉球藩"；光绪元年（1875年），明治政府又强行下令琉球国断绝与清朝的一切往来；光绪五年（1879年）四月，明治政府不顾中外反对，强行吞并琉球国，对其进行"处分"并设置"冲绳县"。琉球国王府随之解体，各种职位也被废除。阮宣诏号召并领导久米村人展开不合作运动，抵抗明治政府，成为明治政府眼中的"顽固党头目"。在日本强制吞并发生后，阮宣诏果断地将原来存放在久米村天妃宫的《历代宝案》转移到自己家中藏匿起来。此后不管日本方面怎样威胁恐吓，阮宣诏都不为所动，妥善地保存着《历代宝案》。直到1933年，久米崇圣会才将保存了半个多世纪的《历代宝案》移交给当时的冲绳县立图书馆，由于阮宣诏和阮氏家族的无私付出，《历代宝案》才得以流传至今。光绪十一年（1885年）阮宣诏逝世，享年75岁。

根据阮氏我华会（其前身为阮氏门中会，1988年改名为我华会）保存资料的记载，早在1880年，阮宣诏便开始组织经营阮氏门中会，但没有保存当时门中会活动的确切记录。从1926年开始，阮氏门中会便有了详细的活动记载，并在1933年众筹资金购置房屋，作为门中会活动场所。"二战"前阮氏门中会的活动主要有"年始祭"、"清明祭"、"秋彼岸"和"大足御台日"等重大活动。"二战"前的阮氏门中会，还设置有"学事奖励会"，资助在那霸地区的门中优秀学子，学习成绩优秀的学子还会收到铅笔等奖品作为褒奖。

1944年10月10日，美军空袭那霸港，久米村几乎被夷为平地，阮氏门中会活动场所也毁于战火之中，门中会活动也被迫中断。1951年，美军开放那霸区，并将原久米村区域重新规划，阮氏门中会开始逐步恢复运作。"二战"后期很长一段时间内阮氏门中会的日常活动章程和战前时期基本一致。1953年4月，战后的阮氏门中会首次制定了活动规则，并在当年11月16日开始着手整理各家所存的家谱资料。1954年，阮氏门中会向门中会员筹集资金用以修复阮氏元祖牌位和墓地。

1956年，阮氏门中会购置了一块地，希望用这块地的租金收入作为门中会的经费。同年不久阮氏门中会将这块地租借给当时的"大同海上火灾保险株式会社"，大同海上火灾保险株式会社随后在这块地上盖了三层的建筑楼用于公司办公。阮氏门中会当时和大同海上火灾保险株式会社签订的租借合同为60年，1986年阮氏门中会出于经济原因考虑，希望更好地利用这块土地，于是打算和大同海上火灾保险株式会社进行解约谈判。为了更好地进行解约谈判，门中会决定成立法人社团，全权代表门中会负责谈判。

为了给新的门中法人社团取名，阮氏门中会参照其他久米村门中会的名字，决定采用阮国之字"我莘"作为门中会名字，又鉴于在日语中"莘"是不常见字，出于方便考虑，决定采用和"莘"相近的中华之"华"（繁体字为"華"）作为代替，最后决定使用"我华会"为阮氏门中会新的名称。阮氏门中会在1987年注册了"阮氏我华会"法人社团，新成立后的阮氏我华会便代替了原来的阮氏门中会。为了确保我华会有更健全的行政组织机制、更稳定的经费来源以及更妥善的财产管理方式，我华会制定了非常详细的《阮氏我华会定款》《阮氏我华会诸规则·细则》来确保日常运作。①

1997年，是阮国入籍久米村400周年，阮氏我华会举办了大型的"始祖阮国公来琉四百年纪念活动暨阮氏我华会成立十周年纪念

---

① 『始祖阮国公来琉四百年纪念志』，阮氏我華会发行，1998，第64~74页。

活动"。在活动期间，阮氏我华会在始祖阮国的墓地内树立了一块"始祖阮国公来琉四百年纪念碑"，碑文大意如下：

> 阮氏始祖阮国公，嘉靖四十五年（1566年）生于中国福建省漳州市龙溪县，崇祯十三年（1640年）在琉球国久米村逝世，享年75岁。
>
> 阮国公，于万历二十二年（1594年）护送因航线出错漂流浙江的琉球使团回国，这是他第一次来到琉球。而后阮国公作为琉球国使团的领航员，帮助琉球进贡船往返于中国和琉球之间。
>
> 当时，察度王时期中国皇帝赐姓的"闽人三十六姓"已经衰微，琉球国与东南亚的海上贸易也因此终结，琉球国与中国的朝贡往来也因为人手不足，如风中残烛般随时可能会熄灭。
>
> 琉球国尚宁王为了"三十六姓补缺"，于万历三十五年（1607年）上书明朝皇帝，请求准许阮国、毛国鼎二人入籍琉球国。明朝皇帝准其所奏，之后尚宁王赐久米村宅邸给二人。入籍久米村后，阮国开始担任琉球国职位。因为其对琉球国的贡献，尚宁王赏赐其地头职，官至正议大夫。
>
> 阮国公，在萨摩藩入侵前后，也是琉球国困难的时代，作为琉中交往的桥梁努力担当着复兴久米村的重任，为久米村阮氏的繁荣打下了坚实的基础，同时也为琉球国作出了巨大贡献。
>
> 阮国公来到琉球至今400年，为了彰显其功绩，更为了祈求阮氏子孙后代和睦发展，特立此碑，以作纪念！
>
> 1997年11月9日
阮氏我华会

2. 毛氏国鼎会

"二战"期间，毛氏门中会会长吉川其义和奥间善庆等人一面躲避美军的空袭炸弹,一面守护着毛氏门中会的家谱和财产资料,确保了毛氏门中会成员能够在战后对原来的土地资产进行注册登记,为毛氏家族战后的复兴做出了巨大的贡献。通过毛氏门中会成员的艰辛付出,门中会组织框架得以保存。由于财产资料得到妥善保存,毛氏门中会战前的土地资产在战后得以迅速登记。当时生活艰苦,物资短缺,毛氏门中会成员将土地进行合作化登记注册,以社团法人的形式经营,这种超前的资产管理模式更大地发挥了土地的经济效益,使得毛氏后裔们更早地度过了这段艰难的时期。[①]

战后的这段时间,也被毛氏后裔称为"活动的黎明期",毛氏门中会在这个时期起了巨大的作用。1956年7月,毛氏门中会制定了"学事奖励"章程,对那霸、嘉手纳、读谷、中部、南部五个地区的毛氏门中学生进行资助。同年9月,毛氏门中会还制定了"穷困家庭补救计划",昭和20年代的冲绳社会还没有完善的社会保障制度,大多数冲绳家庭都很贫穷。毛氏门中会为了相互扶持,帮助困难会员家庭渡过难关,特别制定了一个补救计划,从经济上支援帮助门中会会员家庭。当时毛氏门中会的委员们,为了能有更多的资金帮助会员家庭,常常牺牲自己的利益,节衣缩食,展示出崇高的家族责任感和献身精神。[②]

1960年,为了更好地继承和管理祖先留下的共同财产,提升门中会成员的福利,毛氏门中会正式向冲绳文教局申请成立法人社团"久米国鼎会"。同年9月,毛氏门中会正式改名为"久米国鼎会"。

1972年在成立十周年之时,国鼎会出版发行了《久米毛氏总家谱》,并将战后20余年门中会中各项记录整理成册。1982年,国鼎会成员翘首以盼的国鼎会会馆终于建成,并举办了盛大的落成仪

---

① 『久米毛氏四百年紀念志・鼎』,久米国鼎会发行,平成20年,第211頁。
② 『久米毛氏四百年紀念志・鼎』,久米国鼎会发行,平成20年,第211頁。

式。国鼎会会馆酝酿多年，一方面田里维成会长、许田世辉副会长、与是山乔事务局长三人为了取得建设许可常年奔走，另一方面，喜久山满雄等人为了建设经费也四处联系国鼎会会员募捐，负责设计建设相关工作的则是奥间真冶、喜濑良成、桑江清三人。在得到建设许可后，他们夜以继日地工作，终于赶在国鼎会20周年庆前完成会馆建设。国鼎会会馆总计花费14981000日元，占地面积994.87平方米，共五层，位于冲绳县那霸市字安里45番地，落成仪式当天，时任那霸市长的平良良松等众多来宾到场祝贺。

　　清明祭、学事奖励会、敬老会是国鼎会每年固定举办的活动，特别是敬老会。1971年9月18日，国鼎会在"料亭那霸"酒店举行了第一届敬老会，当时国鼎会向所有毛氏家族中70岁以上的会员发出了活动邀请，参加第一届敬老会的老人有64位。因为无法保证所有老人都能参加敬老会，因而敬老会活动也经历过困难。根据国鼎会资料记录，到1979年，只有48位老人来参加敬老会，1980参加敬老会的老人又增加到97名。此后逐年增加，2007年参加敬老会活动的老人已经达到211人。国鼎会还给70岁以上的老人赠送"御祝金"，大约是10万日元，百岁老人的"御祝金"则更多。

　　1956年，毛氏门中会策划"始祖来琉三百五十年纪念事业"，其中一个重要的环节就是要重新修撰《毛氏家谱》。经过两代人的努力，在1997年2月，耗费900万日元的《久米毛氏家谱·原文篇》终于出版刊行。久米国鼎会加上此前门中会时期，总计编成《久米毛氏家谱》4册。第一部分是家谱原文修复版，计1册；第二部分是家谱原文的扫描版，计上、下2册；第三部分是毛氏家族的世系图谱，计1册。

　　1956年11月11日，毛氏门中会举办了"国鼎公来琉三百五十年祭祀"活动，因为"二战"时始祖毛国鼎的墓地遭到了炮火的破坏，因而这次纪念祭祀活动主要是修复位于那霸市神德寺附近的始祖墓地，并举办了元祖毛国鼎公遗骸的"洗骨"仪式，同时立碑纪念，碑文大意如下。①

毛国鼎公三百五十年祭纪念碑

　　元祖毛国鼎公，祖籍福建省漳州市龙溪县。

　　琉球国察度王时期，中国赐"闽人三十六姓"于琉球，以促进琉中间往来，但到了尚宁王时期三十六姓仅存六姓，已经无力继续承担进贡中国的重任。尚宁王甚为忧虑，特上表奏请明朝，恳求神宗皇帝将阮、毛二人下赐琉球。

　　国鼎公于万历三十五年（西历1607年）农历九月二十九日，正式入籍琉球，尚宁王赐其宅于久米村。同时尚宁王赏识倚重国鼎公，命其负责政务、祭典以及儒学教务；后国鼎公升任正议大夫。崇祯十六年（西历1643年）农历六月十六日，国鼎公与世长辞，享年73岁。

　　国鼎公来琉至今已有350年，本日毛氏子孙举行盛大的庆祝祭祀纪念活动，以彰显先祖对琉球国的伟大贡献，并期盼先祖有灵，佑子孙后代永享繁荣，特立此碑，以作纪念！

西历1956年11月1日

　　2007年是毛国鼎来琉四百周年，国鼎会很早就开始筹划四百周年纪念活动。2003年2月，第43期国鼎会总会便早早定下了四百周年纪念活动的流程。当年4月19日，墓地修复的第一部分工作便启动，主要是对墓地现场进行检测，包括现场平面图的制作、地下水位测量等；同年10月4日，针对4月现场测绘的数据，开始着手修复墓地，包括平整石板、修葺植被、修葺外侧墓墙等；11月1

---

① 『久米毛氏四百年纪念志·鼎』，久米国鼎会发行，平成20年，第240頁。

日，国鼎会开始着手准备祭祀石台，规划活动场地和停车场等，整个修葺工程历时4年才完成，可见国鼎会之重视。

2007年9月29日，"始祖毛国鼎公墓地修复整备工事竣工式"在毛国鼎公墓地御庭举行，国鼎会会长吉川弘发表了开幕演讲。冲绳县知事仲井真弘多、琉球大学教授高良仓吉等出席开幕式并致辞，那霸市长翁长雄志也发来贺电。"毛国鼎公四百年祭纪念碑"全文如下。①

"毛国鼎公四百年祭纪念碑"文

毛国鼎公，琉球国儒学的传承者。

琉球国后世儒学大家程顺则（名护亲方）称国鼎公为琉球儒学的先驱者，称其为琉球儒学"四先生"之一。

毛国鼎公一生恪守儒学之道，谨遵"儒学五伦之义"，实为毛氏子孙之榜样。

仁之道：克去己私，复还天理。量我推人，度人犹己。心是仁用，仁是心体。

义之道：奋发坚强，刚用果毅。心存羞恶，口绝谄媚。断制决裁，正直如夫。

礼之道：发端辞让，秉寻顺适。谚语有章，安行合德，治国化隆，齐民耻格。

智之道：学贯天人，心明圣理。剖判贤愚，辨别臧否。摘伏如神，察几若筮。

信之道：本质至诚，无诡无欺。口心符契，言行顾持。一诺然许，千金不移。

2007年，为了纪念毛国鼎公来琉四百年，毛国鼎的后裔们整理

---

① 『久米毛氏四百年纪念志・鼎』，久米国鼎会发行，平成20年，第295~296页。

了他的生平资料，且详细研读通史资料，结合毛氏门中会的活动资料，整理成《久米毛氏四百年纪念志·鼎》一书，该书于 2008 年 3 月 31 日出版发行。同时国鼎会还邀请高良仓吉、田名真之、赤岭守、渡边美季、上里隆史等知名冲绳学者为其纪念志撰文。

图 1 为毛国鼎公四百年祭记（纪）念碑。

图 1　毛国鼎公四百年祭记（纪）念碑

三　跨海而来　寻根问祖

1. 陈氏我华会的福建寻祖之旅

早在 1999 年 10 月，陈氏我华会就确认刊行门中志，同年 12 月在众人齐心协力下，总计耗费 1600 日元的门中墓地整修计划如期完成。当年 11 月，陈氏我华会同时还策划了前往福建寻根问祖的活动，并在门中招募到 20 多名志愿者，最后决定由其中 14 人前往福建寻访祖籍。①

---

① 『明渓——陈氏玉樹幸喜門中志』，那霸陈氏玉樹幸喜門中会发行，2004，第 135 頁。

此前，担任我华会会计的真荣平作真就先一步前往漳州，拜访了漳州陈氏宗亲会陈明辉会长。我华会在计划前往福建之时，还得到了厦门大学杨宛教授的鼎力相助，通过杨宛教授的牵线，终于和陈明辉会长确定了具体行程和时间。2000年11月19日，我华会14人搭乘飞机在上海机场降落，开启了前往福建省的寻祖之旅。

此次寻祖之旅，我华会除了要拜访漳州的陈氏祠堂外，同时还希望查明：先祖陈华公之父母兄弟姐妹，家中排行；先祖陈华公漂风琉球时（1617年）的年龄；先祖陈华公1617年出海的目的等。我华会一行人在漳州市龙溪县沙洲村受到了村民热情的接待，当地村民还燃起了爆竹来欢迎跨海而来的亲人。一行人在五天四夜的参观中，不但拜访了陈氏宗祠崇德堂以及陈氏先祖陈元光庙，如期完成了计划，而且还查明了先祖陈华的家谱资料。此外他们也感受到中国亲人的热情，感受到深藏于血脉中的那份乡土之情。

2. 王氏门中会成员的中国旅行记

王氏门中会纪念志中收入了门中会员的4篇寻根日记，记录了1987年王氏门中会前往中国的寻根之旅，分别是国场公德在1987年作为王氏门中会一行团长时所写下的『私の唐旅』、国场佑律的『先祖の故郷探訪』、国场其一的『久米村の故郷を訪ねて』、大田捷夫的『閩人三十六姓の故郷を訪ねて』。

1987年10月2日，王氏门中会一行从那霸机场出发，途经香港，再转福州，开启了此次的寻根之旅。在福州，一行人参观了琉球人墓和福州琉球纪念馆；在莆田东沙村还寻访了蔡氏后裔，参拜了蔡氏祠堂端明殿，且前往蔡襄之墓地祭拜；在泉州参观了海外交通事故博物馆，观看了有关"闽人三十六姓"的展区；在漳州，除了拜访先祖王立思之故乡外，还去了陈华和毛国鼎之故乡，先后拜访了久米村陈氏、王氏、蔡氏和毛氏的故乡。

王氏门中会与漳州王氏宗亲会保持着密切的联系，1988年漳州王氏宗亲会写给小渡清孝先生的书信也收入在久米王氏门中纪念志之中，彰显了两岸族人间血浓于水的亲情。①

3. 阮氏我华会与海外阮氏宗亲会的交流

1987年7月27日，我华会会长真容田行和阮、毛、王各门中会代表会同部分学者前往中国福建省漳州市，对各家家谱及祖庙进行调查。在时任漳州旅游局局长王作民先生的热情协助下，他们找到了于福建省漳州市龙海县角美镇埭头村的阮氏祖庙世德堂，并和当地阮氏后人阮天发等会面，开启了久米村阮氏后裔与中国阮氏的交流。

1988年1月2日，神村义人、真玉桥景昭、真容田世行、與古田清光等12人组成的第一次调查团，前往福建省漳州市参加中国阮氏宗亲会举办的大型祖庙祭祀活动。

1990年11月21日，與古田永宏、宜保成幸、神村广二等12人组成考查团，前往福建漳州阮氏祖庙进行第二次调查，其间与中国阮氏宗亲会协商了修葺世德堂事宜。

1992年6月23日，真容田世行前往中国香港旅行，在香港期间与香港的阮氏宗亲会主席阮添先生取得了联系。

1992年7月13日，中国台湾地区阮氏宗亲会第1000次祭祀纪念特刊发行，真容田世行与吉元康雄二人代表阮氏我华会前往访问祝贺，并献上我华会赠送之匾额，开启了冲绳阮氏和中国台湾阮氏的交往。

1992年10月10日，與古田永宏、真容田世行、與古田光助三人应邀参加中国台湾屏东阮氏宗亲会会馆落成典礼。

1992年10月17日，中国阮氏宗亲会代表阮其尾、阮位东以及王作民先生前来琉球访问我华会，并赠送《竹林七贤图》一幅，阮氏我华会委托中国阮姓宗亲会代表阮其尾、阮位东以及王作民先生负责阮氏中国家谱以及祖庙的调查，并将募捐到的世德堂修葺资金交付于阮其尾先生。

---

① 『久米王氏門中資料』第2冊，王氏門中会刊行，1991，第156頁。

1993年8月12日，真容田世行和宜保胜良二人出席了福建省漳州市阮氏祖庙世德堂修葺计划委员会，参加了世德堂修葺的方案商讨。

1993年12月28日，福建省漳州市阮氏祖庙世德堂修葺工作完成，古田永宏、真容田实行、吉元康雄、宜保胜良等11人参加了落成典礼（见图2），并将募捐到的世德堂改修工程追加资金交付于阮其尾先生。落成典礼上还有中国香港、中国台湾等地阮氏宗亲会会员，高朋满座。

图2　漳州阮氏世德堂落成典礼

1997年11月9日，始祖阮国公来琉四百年纪念暨阮氏我华会创立十周年纪念活动举办，邀请了中国阮氏宗亲会代表阮吾兴、阮青江出席，但由于出国手续延误，二人在典礼完成后才来到冲绳。同时中国台湾屏东县阮氏宗亲会理事长阮嘉瑞携其他4名代表出席典礼。

从1991年到1996年，中国福建省漳州市阮氏祖庙修葺工程进行期间，我华会总计捐款275万日元。①（注：以上资料来自阮氏我

---

① 『始祖阮国公来琉四百年纪念志』，阮氏我華会発行，1998，第73~86頁。

华会纪念志,仅为1998年前之记录)

　　由于琉球西隔东海,与福建相望,特殊的地理位置使福建在中琉长达五百余年的友好关系中起了极其重要的窗口与桥梁作用。明清时期,福建是中国与琉球交往的唯一口岸。中国册封琉球使团在福建造船、招募使团人员,福建是中国册封琉球使团起程和返航的地点;琉球来华进贡使团均在福建上岸,进京人员均由福建政府派人全程护送,其余人员在福建休整并从事贸易活动或其他学习活动;琉球政府曾派遣大批留学生在福建学习各种生产技术。由此可见,福建在中琉之间政治交往、文化交流、贸易交通等方面起了极其重要的作用。

　　正是历史上这种多渠道的交流,福建文化迅速地传播到琉球。如福州方言为琉球所借用,福建饮食文化、宗教文化、音乐艺术、社会习俗都深深地影响着琉球社会。至今冲绳人还酷爱风水学说,流传至今的琉球料理就是福州人的家常菜。1981年5月21日,福州市与冲绳那霸市结为友好城市,使中琉友好关系得以发展并延续至今。1997年福建省更是与冲绳县正式缔结友好省县关系。此外,在1988年泉州市与冲绳县浦添市正式建立友好城市关系,1995年厦门市与冲绳县宜野湾市结为友好交流城市。1992年,为了纪念福建人移居冲绳600年,冲绳闽人后裔在闽人的居住地建造了久米村发祥地的纪念碑,那是从福州制作的一艘海船石雕,船帮两侧刻着闽人三十六姓的姓氏。同年冲绳人民还在那霸市建造了一个"福州园",园中建有福州三山、闽江万寿桥和白塔、乌塔等,园中所有的材料都是来自福州。

　　中华民族是特别重视乡情祖谊的民族。闽人三十六姓在琉球的后裔已有多次到福建的寻根拜祖。一批批回大陆祭祖的同胞之中,有的手持族谱来寻根,有的寻找祖墓来祭祖,有的凭籍贯来寻源,有的组成社团组织来谒祖,还有不少通过来函来电的方式来寻找自己的祖籍。不少海外华人通过寻根祭祖活动增加了对祖国大陆和家乡的了解，积极为家乡捐献校舍、筹建医院、修建桥梁公路、修建名胜风景、投资祖籍地的经济建设等，促进了家乡的经济文化、教育事业发展。

2016年正值福州市与那霸市结成友好城市35周年。以史为鉴，可以知兴替，加强福建与冲绳之间的友好关系的发展，让冲绳人民更加了解福建与冲绳友好交往的历史，充分拓展福建与冲绳之间的人文文化交往，重视并借助民间交往，延续两地之间血浓于水的骨肉亲情，增强两地人民之间的了解和认识，毫无疑问，这些对于改善中日关系具有十分重要的积极推动作用，更是值得我们去深入探讨研究的主题。

附录　久米村大事记

公元年份	中国年号	琉球年号	日本年号	主要大事
1368 年	明洪武元年	察度十九年	正平二十三年	中国明朝建立
1372 年	洪武五年	察度二十三年	文中元年	明太祖遣杨载出使招谕琉球国。琉球中山王察度遣弟泰期奉表入贡，此乃琉球入贡中国之始
1374 年	洪武七年	察度二十五年	文中三年	明赐琉球《大统历》；明刑部侍郎李浩及通事梁子名使琉球
1380 年	洪武十三年	察度三十一年	天授六年	琉球山南王承察度遣使入贡明朝
1382 年	洪武十五年	察度三十三年	弘和二年	明遣使谕琉球山南王察度、山北王帕尼芝息兵罢战；明赐琉球中山王察度镀金银印
1383 年	洪武十六年	察度三十四年	弘和三年	山北王帕尼芝遣使入贡明朝
1385 年	洪武十八年	察度三十六年	元中二年	明赐琉球山南王、山北王驼钮镀金银印
1392 年	洪武二十五年	察度四十三年	元中九年	明太祖赐闽人三十六姓善操舟者来琉，以便往来朝贡；琉球中山王察度遣从子日孜每、阔八马等入明国子

续表

公元年份	中国年号	琉球年号	日本年号	主要大事
				监学习，此乃琉球人留学中国之始
1393年	洪武二十六年	察度四十四年	明德四年	明实施海禁政策，绝诸外夷贡，唯琉球、真腊、暹罗许入贡
1404年	永乐二年	武宁九年	应永十一年	琉球国中山王世子武宁遣使告察度卒。明命礼部遣册封使时中吊祭察度，赐以布帛，册封武宁为中山王。这是明朝第一次册封琉球王；明廷诏封汪应祖为琉球国山南王
1405年	永乐三年	武宁十年	应永十二年	四川布政司参议时中因罪改行人使琉球还，官复原职
1406年	永乐四年	尚思绍一年	应永十三年	琉球尚巴志消灭中山王武宁，思绍继位
1407年	永乐五年	尚思绍二年	应永十四年	琉球国中山王世子思绍遣使告其父武宁卒，明命礼部遣使赐祭赙，并遣使赍诏封思绍为琉球国中山王
1411年	永乐九年	尚思绍六年	应永十八年	琉球国中山王尚思绍遣使进表，明廷允准，升程复为琉球国相兼左长史，致仕还饶州，升王茂为琉球国相兼右长史
1415年	永乐十三年	尚思绍十年	应永二十二年	明遣行人陈季芳使琉球，册封他鲁美为琉球国山南王
1416年	永乐十四年	尚思绍十一年	应永二十三年	尚巴志灭山北国
1422年	永乐二十年	尚巴志元年	应永二十九年	尚巴志继位为中山王，第一尚氏王统治开始

续表

公元年份	中国年号	琉球年号	日本年号	主要大事
1424年	永乐二十二年	尚巴志三年	应永三十一年	琉球中山王思绍卒，遣使报丧，明命遣使赐祭赙，遣行人周彝赍敕使琉球；创建天妃庙
1425年	洪熙元年	尚巴志四年	应永三十二年	明廷遣中官柴山赍敕使琉球，册封尚巴志嗣中山王
1427年	宣德二年	尚巴志六年	应永三十四年	琉球最古老的金石文《安国山树华木之记碑》设立
1429年	宣德四年	尚巴志八年	永享元年	尚巴志消灭山南王，统一三山
1430年	宣德五年	尚巴志九年	永享二年	明遣柴山抵琉球，赐尚姓
1432年	宣德七年	尚巴志十一年	永享四年	上念即位以来四方番国皆来朝贡惟日本未至遂命内官柴山赍敕往琉球国令中山王尚巴志遣人赍往日本谕之
1437年	正统二年	尚巴志十六年	永享九年	琉球国中山王尚巴志乞赐各官冠服及历书，英宗命其依原降者造用，命福建布政司给其《大统历》
1442年	正统七年	尚忠三年	嘉吉二年	琉球国中山王尚巴志薨，其子尚忠遣使乞嗣位
1444年	正统九年	尚忠五年	文安元年	明礼科给事中俞忭、行人刘逊奉使琉球册封还，因受黄金等物被下锦衣卫狱鞫实，上命杖而宥之
1447年	正统十二年	尚思达三年	文安四年	琉球中山王尚忠薨，其子尚思达告讣，请袭封；明遣给事中陈傅、行人万祥册封尚思达
1451年	景泰二年	尚金福二年	宝德三年	明遣左给事中陈谟、行人董守宏谕祭琉球故王尚思达，封其叔父尚金福为中山王

公元年份	中国年号	琉球年号	日本年号	主要大事
1452年	景泰三年	尚金福三年	享德元年	明命刑部，出榜禁约福建沿海居民，毋驾海交通琉球国，招引为寇
1456年	景泰七年	尚泰久三年	康正二年	明遣给事中李秉彝、行人刘俭册封琉球王弟尚泰久嗣王位
1458年	天顺二年	尚泰久五年	长禄二年	首里王城正殿安装万国津梁钟
1461年	天顺五年	尚德元年	宽正二年	尚泰久遣蔡璟、普须古等前往朝鲜； 尚德世子即位
1462年	天顺六年	尚德二年	宽正三年	明遣吏科给事中潘荣、行人司行人蔡哲封琉球世子尚德嗣王位
1469年	成化五年	尚德九年	文明元年	明市舶司由泉州迁往福州，并在福州设置琉球馆（柔远驿）
1470年	成化六年	尚圆元年	文明二年	金丸（尚圆）即任王位，第二尚氏王统治开始
1471年	成化七年	尚圆二年	文明三年	申叔舟撰《海东诸国纪》；《琉球国图》中久米村记载为"九面里"；琉球人蔡璟在华违禁私制蟒龙缎服
1472年	成化八年	尚圆三年	文明四年	明遣兵科给事中官荣、行人韩文使琉球
1474年	成化十年	尚圆五年	文明六年	琉球使臣蔡璋在福州杀人、放火、劫物。 明将琉球不时朝贡定例二年一贡，入京人员亦有限制
1478年	成化十四年	尚真二年	文明十年	明命兵科给事中董旻、行人司右司副张祥使琉球，封尚真为中山王

续表

公元年份	中国年号	琉球年号	日本年号	主要大事
1490 年	弘治三年	尚真十四年	延德二年	琉球派遣贸易船赴巴达泥
1498 年	弘治十一年	尚真二十二年	明应七年	梁能、陈义督造元觉寺放生池的石桥；琉球国王颂德碑设立，上面亦看到梁能、陈义、程琏、郑玖、蔡宾的名字
1506 年	正德元年	尚真三十年	永正三年	修建首里城北殿修建；明允许一年一贡
1511 年	正德六年	尚真三十五年	永正八年	琉球派官生四人，随贡使入明
1522 年	嘉靖元年	尚真四十六年	大永二年	明敕琉球国，遵先朝明例，二年一贡，每船不过一百五十人
1532 年	嘉靖十一年	尚清六年	天文元年	明命遣使科左给事中陈侃、行人司行人高澄册封尚清为中山王
1534 年	嘉靖十三年	尚清八年	天文三年	陈侃册封使团抵琉球
1542 年	嘉靖二十一年	尚清十六年	天文十一年	福建商人因贸易争利，在那霸港发生骚乱，蔡廷美监置之，后遣送回福州
1549 年	嘉靖二十八年	尚清二十三年	天文十八年	郑迵出生（1549~1612 年）
1558 年	嘉靖三十七年	尚元三年	永禄元年	明命刑科右给事中郭汝霖、行人李际春使琉球，封尚元为中山王
1562 年	嘉靖四十一年	尚元七年	永禄五年	郭汝霖册封使团抵琉球
1565 年	嘉靖四十四年	尚元十年	永禄八年	琉球派遣官生郑迵、梁照等四人
1570 年	隆庆四年	尚元十五年	元龟元年	最后派遣商船到暹罗，此后东南亚贸易结束
1571 年	隆庆五年	尚元十六年	元龟二年	马尼拉开港

公元年份	中国年号	琉球年号	日本年号	主要大事
1573年	万历元年	尚永元年	天正元年	第二尚氏尚永即位；日本足利义昭的室町幕府灭亡
1576年	万历四年	尚永四年	天正四年	明命户科左给事中萧崇业、行人谢杰册封世子尚永为中山王
1579年	万历七年	尚永七年	天正七年	萧崇业册封使团抵琉球
1585年	万历十三年	尚永十三年	天正十三年	琉球向大阪派遣纹船
1587年	万历十五年	尚永十五年	天正十五年	琉球第七代尚宁世子即位
1589年	万历十七年	尚宁元年	天正十七年	日本丰臣秀吉降伏萨摩藩
1591年	万历十九年	尚宁三年	天正十九年	福建出生的王立思、阮明入籍久米村；丰臣秀吉欲对朝鲜出兵，强迫尚宁王出兵七千人及提供十个月的军粮
1592年	万历二十年	尚宁四年	文禄元年	丰臣秀吉入侵朝鲜，强迫琉球征税
1597年	万历二十五年	尚宁九年	庆长二年	中国甘蔗传入；丰臣秀吉对朝鲜再次出兵
1600年	万历二十八年	尚宁十二年	庆长五年	日本关原大战
1601年	万历二十九年	尚宁十三年	庆长六年	明令兵部给事中洪瞻、行人王士祯册封琉球国王
1602年	万历三十年	尚宁十四年	庆长七年	明改兵科右给事中夏子阳代洪瞻册封琉球国王
1603年	万历三十一年	尚宁十五年	庆长八年	德川家康的江户幕府建立
1604年	万历三十二年	尚宁十六年	庆长九年	萨摩藩主岛津义久向琉球尚宁王送书问责，强迫其纳军粮
1606年	万历三十四年	尚宁十八年	庆长十一年	夏子阳册封使团抵琉球，册封尚宁王；郑迵就任三司官；夏子阳在其《使琉球录》中记载久米村的衰退

续表

公元年份	中国年号	琉球年号	日本年号	主要大事
1607 年	万历三十五年	尚宁十九年	庆长十二年	阮、毛二姓入籍久米村
1609 年	万历三十七年	尚宁二十一年	庆长十四年	萨摩军三千人、战船百艘入侵琉球，掳国王尚宁王至鹿儿岛
1610 年	万历三十八年	尚宁二十二年	庆长十五年	王舅毛凤仪、长史金应魁向明请求缓贡；蔡坚携孔子绘像返回琉球
1612 年	万历四十年	尚宁二十四年	庆长十七年	明廷规定琉球十年一贡
1616 年	万历四十四年	尚宁二十八年	元和二年	蔡廛赴明请求贡期恢复旧制
1617 年	万历四十五年	尚宁二十九年	元和三年	陈华入籍久米村
1620 年	泰昌元年	尚宁三十二年	元和六年	琉球尚宁王去世，享年57岁；尚丰即位
1622 年	天启二年	尚丰二年	元和八年	琉球进贡，再次请求恢复二年一贡，明廷允许五年一贡
1628 年	崇祯元年	尚丰八年	宽永五年	周文郁入籍久米村
1629 年	崇祯二年	尚丰九年	宽永六年	明命遣户科给事中杜三策、行人司杨抡册封琉球
1633 年	崇祯六年	尚丰十三年	宽永十年	杜三策册封使团抵琉球，册封尚丰王；琉球遣王舅向鹤龄、紫金大夫蔡坚赴明谢册封恩，并请求恢复贡期旧制，明同意二年一贡
1634 年	崇祯七年	尚丰十四年	宽永十一年	琉球首次向江户幕府派遣庆贺使及谢恩使；1639 年，日本幕府开始锁国政策
1644 年	清顺治元年	尚贤四年	正保元年	明灭亡，清兴起
1645 年	顺治二年	尚贤五年	正保二年	孙自昌入籍久米村，为久米村孙氏始祖

续表

公元年份	中国年号	琉球年号	日本年号	主要大事
1646年	顺治三年	尚贤六年	正保三年	琉球王舅毛泰久、长史金正春、都通事王明佐到闽庆贺隆武帝即位；王舅毛泰久等向清投诚
1647年	顺治四年	尚贤七年	正保四年	清廷谕琉球国，若顺天循理，缴纳故明奉诰印敕，将照旧制封赐
1648年	顺治五年	尚质元年	庆安元年	中国人杨明州（1629年漂风至琉球）入籍久米村
1650年	顺治七年	尚质三年	庆安三年	羽地朝秀编撰《中山世鉴》；久米村人改琉球服饰和发髻
1651年	顺治八年	尚质四年	庆安四年	清再赐谕琉球，重申清政府的对外政策
1653年	顺治十年	尚质六年	承应二年	琉球国王中山世子尚质遣使缴纳故明敕印
1654年	顺治十一年	尚质七年	承应三年	清遣兵科副理事官张学礼、行人司王垓册封琉球；因海疆不靖未成行。久米村人口达995人
1656年	顺治十三年	尚质九年	明历二年	程泰祚（程顺则之父）、曾志美（曾益之父）自当地入籍久米村；清发布迁界令
1660年	顺治十七年	尚质十三年	万治三年	首里城烧毁，国王移居大美御殿；南明王朝灭亡
1662年	康熙元年	尚质十五年	宽文二年	清再命张学礼、王垓使琉球，并赐琉球新印，重定二年一贡之例
1663年	康熙二年	尚质十六年	宽文三年	张学礼使团抵琉球册封尚质王

续表

公元年份	中国年号	琉球年号	日本年号	主要大事
1666年	康熙五年	尚质十九年	宽文六年	郑职良从中国带回凉伞、五方旗
1667年	康熙六年	尚质二十年	宽文七年	阳春枝、周国俊分别到福建学习历法及地理；久米村属地建立久茂地村
1668年	康熙七年	尚质二十一年	宽文八年	清命福建督抚重建柔远驿，以驻琉球国使
1669年	康熙八年	尚贞元年	宽文九年	魏士哲入籍久米村
1673年	康熙十二年	尚贞五年	延宝元年	中国发生三藩之乱（1673~1681年）
1676年	康熙十五年	尚贞八年	延宝四年	金正春建立孔子庙
1677年	康熙十六年	尚贞九年	延宝五年	蔡国器分别携给靖南王及清廷的咨文，前来福建探明情况
1678年	康熙十七年	尚贞十年	延宝六年	派遣贡船成定例；久米村开始设置讲解师及训诂师
1680年	康熙十九年	尚贞十二年	延宝八年	琉球设置中议大夫
1682年	康熙二十一年	尚贞十四年	天和二年	清命翰林院检讨汪楫为正使、内阁中书舍人林麒焻为副使册封琉球；蔡温（1682~1781年）出生
1683年	康熙二十二年	尚贞十五年	天和三年	汪楫册封使抵琉球，册封尚质王
1688年	康熙二十七年	尚贞二十年	元禄元年	魏士哲赴闽学习补唇术
1689年	康熙二十八年	尚贞二十一年	元禄二年	清廷准许琉球接贡船来华时免税，人员可增至200人；琉球设置士族及百姓的身份等级（系图座）；曾益著《执圭堂诗草》；板敷桥重修，王可法撰文刻碑

续表

公元年份	中国年号	琉球年号	日本年号	主要大事
1690 年	康熙二十九年	尚贞二十二年	元禄三年	久米村人口达 1632 人
1693 年	康熙三十二年	尚贞二十五年	元禄六年	程顺则著《雪堂纪荣诗》
1697 年	康熙三十六年	尚贞二十九年	元禄十年	蔡铎开始《中山世谱》的编辑，1701 年完成；《历代宝案》第一集开始编辑
1698 年	康熙三十七年	尚贞三十年	元禄十一年	程顺则《雪堂燕游草》在福建刊行；郑弘良在大岭村奉安土地公像
1699 年	康熙三十八年	尚贞三十一年	元禄十二年	尚贞王为久米村的繁荣特在王城庆宴，通事以上者参加
1708 年	康熙四十七年	尚贞四十年	宝永五年	蔡温到福州学习地理学；程顺则《六谕衍义》在福州印刷，并被带回琉球
1709 年	康熙四十八年	尚贞四十一年	宝永六年	首里城被烧毁；琉球发生大饥荒
1713 年	康熙五十二年	尚敬元年	正德三年	蔡温任国师；久米村祭祀采用儒式；《琉球国由来记》编纂
1715 年	康熙五十四年	尚敬三年	正德五年	程顺则任总理唐荣司
1718 年	康熙五十七年	尚敬六年	享保三年	久米村开创明伦堂；清拟遣翰林院检讨海宝、编修徐葆光谕祭琉球故王尚贞、尚益，并册封新王尚敬
1719 年	康熙五十八年	尚敬七年	享保四年	海宝册封使团抵琉球；在款待册封使宴会上，玉城朝薰创作的《组踊》首次上演
1723 年	雍正元年	尚敬十一年	享保八年	郑秉哲等三人为官生派遣到清国

续表

公元年份	中国年号	琉球年号	日本年号	主要大事
1724 年	雍正二年	尚敬十二年	享保九年	蔡温修订《中山世谱》
1725 年	雍正三年	尚敬十三年	享保十年	程顺则《中山诗文集》刊行
1728 年	雍正六年	尚敬十六年	享保十三年	蔡温任三司官；程顺则任名护间切总地头职
1729 年	雍正七年	尚敬十七年	享保十四年	久米村人口达 2838 人
1731 年	雍正九年	尚敬十九年	享保十六年	《琉球国旧记》20 卷完成；《中山世谱》附卷出版
1732 年	雍正十年	尚敬二十年	享保十七年	蔡温《御教条》发布
1736 年	乾隆元年	尚敬二十四年	元文元年	蔡文溥著《四本堂家礼》
1742 年	乾隆七年	尚敬三十年	宽保二年	久米村设置汉文组立职
1745 年	乾隆十年	尚敬三十三年	延享二年	郑秉哲编辑《球阳》
1755 年	乾隆二十年	尚穆四年	宝历五年	清遣翰林院侍讲全魁充册封正使、编修周煌充副使，册封琉球尚穆王，并赐给琉球新印
1756 年	乾隆二十一年	尚穆五年	宝历六年	全魁册封使团抵琉球
1773 年	乾隆三十八年	尚穆二十二年	安永二年	琉球规定久米村役职的选拔及品级
1786 年	乾隆五十一年	尚穆三十五年	天明六年	制定琉球律法
1797 年	嘉庆二年	尚温三年	宽政九年	蔡世昌任国师
1798 年	嘉庆三年	尚温四年	宽政十年	首里设置国学；打破久米村垄断官生选派旧例，改由首里与久米村各选派 2 人
1799 年	嘉庆四年	尚温五年	宽政十一年	琉球已故国王尚穆之孙尚温请封袭爵。清命翰林院修撰赵文楷为正使、内阁中书李鼎元为副使，册封琉球

续表

公元年份	中国年号	琉球年号	日本年号	主要大事
1800年	嘉庆五年	尚温六年	宽政十二年	赵文楷册封使团抵琉球
1802年	嘉庆七年	尚温八年	享和二年	首派正副官生总计八人赴华
1804年	嘉庆九年	尚灏元年	文化元年	因七年官生海船下落不明，补派正副官生总计八人
1807年	嘉庆十二年	尚灏四年	文化四年	已故琉球国王中山王尚温之孙尚灏请袭爵，命翰林院编修齐鲲为正使、工科给事中费锡章为副使册封琉球
1808年	嘉庆十三年	尚灏五年	文化五年	齐鲲册封使团抵琉球
1830年	道光十年	尚灏二十七年	天保元年	琉球派耳目官向国壁、正议大夫王丕烈入清进贡
1831年	道光十一年	尚灏二十八年	天保二年	魏学源编辑《新集科律》；萨摩藩强迫琉球缴纳砂糖
1837年	道光十七年	尚育三年	天保八年	已故琉球国王尚灏之子尚育请袭爵，清命翰林院修撰林鸿年为正使、编修高人鉴为副使，赴琉球册封；日本爆发大盐平八郎起义
1838年	道光十八年	尚育四年	天保九年	林鸿年册封使团抵琉球
1840年	道光二十年	尚育六年	天保十一年	阮宣诏为官生，被派遣入清国子监；中国爆发鸦片战争
1844年	道光二十四年	尚育十年	弘化元年	尚远鲁、郑元伟、魏学源出版《东游草》；1850年，太平天国起义
1853年	咸丰三年	尚泰六年	嘉永六年	培里舰队到日本，中途访问首里城；1854年，日美亲善条约缔结；1860年，英法入侵北京

续表

公元年份	中国年号	琉球年号	日本年号	主要大事
1861 年	咸丰十一年	尚泰十四年	文久元年	阮宣诏任总理唐荣司，这是最后一任总理唐荣司
1866 年	同治五年	尚泰十九年	庆应二年	翰林院检讨赵新为正使、翰林院编修于光甲为副使，率册封使团抵琉球。此为清代最后一次册封使的派遣
1868 年	同治七年	尚泰二十一年	明治元年	林世功等四位官生派遣，此为琉球最后派遣的官生；日本明治政府成立
1871 年	同治十年	尚泰二十四年	明治四年	琉球宫古岛漂风难民 54 人在台湾为当地土著杀害；日本废藩置县
1872 年	同治十一年	尚泰二十五年	明治五年	琉球维新庆贺使赴东京；日本强迫成立琉球藩
1874 年	同治十三年	尚泰二十七年	明治七年	日本借口琉球难民被杀一事进犯台湾后，与北京签订《北京专条》
1875 年	光绪元年	尚泰二十八年	明治八年	日本派处分官内务大臣松田道之来琉，强迫尚泰王断绝与清关系，将琉球改为冲绳县
1876 年	光绪二年	尚泰二十九年	明治九年	琉球王族向德宏与蔡大鼎、林世功等人密航中国，乞师救琉球
1878 年	光绪四年	尚泰三十一年	明治十一年	清驻日公使向如璋照会日本政府，抗议日本侵犯琉球
1879 年	光绪五年	尚泰三十二年	明治十二年	日本出兵琉球，正式吞并琉球，废除琉球藩，改为冲绳县；琉球人向德宏、蔡大鼎、林世功等秘密进京请愿、

续表

公元年份	中国年号	琉球年号	日本年号	主要大事
				求援；明治政府废除明伦堂役所，阮宣诏将天妃宫所藏《历代宝案》转移收藏
1880年	光绪六年		明治十三年	中日草拟《球案条约》；林世功在北京自尽，以死乞师
1885年	光绪十一年		明治十八年	琉球请愿团向德宏最后一次向李鸿章呈送请愿书

注：本表格主要依据《球阳》、《久米村系家谱》和《历代宝案》等资料制作。

参考文献

中文参考文献

一 古籍文献与档案史料

[1]《明实录》,台湾"中央"研究院历史语言所影印本。

[2]《清实录》崇谟阁影印本,1936。

[3] 黄遵宪:《日本国志》,文海出版社,1981。

[4] 张廷玉:《明史》,中华书局,1974。

[5] 吴晗:《朝鲜李朝实录中的中国史料》,中华书局,1980。

[6]《李文忠公全集》,光绪乙巳刊本。

[7]《筹办夷务始末》,故宫博物院用抄本影印版,1929。

[8]《清光绪朝外交史料》,故宫博物院,1932。

[9]《清光绪朝外交史料》,1932年影印本。

[10] 王铁崖:《中外旧约章汇编》,三联书店,1957。

[11] 赵尔巽:《清史稿》,中华书局,1977。

[12]《明清史料》,台湾"中央"研究院历史语言研究所,1987。

[13] 中国第一历史档案馆:《康熙起居注》,中华书局,1984。

[14] 戊寅:《钦定大清会典事例》。

[15] 昆冈等修:《钦定大清会典事例》,光绪年间石印本。

[16] 中国第一历史档案馆编：《清代中琉关系档案选编》，中华书局，1993。

[17] 中国第一历史档案馆编：《清代中琉关系档案续编》，中华书局，1994。

[18] 中国第一历史档案馆编：《清代中琉关系档案三编》，中华书局，1996。

[19] 中国第一历史档案馆编：《清代中琉关系档案四编》，中华书局，2000。

[20] 中国第一历史档案馆编：《清代中琉关系档案五编》，中华书局，2002。

[21] 中国第一历史档案馆编：《清代中琉关系档案六编》，中华书局，2005。

[22] 中国第一历史档案馆编：《清代中琉关系档案七编》，中华书局，2009。

[23] 中国第一历史档案馆编：《清代琉球国王表奏文书选录》，黄山书社，1997。

[24] 黄润华，薛英编：《国家图书馆藏琉球资料汇编》，北京图书馆出版社，2003年再版。

[25] 殷罗霞，贾贵荣，王冠编：《国家图书馆藏琉球资料续编》，北京图书馆出版社，2003。

[26] 王菡选编：《国家图书馆藏琉球资料三编》，北京图书馆出版社，2006。

[27] 台湾银行经济研究室编印：《流求与鸡笼山》，《台湾文献丛刊》第196种，台北：台湾银行，1964。

[28] 陈侃、萧崇业、夏子阳：《使琉球录三种》，《台湾文献丛刊》第287种，台北：台湾银行，1970。

[29] 台湾银行经济研究室编印：《清代琉球纪录集楫》，《台湾文献丛刊》第292种，台北：台湾银行，1971。

[30] 周煌：《琉球国志略》，《台湾文献丛刊》第293种，台北：台湾银行，1971。

[31] 台湾银行经济研究室编印：《清代琉球纪录续辑》，《台湾文献丛刊》第299种，台北：台湾银行，1972。

[32] 徐葆光：《中山传信录》，《台湾文献丛刊》第306种，台北：台湾银行，1972。

[33] 国立台湾大学编集：《历代宝案》一集·二集·三集，全15册，台北："国立"台湾大学，1972。

二 中文著述

（一）专著

[1] 陈大端：《雍乾嘉时代的中琉关系》，明华书局，1956。

[2] 何慈毅：《明清时期琉球日本关系史》，江苏古籍出版社，2002。

[3] 赖正维：《康熙时期的中琉关系》，海洋出版社，2004。

[4] 赖正维：《清代中琉关系研究》，海洋出版社，2011。

[5] 李云泉：《朝贡制度史论——中国古代对外关系体制研究》，新华出版社，2004。

[6] 林国平、彭文宇：《福建民间信仰》，福建人民出版社，1993。

[7] 米庆余：《琉球历史研究》，天津人民出版社，1997。

[8] 王耀华：《三弦艺术论》，海峡文艺出版社，1991。

[9] 王芸生：《六十年来中国与日本》第1卷，大公报社，1932。

[10] 吴壮达：《琉球与中国》，正中书局，1948。

[11] 谢必震：《中国与琉球》，厦门大学出版社，1996。

[12] 谢必震：《明清中琉航海贸易研究》，海洋出版社，2004。

[13] 徐玉虎：《明代琉球王国对外关系之研究》，台湾学生书局，1982。

[14] 杨仲揆：《琉球古今谈：兼论钓鱼岛问题》，台湾商务印书馆，1990。

[15] 张启雄:《琉球认同与归属论争》,"中央"研究院东北亚区域研究研究所,2001。

(二) 会议论文集

[1]《第一届中琉历史关系学术会议论文集》,中琉文化经济协会,1987。

[2]《第三届中琉历史关系国际学术会议论文集》,中琉文化经济协会,1991。

[3]《第五届中琉历史关系学术会议论文集》,海洋出版社,1996。

[4]《第六届中琉历史关系学术研讨会文集》,中国第一历史档案馆,2000。

[5]《第七届中琉历史关系国际学术会议论文集》,中琉文化经济协会,1999。

[6]《第九届中琉历史关系国际学术会议论文集》,海洋出版社,2005。

[7]《第十届中琉历史关系学术会议论文集》,中琉文化经济协会,2007。

[8]《第十二届中琉历史关系国际学术会议论文集》,北京图书馆出版社,2010。

[9]《顺风相送——中琉历史与文化:第十三届中琉历史关系国际学术会议论文集》,海洋出版社,2013。

(三) 论文

[1] 吴霭华:《琉球历史上的久米村》,《"国立"台湾师范大学历史学报》1985年第13期。

[2] 吴霭华:《十四至十九世纪琉球久米村人与琉球对外关系之研究》,《"国立"台湾师范大学历史学报》1991年第19期。

[3] 吴霭华:《久米村人在中国册封琉球王过程中所扮演之角色》,《"国立"台湾师范大学历史学报》1993年第21期。

日文参考文献

一 古籍文献与档案史料

[1] 下村富士男編『明治文化資料叢書』巻4，外交編，風間書房，1962。

[2] 日本外務省編『日本外交文書』。

[3] 沖縄県教育庁文化課編『四本堂家礼』，上，沖縄県教育委員会，1981。

[4] 沖縄県教育庁文化課編『四本堂家礼』，下，沖縄県教育委員会，1982。

[5] 琉球王国評定文所書編集委員会編『琉球王国評定文所書』（全17巻，補遺別巻），浦添市教育委員会，1988年3月~2002年1月。

[6] 那覇市史編集室編『冊封使録関係資料』，『那覇市史・資料篇第1巻3』，那覇：那覇市役所，1977。

[7] 那覇市史編集室編『歴代宝案第一集抄』，『那覇市史・資料篇第1巻4』，那覇：那覇市役所，1986。

[8] 那覇市史編集室編『家譜資料，一・総合』，『那覇市史・資料篇第1巻5』，那覇：那覇市役所，1976。

[9] 那覇市史編集室編『那覇市史』資料篇，第1巻6，『久米村系家譜』，昭和55年版。

[10] 那覇市史編集室編『那覇市史』資料篇，第1巻7，『首里系家譜』，昭和57年版。

[11] 那覇市史編集室編『那覇市史』資料篇，第1巻8，『那覇泊系家譜』，昭和57年版。

[12] 那覇市史編集室編『琉球資料漢文編』，『那覇市史』資料篇，第1巻9，那覇：那覇市役所，1998。

[13] 和田久徳等編『『明実録』の琉球史料，一』，『歴代宝案編

集参考资料 5』，那霸：冲縄県文化振興会公文書管理部史料編集室，2001。

[14] 和田久徳等編『「明実録」の琉球史料，二』，『歴代宝案編集参考資料 7』，那霸：冲縄県文化振興会公文書管理部史料編集室，2003。

[15] 和田久徳等編『「明実録」の琉球史料，三』，『歴代宝案編集参考資料 10』，那霸：冲縄県文化振興会公文書管理部史料編集室，2006。

[16] 伊波普猷・東恩钠寛惇・横山重編纂：『琉球国旧記』，『琉球史料丛書・第三巻』，東京：凤文書館，1990 年，複刻再版。

[17]『中山世譜』，伊波普猷等編『琉球史料丛書』，東京美術刊，昭和 47 年版。

[18] 球陽研究会編『冲縄文化史料集成』5，『球陽』，角川書店，昭和 53 年再版。

[19] 冲縄県県立図書館史料編集室編集『歴代宝案・校訂本』第 1 冊，和田久徳校訂，那霸：冲縄県教育委員会，1992。

[20] 冲縄県文化振興会公文書管理部史料編集室編集『歴代宝案・校訂本』第 2 冊，和田久徳校訂，那霸：冲縄県教育委員会，1992。

[21] 冲縄県県立図書館史料編集室編集『歴代宝案・校訂本』第 3 冊，神田信夫校訂，那霸：冲縄県教育委員会，1993。

[22] 冲縄県県立図書館史料編集室編集『歴代宝案・校訂本』第 4 冊，神田信夫校訂，那霸：冲縄県教育委員会，1993。

[23] 冲縄県県立図書館史料編集室編集『歴代宝案・校訂本』第 5 冊，生田滋校訂，那霸：冲縄県教育委員会，1996。

[24] 冲縄県文化振興会公文書管理部史料編集室編集『歴代宝案・校訂本』第 6 冊，糸数兼治校訂，那霸：冲縄県教育委員会，2006。

[25] 冲縄県県立図書館史料編集室編集『歴代宝案・校訂本』第

7冊，浜下武志校訂，那覇：沖縄県教育委員会，1994。

[26] 沖縄県文化振興会公文書管理部史料編集室編集『歴代宝案・校訂本』第8冊，浜下武志校訂，那覇：沖縄県教育委員会，1999。

[27] 沖縄県文化振興会公文書管理部史料編集室編集『歴代宝案・校訂本』第9冊，金城正篤校訂，那覇：沖縄県教育委員会，2003。

[28] 沖縄県文化振興会公文書管理部史料編集室編集『歴代宝案・校訂本』第12冊，小島晋治校訂，那覇：沖縄県教育委員会，2000。

[29] 沖縄県県立図書館史料編集室編集『歴代宝案・校訂本』第13冊，西里喜行校訂，那覇：沖縄県教育委員会，1996。

二　日文著述

(一) 专著

[1] 邊土名朝有：『明代冊封体制と朝貢貿易の研究』，新星出版株式会社，2008。

[2] 濱下武志：『朝貢システムと近代アジア』，岩波書店，1997。

[3] 赤嶺守：『清代琉球漂着民送還体制の基礎的研究』，課題番号13610423平成13年度～平成15年度科学研究費補助金，基盤研究〈C〉〈2〉研究成果報告書，2004。

[4] 赤嶺誠紀：『大航海時代の琉球』，沖縄タイムス社，1988。

[5] 沖縄県文化振興会公文書管理部史料編集室：『琉球・中国・日本・朝鮮年代対照表』，沖縄県文化振興会公文書管理部史料編集室，1997。

[6] 豊見山和行：『琉球王国の外交と王権』，吉川弘文館，2004。

[7] 豊見山和行：『琉球国王家・尚家文書の総合的研究』，課題番号16320091平成16年度～平成19年度科学研究費補助金，

　　　　基盤研究〈B〉研究成果報告書，2008。

[8] 夫馬進編『中国東アジア外交交流史の研究』，京都大学出版会，2007。

[9] 高良倉吉：『琉球王国の構造』吉川弘文館，1987。

[10] 岡本弘道：『琉球王国海上交渉史研究』，榕樹書林，2010。

[11] 宮田俊彦：『琉明・琉清交渉史の研究』，文献出版，1996。

[12] 国吉有慶、具志堅以徳：『久米村の民俗』，久米崇聖会，1989。

[13] 『久米毛氏四百年紀念志・鼎』，久米国鼎会発行，平成20年。

[14] 具志堅以徳：『久米至聖廟沿革概要』，久米崇聖会，1975。

[15] 俊田多敦：『琉球救国運動——抗日の思想と行動』，出版舎Mugen，2010。

[16] 瀬戸口律子：『琉球官話課本の研究』，榕樹書林，2011。

[17] 琉球新報社編：『新琉球史～古琉球編～』，琉球新報社，1991。

[18] 琉球新報社編『新琉球史～近世編，上～』，琉球新報社，1990。

[19] 琉球新報社編『新琉球史～近世編，下～』，琉球新報社，1989。

[20] 琉球新報社編『新琉球史～近代・現代編～』，琉球新報社，1992。

[21] 崎浜秀明：『蔡温全集』，本邦書籍，1984。

[22] 秋山謙蔵：『日支交渉史話』，内外書籍，1937。

[23] 上里賢一編『琉球漢詩の旅』，琉球新報社，2001。

[24] 上里賢一：『琉球・中国交流史研究』，課題番号11695011 平成11年度～平成13年度科学研究費補助金，基盤研究〈B〉〈2〉研究成果報告書，2002。

[25] 上里賢一、高良倉吉、平良妙子編『東アジアの文化と琉球・沖縄』，彩流社，2010。

[26] 上里隆史：『琉日戦争一六〇九——島津氏の琉球侵攻』，ボーダーインク，2009。

[27] 上原兼善：『島津氏の琉球侵略——もう一つの慶長の役』，日

本：榕樹書屋，2009。

[28] 深澤秋人：『近世琉球中国交流史の研究—居留地・組織体・海域』，榕樹書林，2011。

[29] 田島信洋：『石垣島唐人墓事件：琉球の苦悩』，同時代社，2000。

[30] 田名真之：『沖縄近世史の諸相』，ひるぎ社，1992。

[31] 田禹雄訳注：『明代琉球資料集成』，榕樹書林，2004。

[32] 西里喜行：『琉球救国請願書集成』，法政大学沖縄文化研究所，1992。

[33] 西里喜行：『清末中琉日関係史の研究』，京都大学学術出版会，2005。

[34] 徐恭生：『琉球漢詩選』，西里喜行、上里賢一注釈，ひるぎ社，1993。

[35] 原田禹雄訳注：首里王府編『琉球国旧記』，榕樹書林，2005。

[36] 又吉盛清：『日本植民地下の台湾と沖縄』，沖縄あき書房，1990。

[37] 窪徳忠：『中国文化と南島』，第一書房，1981。

[38] 外間守善、波照間永吉編：『定本琉球国由来記』，角川書店，1997。

[39] グレゴリー・スミッツ渡辺美季［訳］『琉球王国の自画像：近世沖縄思想史 Visions of Ryukyu』ぺりかん社，2011。

[40] 曽煥棋：『清代使琉球冊封使の研究』，榕樹書林，2005。

[41] 真栄田義見：『蔡温・伝記と思想』文教図書，1976。

[42] 『仲原善忠選集』上巻，沖縄タイムス社，1969。

(二) 学术会议论文集

[1] 『第二回琉中歴史関係学術研討会文集』，那覇：琉球中国歴史関係国際学術会議実行委員会，1989。

[2] 『第四回琉中歴史関係国際学術会議論文集』，那覇：琉球中国歴史関係国際学術会議実行委員会，1993。

[3] 『第八回琉中歴史関係国際学術会議論文集』，那覇：琉球中

国歴史関係国際学術会議実行委員会，2001。

［4］『第十一回琉中歴史関係国際学術会議論文集』，那覇：琉球中国歴史関係国際学術会議，2008。

［5］琉球大学琉中関係研究会編『第1回琉中関係学術討論会論文集』平成20年度琉球大学特別教育経費〈人の移動と21世紀のグローバル社会〉中国・台湾調査班報告書，2009。

(三) 調査報告

［1］比嘉実：『〈唐旅〉紀行——琉球進貢使節の路程と遺跡・文書の調査』沖縄研究資料15，法政大学沖縄文化研究所，1996。

［2］琉球大学琉中関係研究会編『中国福建省における琉球関係史跡調査報告書』平成20年度琉球大学特別教育経費〈人の移動と21世紀のグローバル社会〉中国・台湾調査班報告書，2009。

［3］琉球大学琉中関係研究会編『中国浙江・江蘇省における琉球関係史跡調査報告書』平成21年度琉球大学特別教育経費〈人の移動と21世紀のグローバル社会〉中国・台湾調査班報告書，2011。

［4］琉球大学琉中関係研究会編『中国山東・河北省における琉球関係史跡調査報告書』平成21年度琉球大学特別教育経費〈人の移動と21世紀のグローバル社会〉中国・台湾調査班報告書，2012。

索　引

白泉庵　318，334，335，338
《北上杂记》　236，249~254
蔡崇　20，145，268，281，295
蔡大鼎　102，230，231，235~238，
　　246，248~256，291，298~306
蔡璟　6，9，14，31，48
蔡温　25，29，42，43，44，49，
　　101，103，108，115，119，121，
　　123，125，127~140，155
蔡文溥　72，85，89，91~93，95，
　　97，98，101，104~107
察度　3，4，8，12，15，17，27，
　　38，83，84，118，194，347，350
朝京都通事　74，118，293，297，
　　302，304，306
程复　8，15，118
程顺则　45，61，64，66，74，101，
　　115，117~127，129，131，133，
　　135，137，139，178，293
程泰祚　21，35，118，120，268，
　　297，300，301，304
存留通事　50，53，71~74，80，
　　89，105，119，129，131，136，
　　155，159，165，166，253
都通事　26，27，30，36，43，44，
　　50，52~55，57，62，63，70，
　　71，73，74，80，91，94，95
镀金银印　4，38
耳目官　26，42~44，46，47，52，
　　70，71，74，90，91，93，131，
　　152，153，154，157，165，235，
　　247，250，272，289
符文　69，71，72，323
福建布政使司　41，50，53，70，79
福寿酒　186
格兰特　240，241
官生　12，28，29，73，74，81，
　　83~101，104，107，121，189，
　　214，248，260，269，288，297
龟甲墓　202，334

锅岛直彬 235，259，260

国鼎会 146，148，149，150，153，160，164，169，170，174，177，178，180，341~344，347~352

护送官 62，65，300

火长 6，14，53，55，72，74，80，152

《嘉德堂规模账》 34，281

鲛岛白鹤 169，170

金瑛 20，268，279，291，295

具结状 43，44，45，47

阔八马 27，83

梁成楫 28，85，89，91~94，96~99，105~107，269

梁崇 279

林世功 86，88，230，231，236，237，238，246~255，302

林喜 20，247，268，279，295

《琉球国志略》 4，9，10，13，25，28，30，33，94，184，205，214

《琉球录撮要补遗》 33

《六谕衍义》 122~124

马兼才 232，233

毛凤来 233，237，238，256，259，260

毛国鼎 20，141，143~147，149，150，178，180，269，280，295，341，347，349~353

毛精长 235，237，246，247，249~252，255，256

毛克述 149，150，159，160，235，237，246，247，249~252，255

毛如苞 150~154，164，177，178

毛士达 161~163

毛世显 146，147

毛廷器 149，150，171~174，179，180

毛廷柱 79，149，150，157~159，166~169，171，179

毛维基 148~150，155~157，166，180

毛文英 102，111，165，166，269

毛有增 149，150，164，171，174~177，180

《杣山法式账》 133，139

《庙学纪略》 13，120，178

明伦堂 119，120，121，150，151，260，289

牡丹社事件 226，228，249

拿公楼 330，338

潘仲孙 6，11，14，15

评价事件 129，131，138

《萍水奇赏》 168

七司 57，58，66，150，151

勤学 29，81，83，88，89，101，102，104，113，119，269，287

鲸手 190，191

《球案条约》 242

球商会馆 289，295，323，234

柔远驿 65，66，76，118，119，

127，289，295，321~323

阮国　20，143~145，260，267，268，280，295，340，341，344，346，347，355

阮明　20，145，268，280，295

阮宣诏　63，64，74，86，259，260，261，298，341，344，345

尚巴志　4，5，29，31，49，73，201

尚健　227

尚敬　29，35，42，43，49，54，63，64，66，85，90，121，129~139，152，153，155，163，164

尚宁　9，13，33，48，49，54，64，87，110，144~146，148，177，178，210，212~215，217

尚思绍　84

尚益　41，42，49，66，105，107，108，111，122，125，129，136，137

《使琉球杂录》　18

松田道之　226，229，249，258，259，341

孙亿　109

唐荣　9，10，11，13，17，18，20，24，29，30，34，35，89，107，108，118，128，129，144

唐营　17，18，24，129，150，265，267

天使馆　56，57，59，61，66，156，184，204，205

通国甘结　43，44，47

万国津梁　20，209，210，340

万寿尚书庙　290，295，329，330，338

汪应祖　38，84，198

王金枝　162，163

王立思　20，145，280，295，342，353

魏士哲　21，35，45，101，103，108

翁自道　44，45，102，110，184

我华会　294，341，344~347，352~355

向德宏　230，232，236~238，242~246，249，251，252，255，256

向秀实　103，111，186

《雪堂燕游草》　125

杨载　3

《要务汇编》　130，135，137

怡山院　55，65，292，295，327，328

《御教条》　130，135

张家湾　138，250，252，306，307，308，310，312，314，334

正议大夫　26，27，30，35，36，42~44，46~50，52~55，62~64，70，71，73，74，76，80

郑迥　64，85，130，145，177，207，209，212~221，344

郑良弼　55

郑文英墓　297，302，303，304

郑义才　4，20，213，214，281，295

执照　52，53，69，71，72，79，92，93，323

《指南广义》　126，127

《中山八景记》　205，206

《中山传信录》　6，7，9，13，18，19，26，27，42，57～62，127，132，178，186，188，189，191

《中山纪略》　10，13，87，110，129，190

《中山沿革志》　9

咨文　6，14，43，50～53，55，69，70，72，76，78，79，89，90，91，92，97，107，162，236

紫金大夫　26，27，30，35，43，45，47，58，62，63，64，66，74，76，104，105，108，119

图书在版编目（CIP）数据

东海海域移民与汉文化的传播：以琉球闽人三十六姓为中心 / 赖正维著. -- 北京：社会科学文献出版社，2016.12（2017.11 重印）

（海上丝绸之路与中国海洋强国战略丛书）

ISBN 978 - 7 - 5097 - 9384 - 8

Ⅰ.①东… Ⅱ.①赖… Ⅲ.①东海 - 移民 - 历史 - 研究②文化史 - 研究 - 中国 Ⅳ.①D69②K203

中国版本图书馆 CIP 数据核字（2016）第 147330 号

海上丝绸之路与中国海洋强国战略丛书
东海海域移民与汉文化的传播
——以琉球闽人三十六姓为中心

著　　者 / 赖正维

出 版 人 / 谢寿光
项目统筹 / 陈凤玲
责任编辑 / 陈凤玲

出　　版 / 社会科学文献出版社·经济与管理分社（010）59367226
　　　　　　地址：北京市北三环中路甲 29 号院华龙大厦　邮编：100029
　　　　　　网址：www.ssap.com.cn
发　　行 / 市场营销中心（010）59367081　59367018
印　　装 / 三河市尚艺印装有限公司

规　　格 / 开本：787mm × 1092mm　1/16
　　　　　　印　张：25.25　字　数：329 千字
版　　次 / 2016 年 12 月第 1 版　2017 年 11 月第 2 次印刷
书　　号 / ISBN 978 - 7 - 5097 - 9384 - 8
定　　价 / 99.00 元

本书如有印装质量问题，请与读者服务中心（010 - 59367028）联系

▲ 版权所有 翻印必究